街巷寻遗

大连老街

嵇汝广 / 著

品讀大連

大连出版社
DALIAN PUBLISHING HOUSE

图书在版编目（CIP）数据

街巷寻遗・大连老街 / 嵇汝广著. — 大连：大连出版社，2020.1
（品读大连）
ISBN 978-7-5505-1496-6

Ⅰ. ①街… Ⅱ. ①嵇… Ⅲ. ①城市道路—史料—大连
Ⅳ. ①K293.13

中国版本图书馆CIP数据核字(2019)第266300号

JIEXIANG XUN YI • DALIAN LAO JIE
街巷寻遗・大连老街

出 版 人： 刘明辉
策划编辑： 刘明辉　代剑萍　卢　锋
责任编辑： 满　苑
助理编辑： 杜　鑫
封面设计： 汪安琪
版式设计： 对岸书影
责任校对： 李玉芝
责任印制： 孙德彦

出版发行者： 大连出版社
地址： 大连市高新园区亿阳路6号三丰大厦A座18层
邮编： 116023
电话： 0411-83620490 / 83621075
传真： 0411-83610391
网址： http://www.dlmpm.com
邮箱： 1024460963@qq.com
印 刷 者： 深圳市国际彩印有限公司
经 销 者： 各地新华书店

幅面尺寸： 170mm × 240mm
印　　张： 21
字　　数： 366千字
出版时间： 2020年1月第1版
印刷时间： 2020年1月第1次印刷
书　　号： ISBN 978-7-5505-1496-6
定　　价： 160.00元

目 录

引子

大连为什么叫大连

我重新解读大连老街的故事，首先要探访并考证大连为什么叫大连？大连的由来众说纷纭，甚至流传着各种各样的道听途说。我使用大连话，即明朝流传至今的汉语中古音，来解读大连的由来。我以为，大连源自“褡裢”。

中华文明史是一部壮丽激荡的移民史。移民创造历史，大连就是由移民一砖一瓦建成的。移民始终不舍与生俱来的乡音土语，大连话里掩藏着大连乡土文化的基因密码。“大连”并非源自俄文“Дальний”（达里尼），而是源自已经改变读音的古语“褡裢”。

因为北方地区少数民族的突然崛起，中央王朝的隋、唐、宋或衰落，或灭亡。鉴于此，明太祖朱元璋在建国之初就收复了辽东，并设置“金复海盖”四卫进行驻防。“金复海盖，辽阳在外”说的是辽东半岛归山东省管辖，属于关内。明末，后金（清朝前身）在东北崛起，他们在进关之前，首先攻取旅大地区。后金经过10多年的征战，才于1633年8月攻克旅顺。清雍正十二年（1734年），旅大划归奉天（今沈阳）府。虽然辖属发生了变化，但是文化渊源和亲情并没有被隔断。近年来，有人认为“大连源自满语”，这似乎不符合历史与民俗。满文诞生于1599年，直到1632年才发展成熟，旅大地区不是满族的传统生活区，满语并不具备命名权的基本条件。

大连被世界关注始于英国人的一次入侵。1860年，英法两国挑起了第二次鸦片战争。同年5月27日，英军先头部队占领了大连湾。7月中旬，英国入侵船舰在此停泊127艘，大连成为英军进攻北京的集结地。井上谦三郎在《大连名称之来历》中做了这样的解读，明万历年间（1573—1620年），西方传教士制作的简要地图上就有“Dalian”标记。如果没有这份地图，英军很难在大连湾一带登陆。英军侵入大连后，约翰·瓦特（J. Ward）在采访大连土著的基础上，重新绘制了大连湾海图。在这份地图上，旅大地区的山川河流大多使用英文命名，大连湾仍按照原有读音记为“Ta Lien Wan”。“Ta Lien Wan”的读音同“Dalian Wan”。同年，新地图刊发在《英国海图》上。此后，中、日、俄、法等许多国家纷纷翻译并使用这份海图。中国翻刻的约翰·瓦特海图，但年代不详。1876年，日本陆军参谋局翻刻约翰·瓦特海图，图中有“大连湾”标注。1879年10月25日，李鸿章《条议海防》的奏章中首次出现了“大连湾”字样：“大连湾距金州湾三十里，系属海汊，并非海口，实扼北洋形势，最宜湾泊多船。”俄国人则将“Ta Lien Wan”翻译为“Талянвань”。

1898年3月27日，沙俄强占了旅大地区。因为旅顺港是天然的军港，不适宜作为商港开放使用，就决定在大连湾建设商港及新城市。俄国人就新城市的命名产生了分歧，有人建议以沙皇尼古拉二世[1]的名号命名“圣尼古拉耶夫斯克”，有人建议称之“光荣港”或“曙光港”。尼古拉二世无法裁定，便征求财政大臣维特[2]的意见。维特若有所思地说：“陛下，我觉得港口不应该取尊贵的名字，因为此港前途未卜。港湾现在叫‘Талянвань’，我们的士兵称它‘Дальний’，这个名称切合实际情况，因为这个港口离俄国实在是太远了，不妨就叫‘达里尼’。”尼古拉二世采纳了维特的建议。1899年8月11日，尼古拉二世颁布敕令：“占领Талянвань后，向世界各国的商务船舶一律平等开放。要把这一点解释明白。帝国将逐步在该港附近建设一个都市，朕认为将它命名‘Дальний’最为适宜。”这就是达里尼的由来。

[1] 尼古拉·亚历山德罗维奇·罗曼诺夫（1868—1918年），俄罗斯帝国末代沙皇，1894年至1917年在位。

[2] 谢尔盖·尤里耶维奇·维特（1849—1915年），1892年至1903年任财政大臣。他在任期间大力推行发展资本主义的政策，着手全面的经济改革，加速俄国工业化进程，被后世誉为“俄罗斯现代化之父”。

Талянвань与Дальний读音不同，绝非谐音，达里尼不过是俄国人短暂统治的临时命名。1905年1月27日，侵占大连的辽东守备军司令部下达第三号令，从1905年2月11日以后，“青泥洼”改称“大连”。

大连是由“大连湾”演化而来的。井上谦三郎在《大连名称之来历》中也写道：“dalian系从‘褡裢’讹转为‘塔连’。”笔者认为，“褡裢”源于地形说，根据这一说法演化出“联众小湾为一大湾”“大蛎湾”等诸多逸说。

1945年大连解放之初，大连市区近90%的居民是山东移民，这些移民及其后人至今自称“海南丢”，把山东称作“海南家”或“山东家”。大连话与胶东话同属胶辽官话，保持相似的古音。20世纪五六十年代，老一辈大连人向外界做自我介绍时，大都自称“褡裢人”，“褡”的发音并非普通话的平声音，而是古语入声音，类似三声音。现在，胶东朋友、丹东朋友在称呼大连时，还沿用“褡裢”的古音，而他们在说“大小”的“大”时，则使用四声音。读者若是还有谜团，我给您举一个简单明了的例子，烟台人说，大（dǎ）连比烟台大（dà）！

语言的力量是无穷的，它始终保持着顽强的生命力。

城市起点

团结街

工程师大街

每一个城市都有自己的起点，我们必须沿着历史的足迹。1901年“达里尼港规划图”上清楚标示，大连分为三个街区：市政区、欧洲人区和中国人区。市政区是大连最早建成的街区，这里的主街叫工程师大街，即今团结街，它堪称大连的第一条街。

最初，俄国人把大连的街道分为广场、大街、林荫街、街和巷，一般街道宽为85英尺（25.9米）。因为洋槐花香浓郁，成活率极高，所以当时的行道树多为洋槐。这些洋槐订购于俄国南部（今乌克兰），1902年年末，俄国人在大连建立了达里尼市苗圃，苗圃里栽植着44900棵洋槐。大连与酷寒的俄国相比，实在是人间天堂，所以俄国人规划的“达里尼”不但是一个花园城市，更是一个理想城市。当时，工程师大街被视为样板路，于是便在这里建造了大连的第一座建筑——达里尼市政厅（今烟台街3号）。

达里尼市政厅

1904年5月28日被俄军焚毁的达里尼市政厅

达里尼市政厅旧址

达里尼市政厅位于工程师大街的尽头，是一座文艺复兴风格的建筑。它始建于1900年，1902年5月30日正式使用，最初是港口和城市建设委员会大楼。这座洋楼造型十分庄重，U字形对称风格，巴洛克式的装饰雕刻尽现细节。在它建成以前，达里尼只有一个警察署，警察署长代行行政职能，署长的名字叫作埃布盖尼·米尼绍夫，原是征购青泥洼土地的土地测量师。因为城市发展迅速，一个警察署已经无法支撑城市的运转。1902年

5月29日，尼古拉二世颁布敕令，达里尼市实施财政部直辖特别市制，并任命达里尼港及城市规划建设总工程师萨哈罗夫任达里尼市市长。同年8月1日，萨哈罗夫开始履行市长的职责和权力。

萨哈罗夫是俄国著名的建港专家，曾任东省铁路公司建筑师。1899年4月5日，萨哈罗夫来到大连，主持制定达里尼港口和城市规划方案。在他的统筹领导下，波兰人斯科利莫夫斯基以当时世界上最好的城市巴黎为蓝本，完成了达里尼市规划图，市政区犹如一座华丽的古堡，通过一条浪漫的木桥连接着欧洲人区和中国人区。

1903年1月，达里尼市已初建成一个现代化国际城市。眼看着梦想就要实现，日俄战争突然爆发。日军闪电般的突袭让俄国人神经紧张起来，萨哈罗夫立即在行政官吏中组织了义勇队，配备枪支进行操练，保卫他领导建设的城市。金州南山战役后，俄军前沿阵地失守，消息传到达里尼，已是人心惶惶，如惊弓之鸟。5月26日深夜，萨哈罗夫接到俄军旅顺要塞司令部发来的急电，命令他于5月27日天亮之前务必将达里尼市的俄国居民撤到旅顺。萨哈罗夫极不情愿地指示，将达里尼港内的重要设备炸毁，并准备随时烧毁达里尼市政厅。

5月28日，日军占领达里尼港，俄国人自知达里尼守不住了，就开始放火焚烧市政区。市政区虽然历经了大火，却没有被完全烧毁。俄国人离开时，还留有达里尼市市长官邸、东省铁路轮船公司、达里尼旅馆、莫斯科旅馆、三座商店、工会堂和一个工人俱乐部，达里尼市政厅也未完全被焚毁。

日本侵占大连后，将工程师大街改名为露西亚町，后又改名为儿玉町。

1906年，达里尼市政厅旧址修复后被用作关东州民政署办公地。关东州民政署是日俄战争期间日军临时设立的一个过渡性质的行政机构，始于1905年6月25日，终于1906年9月1日。第二年，这里被移交给满铁（南满洲铁道株式会社），成为满铁总社。满铁总社在这里只待了一年多，便于1908年12月迁到了沙俄强租时期未建成的商业学校[1]，这里就被改为满铁大连医院外科病房。1909年5月，因为满铁大和旅馆（达里尼旅馆）只有16个房间，无法满足城市发展的需要，它又被改为大和旅馆主馆。大和旅馆是大连当时最大的旅馆，蓝天蔚、盛宣怀等各界名流都曾下榻过这里。

这座老房子还是《舟抵大连望旅顺》的诞生地。1911年10月10日，清

[1] 鲁迅路满铁本社旧址西楼，1904年日军占领时用作仓库。

曾经的团结街

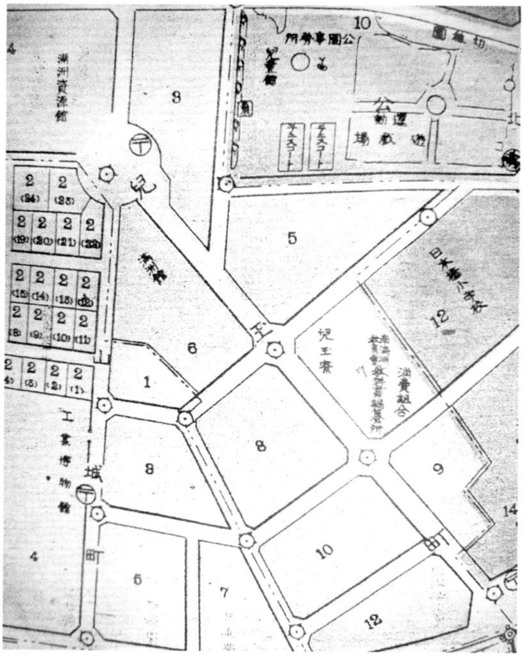

团结街老地图，图中儿玉町即现在的团结街

军将领蓝天蔚、张绍曾发动“滦州兵谏”，要求取消皇族特权，制定宪法，赦免国犯，重组内阁。乱成一团的清廷被迫同意兵谏要求，同时重新起用野心勃勃的袁世凯做内阁总理。在日本避难的梁启超主张君主立宪，他认为时机成熟，便联络各方人士，准备前往北京，以“和袁、慰革、逼满、服汉”的八字方针建立新政权。11月6日，梁启超化名吉田晋，乘坐“天草丸”启程回国。11月9日，梁启超抵达大连，下榻在大和旅馆。当天，他触景生情，写下了《舟抵大连望旅顺》：“虎牢天险今谁主，马角生时我却来。醉扶危舷望灯火，商风狼藉暮潮哀。”

梁启超到达大连之前，“滦州兵谏”已经失败。11月10日，梁启超被日本人护送到沈阳，藏在日本领事馆内。11月14日，沈阳已被投靠清廷的张作霖完全掌控，梁启超被迫返回大连。离连之际，他又赋诗一首：“穷秋朔雪动征骓，知为美游为恶归。时人颇惊辽鹤返，长路终羞宋鹢飞。水赤磨刀判伤手，月明绕树怨无枝。横流满地见龙穴，欲障泥丸力恐微。”

1914年6月，满铁在今中山广场4号建成了新大和旅馆（今大连宾馆），原来的大和旅馆遂改为满铁大连医院儿科病房。1926年，满铁大连医院迁到萨摩町（今解放街）后，这里又闲置了。1926年11月，在建筑原有的基础上进行了扩建，改造为满蒙物资参考馆。1928年11月，更名满蒙资源馆。1932年，改称满洲资源馆。

1945年8月23日，中国长春铁路公司接管了满洲资源馆，改称东北地质博物馆，1950年11月，移交给大连市人民政府文教局管理，改名为东北资源馆。1959年9月3日，庆祝抗战胜利14周年，正式定名为大连自然博物馆，并请时任中科院院长的郭沫若亲笔题写馆名。大连自然博物馆珍藏着许多珍贵标本，如目前亚洲最大的黑露脊鲸外形标本，还有我国目前唯一的长须鲸外形标本等。

1998年，大连自然博物馆迁到了黑石礁。1999年，大连市政府投资1.7亿元，以达里尼市政厅旧址为中心，对周边进行修缮和重建，并命名为俄罗斯风情一条街。虽然老街现在的名字叫团结街，但人们还是按照习惯把它称为俄罗斯风情街或胜利桥北。

萨哈罗夫官邸

团结街1号是一座红色基调的老建筑，最初是达里尼市市长萨哈罗夫的官邸，始建于1900年。鲜为人知的是，这里还是大连的命名地。1904年11月

旧时的萨哈罗夫官邸

16日至1905年5月19日，这里是辽东守备军司令部，辽东守备军司令部第3号命令（将“青泥洼”改称“大连”）就是从这里发布的。日俄战争后，这里还住过一个与大连颇有渊源的人物——满铁第一任总裁后藤新平。因为这里1907年至1926年居住着满铁总裁，所以又被称作满铁总裁官邸。

1926年11月26日，满铁为纪念创建20周年，将满铁总裁官邸改为满洲馆。满洲馆即满铁创业的纪念馆和公会堂，说白了就是企业史展览馆。1943年2月28日，一场无名大火将建筑物烧成灰烬，后经改造变成现在的模样。1954年10月15日，在这里创建了中苏造船公司（大连造船厂前身）技工学校，后来改称大连造船厂技工学校、大连船舶技术学校。大连船舶技术学校是东北地区唯一一所培养船舶专业中高级技能人才的公办中等职业学校，隶属于中央直属特大型企业——大连船舶重工集团有限公司。

大连船舶技术学校（孙群萃/作）

木刻楞

美国在日俄战争中虽然保持中立，但是却暗中偏袒日本。日本占领大连后，美国于1906年9月10日在大连设立了领事馆，它的位置在团结街1号的对面。这是大连历史上第一个外国领事馆。现在，除了达里尼市政厅旧址和满铁总裁官邸旧址，这条街上的其余建筑多是复制品。

达里尼市政厅旧址后身的先进街有一座令人惊叹的老房子——先进街38号木刻楞。它也叫俄国小木屋，建于1902年。每一个民族都有自己的文化传统，木刻楞就是俄罗斯传统民居。俄国人修建木刻楞非常讲究，首先要用石头打地基，还要在石头上面灌上水泥，接着要把稍粗一点的木头放在底层，然后一层一层地往上叠垒。建造木刻楞一般不需用铁钉，多是在木头上钻个窟窿，再用木楔进行加固。建造过程中，还要在两根圆木的中间垫苔藓，这样能保证房子不透风。房子盖好以后，外立面一般会刷清漆，保持原木的本色。因为木刻楞冬暖夏凉，住在里面的人非常享受。

木刻楞原为沙俄强租时期港口船舶信号所，位于大连港客运站靠岸位置。日本侵占大连后，满铁接管码头，改称第一信号所。1912年2月20日，满铁新建的大连港信号所及南灯塔启用，旧信号所改为大连水上警察派出所，1922年8月升格为水上警察支署。1924年，建新大连港客运站，大连水上警察支署迁入满铁大连埠头事务所，将木刻楞拆除，并在北海公园附近复建，作为东洋旅馆。

1945年大连解放后，胜利桥北一带的洋楼产权悉数归铁路部门所有，住户主要是铁路职工。当时，很多房子空无一人，大家都怕日本人返回来，不敢入住。最初的住户都是被请来看门的，也不收房租，基本上是一座房子住一户或楼上楼下各一户。后来，这里成为铁路工人的聚居区。如今，木刻楞中的住户多是打工者。70岁的王海修是居住在木刻楞里的唯一土著，他的父亲在1951年搬到这座老房子。古老的木刻楞只大修过一次，20世纪90年代因为房子里闹耗子，把原来的木地板换成了水泥地。

先进街38号，大连唯一的木刻楞

百年风雨

胜利街

横贯在团结街前的弧形老街是胜利街，因为俄罗斯风情街的名气太大，所以它在很多地图上的标记被人们简化，人们把它和团结街统称为俄罗斯风情街或胜利桥北。沙俄强租时期，这里建有达里尼临时火车站的机车库，故名机车库大街。日本侵占大连后，改叫乃木町。1946年6月1日，更名为胜利街，用以纪念中国人民抗战胜利。

横贯在团结街前的老街便是胜利街

胜利桥

大连最初主要由三个乡村发展而来：东青泥洼、西青泥洼和黑嘴子。东青泥洼人居住在儿童公园、植物园一带，有17户人家；西青泥洼人的聚集区是劳动公园一带，有20户人家；胜利桥北是黑嘴子，在今黑嘴子码头东面，约有20户人家。黑嘴子一带的陆地原来是与青泥洼相连的。建造港口需要填海造地的土石方，火车进入市政区会产生噪音污染，所以在这里挖沟取土，既解决了土石方的问题，也通过深沟的消音作用大大消解了火车产生的噪音。同时，还在深沟上面架起了一座木桥。日本侵占大连后把这座木桥叫作露西亚桥。1907年，露西亚桥被日本人拆除，在原址建造了一座22米宽的钢筋水泥桥。

新桥的设计者是关东都督府民政部土木课土木工程师井冈村象雄，他原是东京市土木工程师，做过东京的水道桥设计方案，关东都督府就借用这

昔日的日本桥

今日的胜利桥

个设计方案来设计新桥。桥的栏杆由前田松韵设计，他把桥基、桥柱、桥栏、桥头一律都改用花岗岩砌筑，并在上面精心雕刻出文艺复兴式花纹。因为精雕细琢，这座新桥耗费了15.7万日元。新桥建成后，命名为日本桥。

1902年，德国《东亚》杂志曾这样评价大连：“大连，毫不夸张说，可称之为一座奇妙的城市，它的建成无疑是令人惊奇的。”1908年，来大连旅游的德国作家阿尔方斯·帕凯特对大连的规划与建设感到震惊，他说：“这个城市非凡的构思是绝对不会从日本人的头脑中跑出来的。”最好的城市除了需要有自然和谐、井然有序的城市环境，还应让城里的居住者和往来的游人过客可以舒适慢行、轻松游览、自由走读。槐叶蓁蓁，流香绵绵，螽斯振振，燕雀啾啾，方圆之间，绿瓦白墙，斜阳迷离，路人徘徊。这不仅是城市最早规划者的初衷，也曾是历任规划者延续的基本理念。

1909年，有轨电车摇摇晃晃地从桥上穿过，留下咣当咣当的回响。1909年，还有很多人也从这座桥上穿过，有一个人却与他人不同，他并非活着走过，而是被放在棺椁里抬着走过的。这个人就是伊藤博文。

1909年10月26日上午9时，伊藤博文在哈尔滨火车站被朝鲜义士安重根开枪击毙。他的尸体被运到大连，暂时存放在满铁大连病院。10月27日，伊藤博文的尸体被装入了灵柩，关东都督大岛义昌、满铁总裁中村是公等都参加了这次送灵。伊藤博文的灵柩过桥时，许多中国人站在桥旁围观。

东省铁路公司护路事务所旧址

东省铁路公司护路事务所旧址

胜利街33号是沙俄强租时期东省铁路公司护路事务所旧址。这座洋楼建于1902年。1907年4月，满铁接收该楼，改为大连护路事务所。1950年5月，中苏合营的中国长春铁路公司成立，这里成为大连铁路分局工务段和车辆段。1952年，中华人民共和国正式接管这座洋楼。现在，这里被改造成铁路部门的酒店，建筑风格做了很大的改动。

大连艺术展览馆

胜利街最耀眼的建筑就是胜利街35号大连艺术展览馆。这座漂亮的洋楼建于1902年，由波兰人斯科利莫夫斯基精心设计。沙俄强租时期，这里是东省铁道会社的办公楼。1904年5月31日，这里是侵华日军临时设置的达里尼军政署。1905年2月11日，达里尼改叫大连，达里尼军政署更名为大连军政署。1905年6月，这里改为满洲军步兵第六十三联队本部。1906年9月1日，这里为大连民政署。1908年9月，大连民政署迁入今天的中山广场，这里移交给满铁，改为大连电气作业所事务所。大连电气作业所事务所负责管理大连的发供电事务及电车营运。1909年，大连电气作业所事务所迁入满铁大连护路事务所，空闲的房子就改成了大连俱乐部。

大连艺术展览馆（李同/摄）

1924年年初，满铁斥资在今安阳街2号（今大连铁路文化宫）建造了新的俱乐部，胜利街35号闲置了。1926年4月1日，

东清铁道会社旧址，现大连艺术展览馆

满铁北公园图书馆迁入，更名为日本桥图书馆。1945年大连解放后，它成为东北资源馆组成部分。1949年新中国成立后，这里是苏联援华专家住宅。苏联专家撤离后，改为市总工会家属宿舍，居住着画家李洪若等11户人家。

现存的洋楼并不是1902年的老楼，而是1996年由大连市政府拨巨款依样重建的。仅有木质结构的房顶是最初的原件，因为它很难复制。2014年9月18日，大连艺术展览馆经市编办正式批准并下发文件核准，更名为大连艺术展览馆，成为大连的文化坐标。

说来很有意思，日本北九州门司港海边也有一座相同的复制品——大连文化角。大连文化角即北九州市立国际友好纪念图书馆，该建筑一楼是一家中国菜馆，名字叫大连槐花。也许是因为出生在大连的日本著名作家清冈卓行，他的自传体小说《洋槐树下的大连》在1970年荣获日本最高文学奖“芥川奖”。爱好文学的日本人一提到大连就会想到槐花吧。

达里尼临时火车站

解读胜利街，一定要讲达里尼临时火车站。南关岭至大连间的这条铁路是东省铁路在大连的支线，1901年7月开始施工，1902年年底直通北方各地，是大连与旅顺之间当时仅有的交通线。俄国人原计划在红场（今港湾广场）建货运车站，即一号车站，又称主火车站；在市立广场（今胜利桥南广场）建客运站，即二号车站，又称城市中心广场。当时，俄国人绘就了欧式风格的达里尼火车站设计图，宏伟壮观，富丽堂皇。但俄国人并没有付诸建设，只是在1903年前后修建了临时火车站，它的位置在今胜利街46号。

1903年7月13日，东省铁路工程局总工程师尤格维奇在大连通电宣布：东省铁路完全建成，全部移交给东省铁路管理局正式营业。7月14日，东省铁路管理局正式营运，达里尼火车站等级设定为一等站。

1904年5月25日，日本以陆军为中心成立野战铁道提理部。日本占领大连后，野战铁道提理部设在东省铁路公司护路事务所，达里尼临时火车站改名为第二停车场。1907年3月5日，满铁迁到大连。4月1日，满铁从野战铁道提理部接收铁路和有关设施，成立大连护路事务所。1916年前后，达里尼临时火车站改名为大连停车场，后更名为大连驿。

达里尼临时火车站旧址，位于胜利街南侧

1903年至1937年5月31日，这个临时火车站一直作为客运站使用，是重要的交通枢纽。这座砖木结构的俄式车站虽然是临时建筑，却烙着沧桑印记，梁启超、蓝天蔚、蔡元培、汪精卫、蒋介石、陈诚、孙科、胡适、吴宓、欧阳予倩、张作霖、周恩来、邓颖超、瞿秋白、刘少奇、梁思成、林徽因、溥仪、溥伟、溥杰、李顿、顾维钧等众多历史名人都与它有交集。

大连扇形车库和转车台

当年，俄国人在老大连站附近还建造了一座雄伟的给水塔。它既为达里尼市政街的自来水管道供水，也兼顾给火车头补水。满铁迁到大连后，感觉它的外观太过陈旧，特地斥重金重新修葺。重修后的给水塔成了地标式的建筑，洋洋得意的日本人称之为凯旋塔。不过它终究不是真的凯旋塔，与老火车站一起沉寂了。

俄国人建造的给水塔，满铁重新修葺后成了照片上的样子，当时被称为凯旋塔（现已拆）

在胜利街附近还存有两座老给水塔，一高一低南北矗立，是凯旋塔拆除后重建的。拍摄于1977年的反特电影《东港谍影》里便有老给水塔的镜头。距它们不远的海洋街1号原是机车库，1916年10月始建，1918年竣工。1929年扩建为25

老电影《东港谍影》里出现的老给水塔现在还矗立在那里

条线路，1931年扩建为35条线路。这是一个扇形车库，车库门正对着转车台。转车台是用来控制机车行进方向的，蒸汽机车不像电力机车两端都有驾驶室，所以开到终点后需要掉头。机车只有开上转车台转180度才能实现调向。大连扇形车库及转车台是当时世界级的珍宝，被誉为“亚洲第一，远东之冠”。

“亚细亚号”特快列车被誉为世界上最早的列车，是1934年由日本川崎车辆公司与满铁沙河口工场（今大连机车厂）制造，共12辆。1934—1943年间，“亚细亚号”特快列车运营于长春至大连区间。目前，“亚细亚号”牵引机车仅存两辆，分别是SL7-751和SL7-757，它们都存放在沈阳蒸汽机车博物馆。2013年以前，SL7-757机车就存放在大连扇形车库。2017年，大连扇形车库被改造成大连机务段办公楼。

位于海洋街1号的扇形车库及转车台

沧桑旧影

烟台街

烟台街变迁

烟台街在团结街旁，它与俄罗斯风情街连片形成一个整体。在烟台街的夹缝中，还有光辉巷。沙俄强租时期，烟台街叫季末夫街。日本侵占大连后，改叫山城町。1945年大连解放后，人民政府于1946年改山城町为烟台街。

烟台街27号曾有沙俄强租时期的东正教堂。1903年，东省铁路公司借用教堂的部分房屋成立了达里尼小学。当年虽然实行的是义务教育，却仅有70个学生。日本侵占时期，这里被日本人改作工业展览馆，曾经举办过大型的工业展览会。大连解放后，此处划归铁路部门所属。改革开放后，拆除改建成现在的民居。烟台街周围的洋楼原是达里尼市政厅官员住宅。1903年4月初，袁世凯的幕僚周学熙曾来此一游。周学熙是北洋政府财政总长、实业家，与南方实业家张謇齐名，素有“南张北周”之誉。1903年4月5日至5月29日，周学熙到日本参观。4月7日晨7时抵达大连。随行人员李祥光的亲戚谢某在大连发展，周学熙就与李祥光一起去拜访他。当时，俄国主要建设了市政区。谢某带着他们参观了达里尼临时火车站、达里尼港附属造船厂等场所。周学熙对新城市的印象颇佳：“马路纵横，已成十数里，西式楼房二三百区，无同式者。”

烟台街1905年旧影

日本侵占大连后，烟台街的洋楼均被日军占据。1907年，移交给满铁，成为满铁高级职员住宅。据《旧南满洲铁道株式会社的住宅政策》记述，这些洋房在很多方面不符合日本人的生活习惯，因为建筑是根据俄国体系建造，按照日本建筑模式制成的榻榻米无法按照原样铺进去；而且坐在和式的榻榻米上，视线要比坐在欧式的椅子上低，窗台的高度也不合适。为了解决这些问题，日本人先在旧地板上架了一层新地板，抬高视线高度，又在新地板上按照房间大小切割，铺设榻榻米。

图中建筑为初期的满铁住宅，为将俄国人的西洋式房间改成和式房间，日本人下了很大功夫

烟台街旧影

满洲青年联盟大连支部旧址

满铁名为跨国企业，实为不穿军装的部队，很多满铁职员具有浓厚的侵华思想。1928年，以满铁职员为核心的日本人为分裂我国东北，在大连建立了右翼组织——满洲青年联盟。“九一八事变”后，满洲青年联盟成为关东军的帮凶。伪满洲国成立后，满洲青年联盟右翼分子在关东军作战参谋石原莞尔的指挥下，组建了协和会。1945年东北解放后，协和会消亡。

满洲青年联盟大连支部旧址尚在，就在今天的烟台街。满洲青年联盟大连支部位于山城町7番地，依据《大连番地入案内》（1943年）及照片考证，原海洋街16—18号就是满洲青年联盟大连支部旧址，现在是大连铁道1896花园酒店32号楼。

陈其美与满铁大连医院

光辉巷是条不规则街巷，弯弯曲曲跨越了团结街和烟台街。俄国离开大连时，留下了161座老房子，仅存的28座都集中在这里。2011年4月，烟台街改造项目正式启动，2012年6月竣工。

烟台街改造项目规划与设计负责人是大连理工大学建筑与艺术学院教授陆伟。大连铁道1896花园酒店10号楼改造前是光辉巷13号——大连大学附属医院胜利桥北门诊部。笔者考证，这里是满铁大连病院分院。

满铁大连病院前身是俄国人于1899年创建的东省铁路医院，它位于今振富大厦后身。日本占领大连后，于1904年6月15日以东省铁路医院为基础设日本赤十字社大连办事处，管辖日本赤十字社本部配置在大连、奉天、辽阳、铁岭4个兵站及辽阳、盖平、营口、海城4个军署的24个救护班和一支运输队。12月10日，日本赤十字社大连办事处被撤销。1905年4月，日本赤十字社在辽阳辽东守备军内设日本赤十字社辽东委员会本部。1907年，满铁接管大连和瓦房店的医院，并将大连医院作为满铁医院本院称为大连病院。1912年，又改名为满铁大连医院。1913—1926年，满铁在今解放街新建了满铁大连医院（1945年后称大连铁路医院）。

烟台街现存的原满铁课长级住宅

满铁大连医院曾经住过一位中国近代史上的风云人物。袁世凯篡夺政权以后，革命党人便掀起反袁活动。1914年1月，陈其美、戴季陶等人奉命从日本来到大连，秘密筹建军队，准备展开军事活动。途中因为胃肠病，陈其美住进了满铁大连医院。

陈其美

关东都督府知道陈其美来大连后，便开始严密地监视。1914年2月4日，关东都督福岛安正向外相牧野伸显报告："陈其美等来此，业经严密调查行动；并饬大连民政署署长向陈本人严厉传达不得以大连为策源地进行有关革命等计划之意旨。"

陈其美在大连的活动，也引起了袁世凯的警觉。2月13日，满铁副总裁伊藤大八向日本外务省报告了他与张作霖的会谈。张作霖直截了当地问："说老实话，大总统有命令，不论用任何手段，都要将陈其美逮捕，请教可有什么好的办法没有？"狡猾的伊藤大八却含含糊糊，不作答复。

看到日本方面没有任何表示，袁世凯于3月2日正式照会日本政府，以陈其美有刺杀商务印书馆经理夏粹芳等嫌疑，要求引渡陈其美。日本政府则以中日两国尚未签订有关引渡罪犯等条约，委婉地拒绝了袁世凯的要求。日本不想自己的势力范围成为中国革命的根据地，关东都督府便逼迫陈其美离境。3月15日，陈其美被迫返回了东京。

百年码头

大连港

大连以港兴市，作为东北亚的一颗明珠，无论是过去、现在还是将来，港口对大连市来说都有着举足轻重的作用。

建市之初

大连港有红、白两座灯塔。红色灯塔又叫南灯塔，1908年始建，1912年2月建成，几经改造，现塔高11.3米，射程达8海里。1913年，与之相对建起白色灯塔。1951年《人民的旅大》这样描述：“坐船到大连，在港外远处就会看到一道长堤，像城墙一样围绕着港口。两座灯塔对峙而立着，闪着亮光，给轮船指引方向。港里没有风浪，水平静得像一面镜子，大船、小船，有的在上客，有的在装货，也有张着大帆的渔船。影子照在水里，像一幅美丽的图画。这就是过去叫‘青泥洼’的一个渔村，现在成了一个繁荣的商港了。”

当年初建港时，俄国人打算建筑四个突堤式码头，同时停泊100艘千吨级船舶，年吞吐量500万吨。建港方案分两期实行，1902年年底第一期建设完成，1903年开始二期工程。1904年，日俄战争爆发，工程暂停。1904年5

《风云儿女》导演许幸之笔下的大连港

大连港的标志性建筑——候船厅旧影

昔日大连港港区内景象

月27日，俄国人在撤退前炸毁了大连港一些重要设施。第二天，日军占领大连港。5月30日，日军占领大连市区。

日本占领大连后，出于战争需要，严禁一般商船、商人进出大连港。1905年1月，日本军事当局允许日本的船只进出大连港，但实行严格的许可制度。9月，开始允许日本船只自由往来大连港，但限制其他国家商船进出港口，引起西方列强不满。

日本人当然不想这样。要想进一步侵略中国，掠夺资源，就必须让大连和大连港发展起来。1905年6月，关东州民政署长官石冢英藏安排工学博士中山秀三郎对大连港进行详细调查。1906年7月28日，中山秀三郎完成《大连港修筑意见书》。8月22日，日本外务省对各国使臣散发《关于开放大连的声明》。8月31日，以第236号敕令发布声明："日本政府决定于1906年9月1日起开放大连，同时大连港为自由港。"

此后，西方各国争相登陆大连。美国于1906年9月10日在大连儿玉町建立领事馆，这是大连地区第一个外国领事馆。随后，英国于1907年2月11日在信浓町（今长江路火车站东侧）设立领事馆。战败的俄国也于1907年7月1日在龙田町（今职工街）设立领事馆。荷兰、瑞典、比利时、德国等不甘落后，也相继设立领事馆，大连俨然成为万国俱乐部。

1907年3月，满铁本社从东京迁到大连。4月1日，满铁设置大连栈桥事务所负责经营大连港。10月1日，大连栈桥事务所改名大连码头事务所。日本殖民者在大规模进行城市规划的同时，也加快了大连港的规划和建设。1908年1月，满铁命工程师内田富吉参考《大连港修筑意见书》，详细地编制《大连港计划案》，该方案与沙俄强租时期的500万吨大港规划方案大致相同。根据这一方案，1908年3月大规模的建设展开：1913年大连港甲码头改扩建完成；1914年3月寺儿沟建造栈桥；1915年一码头改扩建完成；1916年大连港新建码头乙码头竣工，参照美国鲁尼桑斯式建筑建造的码头办公大楼竣工；1918年大连港东、西、北三面防波堤全部竣工；1920年大连港三码头竣工；1923年大连港二码头竣工；1923年港湾桥竣工；1924年玄关样式的船客接待所（即大连客运新站）竣工……

大连港客运站旧影

改造后的大连港候船厅（现已拆）

港口飞速发展的同时，港口客运迅速发展起来。1908年，大连港开辟了大连至上海的航线，接着又开辟了大连至青岛、威海和龙口的航线。当时，大连港全年客运量不足20万人次，到1919年时客运量高达40万人次。港口的发展迅速带动了大连的国际贸易。1908年至1931年间，大连的出口量均超过进口量。

如今的15库

日本侵略者格外重视大连的发展，大连在他们眼中是摆脱岛国，成为大陆国家的试验田。1928年，日本殖民者开始制订《大连港扩张预定计划》，15库就是在预定计划制订的第二年建成。2010年，大连理工大学的朋友邀请笔者参观15库设计图展览。年轻的学生们绘制了很多时尚的设计图，多忽略了一点，没有注重历史元素，唯有朋友吕忠正的设计方案让我喜欢。如今这座有着90年历史的亚洲第一仓库，乘着大连老港区改造和打造创意园的东风，已成为这座城市的新风景。

“海南丢”大连港移交始末

茅盾在《我走过的道路》里这样描述当年踏上大连港的心情：“一九四九年元月七日，轮船驶进了大连港。大家蜂拥到甲板上贪婪地眺望这片神圣的自由的土地。啊，我们来到了！我们终于胜利地来到了！”

大连港真正回到中国人的手中是1951年2月1日。1945年8月23日，苏军进驻大连港。原埠头事务所解体，新设中苏自由港，采用沙俄强租时期的名字叫达里尼港，港长及部门领导均由苏联人担任。中苏友好期间，大连港不仅建立了中苏友好协会，还将大连港1800名装卸工人由临时工改为固定工，分配到四个码头。但苏联人仍延续日本侵占时期的歧视政策，一直坚持进出港搜身制度，引起中国工人的强烈不满。

新中国成立后，苏联依然驻军大连，按照协议，苏联在1975年才将大连港交还中国。30年里会发生什么事情，谁也无法预知。于是，毛泽东亲自访问苏联，与苏联签订《中苏关于中国长春铁路、旅顺口及大连的协定》，按照协定，1951年1月1日苏联将大连港移交给中国。

中央政府特别重视大连港的接收工作。1950年，大连市市长毛达恂奉命负责接收工作。毛达恂是长沙人，革命早期曾担任武汉情报站站长。抗战胜利后，他调派到大连担任交通公司总经理。1949年5月，毛达恂担任大连市市长，成为大连市第一个由共产党员担任的市长。

大连港移交签字仪式

大连港移交前，中央人民政府副主席宋庆龄、中央人民政府委员会秘书长林伯渠视察大连港，并于11月3日特意同毛达恂和苏联港长诺维科夫合影留念。翌年1月7日，中央人民政府交通部电令大连港企业命名为中央人民政府交通部大连区港务局。2月1日移交仪式在大连港举行，毛达恂和诺维科夫分别代表自己的国家在移交书上签字。签字仪式后，毛达恂成为大连开港52年来第一位中国港长。

作为盟友，苏联同意将业务副港长、技术部长、人事科长暂时留下来，将基本的业务知识传授给中方人员。在美国船上当过水手、在英国太古轮船公司的轮船上担任过水手和水手长的孙茂贵在苏联人的帮助下掌握了引航本领，成为大连港第一位中国领航员。

接收大连港后，毛达恂立即下令取消自日本侵占时期到苏联军管时期长期实行的歧视中国码头工人出入港搜身制度，同时创办新中国第一所海港职工技校——大连海港技术学校。为管理好大连港，他还从市里抽调干部担任管理人员，在地区和省内外报纸上刊登信息，招聘教授、医师、工程技术人员和具有大学、高中文化程度的青年来大连工作。

同年，全国海员总工会决定在大连建立国际海员俱乐部。毛达恂亲自选址，将原日本三菱公司办公大楼改建成国际海员俱乐部。泰华楼掌厨吴语祥是全国有名的厨师，大连解放后在旅大党委机关食堂工作，国际海员俱乐部建成后，毛达恂钦点他担任中西餐经理。俱乐部竣工之时，各级领导前来致贺，著名剧作家田汉还亲自上台，动情地朗诵为俱乐部成立创作的《海员工人之歌》。

回到祖国怀抱的大连港恢复了生气，吞吐量在前一年的基础上增加了70%，成为当时全国沿海港口学习的榜样。

港湾街1号

沙俄强租时期港湾广场称红场，日本侵占时期改为东广场。港湾街因桥得名，起自港湾广场，止于育才街，沙俄强租时期叫英吉利大街，日本侵占大连后，改为初濑町。1946年6月1日改称四八街，用以纪念1946年4月8日空难[1]。1949年改名港湾街，沿用至今。

港湾街1号大连港务局大楼是大连港的标志，始建于1916年。建筑一期设计者是横井谦介，二期工程设计者是汤本三郎，同为满铁建筑课成员。建成后，日本人把它称作满铁大连埠头事务所，云集了陆军运输部、关东海运局、水上警察署、邮便局、税关等。后来，又增建铁道事务所、埠头局、筑港区事务所，楼顶是无线电话所、埠头罗针局和信号所。

[1] 1946年4月8日，叶挺、邓发、王若飞等人由重庆乘坐飞机返回延安途中，飞机失事，全体遇难。

大楼留有许多掌故和逸事，正门左侧第一个窗台至今保留着铜质凸点，并雕有“BM9”字样，意思是该点所处位置为平均海平面9米之上。人们都说这座建筑非常坚固，第二次世界大战时期虽然遭到美国B29轰炸机轰炸，却安然无事。当时，炸弹击中了正门右上角，墙上被炸了一个洞，大楼却没有受到任何影响。原关东州厅保安课长齐藤良二在《关东局警察四十年的进程与结局》中记录，满铁大连埠头事务所被炮弹击中后，有一名女职员被压在混凝土下死亡，附近的海员组合事务所里，一名职员被爆炸气流冲击致死。B29轰炸机离开后，方才发出警戒警报，人们才知道大连遭到轰炸，开始恐慌起来。

大楼虽然七层高，上面的平台却一直被叫作八楼平台。1955年，邓小平曾登上港务局大楼八楼平台远望大连港。多年后，“世纪老人”冰心为大连港留下了这样的文字：“我们站在大连港务局大楼的最高顶上，迎着泱泱的海风，看见雄壮美丽的大连港，像一只极大的青绿的玉玦，玦口朝着东南；青山环抱之中，海不扬波。海岸边的四个码头，像四只粗壮的手指并排地伸将出去，码头两旁密密地停泊着飘着各种旗帜的轮船，机声轧轧地在起货、上货。”往事历历在目。

港湾街1号大连埠头事务所旧影

如今的港湾街1号

港湾桥

建成初期的港湾桥

从空中俯瞰，港湾桥、港湾广场及周边道路形成了“胳膊—手掌—五指”的奇特布局：从顺时针方向看，港湾广场伸出的长江东路、港湾街、五五路、人民路、长江路宛如人的五根手指，而港湾广场好似人的手掌，港湾桥连着“手掌”，其形似人伸出的手臂。

港湾桥是大连港的一部分，其所在地原本没有桥，只有一条宽阔的马路，电车、汽车、行人通过马路可以直接进出大连港。后来，大连港修建铁路，为避免铁路和道路交叉，日本殖民者打算修一座立交桥。

港湾桥始建于1923年，竣工于1924年，采用了当时最先进和流行的设计理念，整体风格属于折中主义。港湾桥长367米，宽44米，桥下横跨着九条铁路和两条港区道路，初建时铺设电车道，咣当咣当的老电车是桥上亮丽的风景，大连解放后改成13路汽车。

19世纪末20世纪初，国内一些地区先后建起了多座立交桥，但多为矿企所用，所承载的城市功能偏弱。而港湾桥则将城市和港口连接起来，属于整个城市交通体系的重要组成部分，堪称中国现代城市最早的立交桥。

金融大街

人民路

金融路的前世

人民路位于两个圆形广场之间，东自港湾广场，西至中山广场，始建于1899年，时称莫斯科大街，是大连开建最早的一条主干道，横贯当时规划中的欧洲人区。日本侵占大连以后，改称为山县通，并仿照巴黎香榭丽舍大街进行规划和建设。1909年，这条老街曾开通有轨电车，1965年因为城市发展需要而拆除。

老明信片上的人民路

昔日的人民路

大连解放后，于1946年将山县通改称为民寿街。1949年，改名为斯大林路。斯大林路紧连着大连港，所以这条路上有海关、边防、商检、外贸等机关部门，是名副其实的“大连第一路”。老街曾于1956年翻建过，就像是把一幅美丽的欧式风景画重新装裱了一下。

1994年，斯大林路改称人民路，沿用至今。沧海桑田，百年变幻，虽然很多老楼默默地消逝了，但还是留下了很多故事。

人民路1号现在是交通银行大连分行，这里曾有1925年开办的美国花旗银行。日本侵占大连时期，城市洋风浓郁，英国汇丰银行、荷兰麦加利银行、俄国道胜银行都曾在大连开办支店。

当时，花旗银行的楼上是日本的鸢尾花商会，附近还有日立制造所。而与其临街相望的三层和风欧式洋楼便是人民路4号的金城银行大连支店旧址。金城银行1917年成立于天津，当时被誉为“北四行”之一。“北四行”即北方四大商业银行，是当时享誉全国的中资银行，其余三行为盐业银行、中南银行、大陆银行。因其金融辐射功能遍及长江以北，故名之。

人民路4号是金城银行大连支店旧址

金城银行大连支店于1927年11月成立，主要经营储蓄、贷款、有价证券和土地房产等一般银行业务，当时的经理叫杨济成。洋楼是由德国人Wilhelm Wahlen重新设计建造的，1934年竣工。大连解放初期，这里曾是中共大连市工委的办公楼。20世纪80年代，这里是大连航运公安局。如今，这里又开了一家银行，是与城市同名的大连银行。

人民路6—8号是友谊商城，1996年开业。旧时，此处西侧位置是家日本人经营的贸易商行——辻[1]山洋行。友谊商场东侧临同兴街位置是比利洋行故址。比利洋行是日本侵占时期俄国人的独资企业，成立于1915年4月。比利洋行还是俄国西伯利亚商会指定代办商，以海陆运输及东北特产品输出为主营项目。“七七事变”后，关闭撤离。

友谊商城后面（原山县通11番地）位置有日本侵占时期的满洲兴业银行大连支店。该店建于1936年12月，总行设在长春。大连解放后，这里由大连中国商业银行接管。

与友谊商城对望的人民路7号东亚银行大厦位置原是大连市自来水公司。旧楼是一座漂亮的欧式建筑，由大仓土木事务所设计施工，建于1923年左右，因为大仓土木商事和大仓土木事务所都在这里，故被称为大仓大厦。这座洋楼特别像今日的证券大厦，日本人开办的东裕公司便在这里的一楼。东裕公司是家股份制金融企业，1936年9月建立，主要从事有价证券、保险业代理、不动产经营与开发。它旁侧还有日本人开办的台湾银行[2]。

[1] 辻，日语，十字路口的意思。
[2] 1942年迁址人民路4号。

美国领事馆

因为天然的地理优势，大连逐渐成为东北亚的航运中心，日本侵占时期，因为外事贸易增多，很多国家来大连设立领事馆。领事馆代表一个主权国家的形象和尊严，大连的外国领事馆多是经典的欧式建筑。美国领事馆位于人民路12号（原山县通41番地），建筑时间不详。1923年8月2日，美国第29任总统哈定逝世，当时的领事馆还降半旗以示悼念。

当时，美国领事馆内还设有荷兰领事馆，由美国领事代理外交事务，1919年8月以后移至英国领事馆。1920年6月，瑞典领事馆设置在这里。瑞典领事馆属名誉领事级，第二次世界大战爆发后撤离。后来，这里成为伪满洲国中央银行大连支店。

伪满洲国中央银行大连支店设立于1932年6月15日，7月1日开始营业。伪满洲国中央银行开设大连支店时，还对建筑正面的窗框做了局部改造。1945年12月，伪满洲国中央银行大连支店被大连中国工业银行接管。

2015年以前这里是大连商业房产物业管理局和大连市酒类专卖事业管理局。1950年，大连就设立了烟酒专卖局，隶属于当时的旅大市商业局。1953年，烟酒专卖局改为旅大市专卖事业管理局。1957年，旅大市专卖事业管理局被撤销，改为旅大市烟酒糖果糕点公司。1981年，旅大市改称大连市，成为计划单列市，旅大市烟酒糖果糕点公司改称为大连糖业烟酒公司。1984年7月，大连烟草专卖局、大连烟草公司正式组建，分离了出去。

斯大林路饭店

人民路与世纪街十字路口鼎森中心位置曾是1995年被拆掉的新亚酒家，这里最早是西餐厅维克多利亚（VICTORIA）。日本女作家富永孝子这样描述它："维克多利亚饭店是外国人和中年日本人悠闲休憩的欧洲风的饭店，当时能在大和宾馆和维克多利亚用餐和饮茶是大连人社会地位的一个标志。维克多利亚的经营者是一个叫曹长福的中国人，曹家是当时著名的实业家族。"

曹长福是大连实业家曹正礼的长子。这家西餐厅始建于20世纪30年代，当时，这里还聘用了一些年轻貌美的俄罗斯女孩做服务员。1945年8月，大连解放，曹正礼承担起供应苏联驻军肉食的业务，并将这里作为苏军驻连军官食堂。

1954年，这里被改成斯大林路食堂。斯大林路食堂曾经涌现了一位闻名全国的特等劳动模范——鲍静枝。虽然她只是一个普通的服务员，却得到了毛主席的亲切接见。

20世纪80年代，这里叫斯大林路饭店。当时，能在这里就餐是社会地位的标志。后来，这里改为新亚酒家，不久又在南石道街开了二部。如今，该酒店早已被埋没在历史之中，虽二部尚在，不过它总是不如老店名声那般响亮。

洋行林立的老街

原田商事和辽东自动车商会

人民路10号天天渔港西面是原田商事旧址，建于1918年11月。原田商事创建于1902年，是当时日本生产机械的专门企业。1906年，原田商事在大连设立原田组商事部。1937年，以50万日元资本在大连成立原田商事株式会社，主要经营钢材、铜锡亚铅、钉类、锁、管线、厂矿、铁路、建筑用物资、机械用具、油脂类和各种杂物等。

天天渔港东面是辽东自动车（汽车）商会旧址，1933年12月设立，是日本富士通汽车株式会社特约贩卖店，主要经营的汽车品牌是雪佛兰。

原田商事旧址

大连解放前，曾有1万多白俄罗斯人侨居于此。白俄罗斯人三五成群终日赌博，夜晚则是通宵舞会。天天渔港中间位置（原山县通25番地）是“辽东SEX”，也译作辽东中心，这是一家白俄罗斯妓院。天天渔港北侧还有条旧街巷——三盛街，三盛街5号就是当年的白俄公寓。

宝隆洋行

时代广场大厦中间位置（原山县通105番地）曾有宝隆洋行大连支店。宝隆洋行也译作东亚股份有限公司，由丹麦人安德森于1897年创办，总公司设在丹麦首都哥本哈根，丹麦国王的叔父任董事长，其股份半数以上为丹麦皇族、贵族所有。宝隆洋行在世界开办了100多家分支机构，并控制着一个拥有30多艘船舶，总吨位40万吨的远洋船队。1919年9月，宝隆洋行在大连设立支店，主要从事大豆、小麦、花生、荞麦、杂货、种子等购销，以及船舶运输代理业务，其进口方面有钢铁器材、大米、面粉、木材、棉花、麻袋、橡胶等。宝隆洋行还代行领事职能，其实就是丹麦领事馆，“七七事变”后撤离。

瓜谷长造商店

日本侵占时期，富丽华酒店西面临明泽街的地方（原山县通137番地）是瓜谷长造商店，是日本人瓜谷长造独资设立的加工和经营东北特产的企业。1909年，瓜谷长造以神户界力商店大连出张所（出张所相当于现在的办事处、分店、分部）所长身份来连发展。1915年，他创办了自己的企业。1931年，他还开办了谷物加工厂，从事谷物精选和鸡饲料加工。1939年1月，又开设了大豆加工厂。日本战败后关闭撤离。

卡瓦基斯商会

新世界酒店位置旧时自东向西依次有松井卫生室、东和汽船、水月堂分店、卡瓦基斯商会和满洲报社。卡瓦基斯商会位于原山县通140番地，大致位置就在今明泽街东面，由希腊人于1921年7月开办。这是一家贸易商行，经营洋烟酒、食品及各种机械、杂货等，“七七事变”后关闭。日本门牌号是以番为记，呈对角线规律。旧时，山县通142番地恰在中山路上，这里是满洲报社旧址。《满洲报》是1922年7月创刊的中文报纸，1930年满洲报社迁到了常盘町（今中山路）。

民寿市场

昔日，名店坊南侧是民寿市场（原民寿街43号），前身是山县通市场。山县通市场建于1914年1月，初期规模虽大，因为市民太少，经营惨淡。1923年开始火爆起来。1937年，市场再次做了扩建。1945年大连解放，改名为民寿市场，1949年又重新修建。如今，“民寿市场”已成为历史名词。

三菱商事株式会社大连支店

香格里拉酒店西临致富街处是三菱商事株式会社大连支店旧址。1918年5月，三菱商事株式会社在大连成立出张所，1924年9月升为支店，专门从事物品销售和批发、中介、运输、代理、工程承包、制造加工、保险代理等。当时，这里还有老“大连十大银行”之一的三菱银行。这座已经消逝的建筑是由小野木横井共同建筑事务所设计，1929年9月30日建成。20世纪80年代，此处曾是中国金桥旅游公司大连分公司。

昭和制钢所大连出张所

三菱商事株式会社大连支店旧址东面是昭和制钢所大连出张所、波尔多商会和日本邮船株式会社。1928年，满铁通过了炼钢计划，并于次年7月4日成立了昭和炼钢所。当时，因为厂址未定，一直未能动工建厂。1933年7月，满铁在鞍山成立昭和制钢所，在大连设立出张所，并建造了一座五层办公楼。不少人认为大连没有第二次世界大战史，其实不然，1944年9月26日，当时世界上最大的战略轰炸机——美国B29轰炸机定点轰炸了这里。

日本邮船株式会社由日本政府控制，是日本最大的海运企业，日俄战争期间，日本邮船株式会社便在大连设有办事处。

三井株式会社大连支店与德克萨斯石油公司大连出张所

凯美大厦位置是三井株式会社大连支店故址。它于1906年在大连设立出张所，1912年升格为支店，主要经营豆粕和豆油输出。位于山县通178番地的德克萨斯石油公司大连出张所也在这里。德克萨斯石油公司是美资股份公司，本社在纽约，通常称德士古洋行。1922年设立大连出张所，并聘请日本人吉野实担当主任，主要经营自产石油株式会社石蜡、石棉瓦等。“七七事变”后撤离。

伊藤忠商事株式会社

日本侵占时期，职工街一带称龙田町，宏誉大厦就在它的东侧。当时，这里曾有经营洋酒的井川商店、日清制粉及伊藤忠商事株式会社大连出张所。后来，伊藤忠商事株式会社大连出张所和丸红商店大连出张所共同组成三兴株式会社大连支店。这是一家日资股份制商社，主要经营纤维制品及其原料、健康产品、小五金、机械工具、燃料、药品、纸张、建筑材料、橡胶制品以及日本和服布料、纺织品印染加工、服装、针织品、毛织品、服饰杂货等，日本投降后关闭。今天，伊藤忠商事与三菱、丰田等七家企业被合称为“日本七大工商企业”。40年后，许多日资企业重返大连投资，伊藤忠商事就是其中之一，我们熟悉的“吉野家”连锁餐厅便是其子公司。2010年6月15日，伊藤忠商事原社长丹羽宇一郎被日本政府任命为驻华大使，成为日本首位出任驻华大使的民间人士。

大连汽船株式会社

伊藤忠商事株式会社旧址旁是人民路72号大连市自然资源局。大连解放前，这里是满铁大连汽船株式会社。这座建筑由大仓土木设计，1932年建成，竣工时只有四层，五至七层是后期加盖的。大连汽船株式会社是一家海运公司。1911年6月，日本人河边胜和田中末雄合资2万日元组成北清轮船公司。1915年2月，满铁出资将它改组为大连当时最大的海运企业，经营以大连为中心的北部港口海运和仓储业务，主要运送满铁掠夺的煤炭。1928年7月，日本邮船专务董事安田出任大连汽船株式会社社长。“九一八事变”后，大连汽船株式会社兼并了满洲船渠株式会社。20世纪30年代，该会社拥有轮船73艘，总吨位38.7万吨，这在当时是中国海运公司无法相比的。当时，大连往返香港航线有“蔚山丸”，往返需挂靠青岛。大连往返上海航线有“奉天丸”“大连丸”“长春丸”等，其间也要挂靠青岛。著名作家萧红、萧军1934年从大连去青岛就乘坐了“大连丸”。当时，大连至青岛间船票一等票33元，二等票22元，三等票7元，四等（通舱）3元。20世纪80年代，这里是中国辽宁进出口商品检验局办公地。大连汽船株式会社旧址东侧相邻的是山下汽船公司旧楼。山下汽船公司是日本三大海运企业之一，如今这里是人民路74号达美元辰医疗美容。

旧时大连海关

人民路86号海昌集团办公楼原是辽宁省外贸轻工公司办公楼，日本侵占时期是大连海关。这座哥特式的建筑建于1914年。1907年7月1日，根据中日两国关于设立大连海关的协定，清朝政府在大连设立海关。根据该协定，不但海关税务司（海关关长）不能由中国政府直接

昔日的人民路大连海关

如今的大连海关旧址

任命，就连海关职员也必须由日本人组成，甚至连海关的官方语言都必须是日语。这样屈辱的历史一直持续了近40年。

心悦大酒店位置原有马尔斯点心店、日本海员组合和法国领事馆。法国领事馆设立于1932年4月，第二次世界大战爆发后关闭。

卜内门公司大连支店

人民路75号原大连海关位置曾有太平洋运送、经营食物的三松洋行、阿波共同汽船和卜内门公司大连支店。卜内门公司大连支店是家英资股份公司，本店在伦敦，大连支店成立于1913年，主要经营纯碱、烧碱和其他工业用药品以及自家生产的硫安的输入和销售。该公司经营的“月牌”纯碱号称世界第一，在中国处于垄断地位。“七七事变”后，卜内门公司撤离大连。

安川电机与太古洋行

安和大厦（国运大厦）位置曾有ブリナー商会、安资商会、安川电机、太古洋行大连支店等。ブリナー商会是一家海运公司；安资商会专门经营地方特产；安川电机至今还是日本的大企业，大连现代博物馆里就藏有安川电机。当时，大连可谓是买办聚集地，在众多洋行之中不乏国际大牌，太古洋行就是其中之一。太古洋行是一家老牌英资洋行，清朝时就在中国从事贸易。太古洋行大连支店设于1913年，主要经营大豆等输出、钢材输入、机械、药品、杂货等。1928年4月，英国人在这里开办了嘉利洋行（原山县通212番地）。嘉利洋行主要从事船舶运输 、海上火灾保险业 ，兼营贸易。“七七事变” 后，太古洋行和嘉利洋行先后撤离大连。

赫尔斯坦商会

德意志人不甘落后，也在这里开办了多家洋行，其中最有名的是赫尔斯坦商会大连支店（原山县通212番地）和希・伊利斯商会大连支店。赫尔斯坦商会大连支店是德国合资企业，输入德国钢材、机械 、燃料、药品以及杂货等；输出大豆、豆粕、杂谷等，其中大部分输往汉堡 。“七七事变”后撤离大连。希·伊利斯商会位于汉堡，1924年10月在大连设立支店，店长是德国人，主要从事德国汉美汽船会社的代理和贸易输入。太平洋战争爆发后撤离大连。

益斯商会

人民路92号如家商旅酒店西面附近位置（原山县通213番地）是福昌公司故址。当时，很多知名的欧美洋行租用福昌公司的大楼，德国益斯商会大连支店便是其中之一。益斯商会是德资股份公司，1896年在山东烟台创办，1925年9月在大连福昌大楼内设立支店，店长是德国人贝·潘辛格。益斯商会主要从事船舶代理及东北特产品输出，主要运往欧美各大城市，输出品大宗为花生。“七七事变”后撤离大连。日本满洲精谷株式会社也设在这里。满洲精谷株式会社于1928年2月创办，主要从事养猪、养鸡、养马用混合饲料加工及销售，以及供应中国人食用的高粱、玉米和其他杂谷的精加工，工厂建在勤俭街。

国际运输公司

人民路如家商旅酒店位置昔日曾是国际运输公司旧址。国际运输公司是满铁关联公司，1923年由日本运送会社和东亚运送会社合并组成，本社在东京，主要从事对中国东三省、中国关内地区、中国台湾、朝鲜、日本海陆货物运输，仓储，委托销售代理，提供劳务和劳力以及相关运输资金的供给等。

大阪商船会社

人民路96号徐园饭店位置曾是一座漂亮的古堡式建筑，当时叫大阪商船会社大连支店。它是日本侵占时期的航运公司，日俄战争还未结束，大阪商船会社就开辟了大连的航线。1905年1月14日，大阪商船的“舞鹤丸”首航大连。此后，大阪商船会社在大连设立出张所，经营挂靠在大连港的近海航线和远洋航线。20世纪80年代末，这座漂亮的朱红色欧式洋楼被拆除。1989年6月，徐园饭店开业。

旧日的洋行洋楼都随风而逝，老街还在书写着新的篇章。

福昌公司与相生家族

人民路91号友谊宾馆又称老友谊宾馆，这里是包工队共道组旧址。它对面如家商旅酒店位置就是福昌公司（原山县通213番地）故址。福昌公司

福昌公司旧影

的创始人是自号“铁牛居士”的相生由太郎。1906年，相生由太郎在三井物产株式会社工作，因为平息矿工罢工而得到了上司犬塚信太郎的赏识。同年，犬塚信太郎就任满铁理事，为了解决码头混乱的秩序，便邀请相生由太郎来大连工作。第二年，相生由太郎担任满铁大连码头事务所所长。1909年，他辞去满铁职务，创办了专营码头劳力供应的福昌公司，“红房子”就是相生由太郎的创意。福昌公司还经营土木建筑、砖瓦制造、石材采掘贩卖及房地产贸易等方面产业。相生由太郎本人曾兼任满洲水产、满洲兴业、大连工业、满蒙工业、大连取引信托、大连机械制作所等会社董事，大连商工会议所所长，大连市会官选议员等。

相生由太郎善于管理，是日本殖民政策忠实的执行者，大连港的很多设施、满铁图书馆、厚生设施等都是由他主持修建的。他对满铁日本员工福利待遇的提高出了很多力，在满铁内部很有威望。相生由太郎喜欢研究中国文化，善于以华治华，曾资助清朝的皇族遗老及亲日的中国人去日本学习，后来成为伪满洲国立法院院长的赵欣伯就是其中之一。相生由太郎曾在金州南山和市内西山脚下拥有农场。日本殖民当局为了褒奖他，在寺儿沟一带命名了一条叫相生町的街区。1930年，相生由太郎病死在大连，他的家产多留给了养子相生由三郎。

大连脸庞

中山广场

中山广场全景（苏米·塞辛格/摄）

大连是中国广场最多的城市之一，在大连没有哪座广场比她更让人备感激动，她便是中山广场，是大连最初的脸庞。

中山广场的起源

俄国人开辟达里尼自由港时，有人提议以沙皇尼古拉二世的名字命名为圣尼古拉耶夫斯克，因为过于赤裸裸而被弃用。规划大广场时，将这里命名为尼古拉耶夫卡亚广场。广场参照巴黎戴高乐广场（原叫明星广场），直径213米，建设有绿地、花园，广场周边规划有市政府、俄清银行、邮政邮电局、法庭、警察与消防署、市俱乐部、私立银行等。据《大连城市规划史》记载，“1904年，当时大连城市建设的发展情况是行政区和欧罗巴区修建了一些建筑物，而莫斯科大街（人民路）以北基本是仅仅修建了道路。”日本侵占时期，日本人延续了沙俄的规划理念，首先建设了中山广场。日本人原打算将其命名明治广场，因为遭到国内反对而改称大广场。巴黎是由广场串联成整体的国际都市，新兴的大连学习了巴黎的成功经验，串联起一个又一个广场，而且像巴黎戴高乐广场一样，把最经典的建筑汇聚在城市的中心广场。从20世纪初开始，广场周围先后建成了大连民政署、横滨正金银行大连支店、中国银行大连支店、英国领事馆、大和旅馆、关东递信局、朝鲜银行大连支店、大连市役所、东洋拓殖株式会社大连支店等特色建筑，因此有“十座楼房十个样，十条道路十个向”之说。

昔日的大广场

20世纪60年代的中山广场旧影（温崇盛提供）

大连中山广场给许多人留下了深刻的印象。1917年圣诞节期间，康有为来到大连，下榻在大和旅馆。站在宾馆楼顶眺望中山广场，是一道美丽的风景，康有为看到了像欧洲一样美的大连，而且极像被誉为“世界上最美的城市”的巴黎。康有为作诗赞誉说：“徒观其气象，巨丽压百郡。”

1918年7月，著名教育家黄炎培来大连考察，漫步街头，恍如欧美的景致。华盛顿一期规划模仿了巴黎，黄炎培感觉似曾相识，他在家信中写道：“市政设施似仿华盛顿，交通四达，中成一圈，两侧一为极大的关东都督府（笔误，实为大连民政署），一为极大的大和旅馆。”

1946年，大连市人民政府以辛亥革命先驱孙中山的名字将大广场改名为中山广场。今天，这里就像太阳一样，发散出中山路、人民路、上海路、延安路、鲁迅路、七一街、民生街、民康街、玉光街、解放街十条如光芒一样的街道。

大清银行

20世纪50年代的大清银行大连分行旧影

大清银行旧址

中山广场7号中信实业银行大连中山广场支行是大清银行大连分行旧址。早在1904年，大清国的官办银行就已经在青泥洼落脚。这座洋楼始建于1909年，1910年6月竣工。建筑属文艺复兴式风格，对称协调，比例适中，依稀可见中正平和的理念。

中华民国成立后，大清银行大连分行在1913年易名中国银行大连支行，主要经营储蓄、汇兑、票据、有价证券、贷款等一般银行业务。1945年12月，大连市民主政府接收了16家日伪银行后，分别组建了大连中国工业银行、农业银行、商业银行，农业银行办公楼就是大清银行大连分行旧址。1946年7月17日，三家银行合并成立了大连银行总行[1]，办公地址在中山广场10号。

1946年11月，为了发展民族工业，大连特别成立新连实业公司筹备处，统一管理工业企业，办公地址就在中山广场7号；同年12月，改称旅大实业公司筹备处。1947年4月3日，旅顺、大连、金州实现了行政联合，成立了关东公署。第二天，关东实业公司在这里正式成立。关东实业公司先后接管了多家厂矿，至1948年共拥有65家工厂。1949年5月，撤销关东实业公司。1949年4月，关东公安总局大连市公安局迁到了中山广场7号。1959年1月，旅大市教育局迁入中山广场7号。1988年1月，旅大市撤教育局，改设教育委

[1] 1947年4月20日更名关东银行。

员会，简称大连教委。1993年，大连教委迁至沙河口区联合路107-7号。不久，这里改为中信实业银行大连中山广场支行。

梅兰芳与人民文化俱乐部

中山广场8号人民文化俱乐部位置原是空地。1949年，人民政府从苏联请来专家小组帮助设计人民文化俱乐部，主设计师由白俄罗斯人纳耶夫担任，同时由中俄双方组成专家小组组织建设。建筑外形设计风格采用的是简约式对称设计，内部采用的是大跨度圆形穹顶及欧式雕花式舞台拱形台口，这是当时国内最为先进的剧场建筑设计。建筑始建于1950年，第二年5月竣工。“人民文化俱乐部”七个字是由郭沫若题写的。

多年来，这里一直就是大连艺术的丰厚土壤。1953年，周恩来总理曾在此慰问旅顺口苏军代表团。宋庆龄、彭德怀、徐向前等国家领导人也曾在这里陪同外国贵宾观看演出。1995年和2008年，人民文化俱乐部两次斥重金改造。2009年年末，歌手周笔畅、王力宏等都选择在这里举行歌友会。

人民文化俱乐部最让人难忘的是梅兰芳先生留下的身影。1952年1月25

人民文化俱乐部

日，京剧大师梅兰芳率团来大连，就选择这里做演出地。当时与他一起来的除了他的儿子梅葆玖先生外，还有小生姜妙香、徐元珊，老生王琴生，花脸儿刘连荣等人。由于梅兰芳先生年事已高，第一场戏便先由梅葆玖先生演出，从第二天开始由梅兰芳演出。当时，梅兰芳演出的票价分别为：甲种票48000元，乙种票36000元，丙种票24000元。为了照顾职工、军警同志，从2月9日起，持有证明者一律按八折优待，甲种票38000元，乙种票29000元，丙种票19000元。那时，大连使用关东币，1万元相当于现在的1元钱，甲种票的价格，在当时能买50斤面粉或大米。

梅兰芳只打算在大连表演12场，因为观众反响强烈又特地加演了8场，《霸王别姬》《洛神》《凤还巢》《金山寺》等剧目曾多次上演。2月27日，梅兰芳离开大连，时任副市长乔传珏亲自到火车站送行。

横滨正金银行和大连递信局旧址

横滨正金银行大连支店旧影

中山广场9号是中国银行大连分行。这座造型独特的文艺复兴式建筑吸收了拜占庭的建筑特点，三个圆形穹顶，中间大两边小，不仅显得古朴庄重，而且格外典雅华贵。日本侵占时期这里也是一家银行，当时叫横滨正金银行大连支店。横滨正金银行在日俄战争时期便已进入大连，最初是出张所（位于民主广场附近），从事军用票的兑换和储蓄、汇兑业务。1905年12月，受命开始发行横滨正金银行本票，第二年3月升格为大连支店，并代理日本中央金库，成为所谓关东州第一银行。

1906年12月，横滨正金银行发行的银行券开始流通于关东州及东北地区。横滨正金银行发行货币有1元、5元、10元三种，辅币为硬币，分5钱、10钱、20钱、50钱四种。1907年10月，横滨正金银行重金聘请妻木赖黄、太田毅在大广场上设计新的营业楼，设计图很快就做了出来。这座洋楼与妻木赖黄设计的日本横滨正金银行总行有几分相似，始建时间是1908年5月10

日，1909年5月建成。1909年12月12日，横滨正金银行大连支店举行了隆重的落成仪式。

1913年，横滨正金银行开始发行金券。1918年1月，金券发行权及日本国库业务移交给朝鲜银行。日本战败后，苏联于1945年8月接管了这里，并将它改为苏联远东银行大连分行，1951年停止营业，移交给中国。

横滨正金银行大连支店旧址，现为中国银行（郭朝晖/摄）

中山广场10号大连市邮政局办公楼是关东递信局旧址。这座建筑由关东都督府民政部土木课松室重光于1916年3月30日设计完毕，1918年建成。1925年改称大连递信局，20世纪40年代改称大连中央电报局、大连中央电话局。1945年8月22日，这里被苏军接收，与大连宾馆一起成为苏军大连警备司令部。1955年苏军撤离后，这里成为大连邮电局办公楼。20世纪90年代邮电分家，大连邮电局分为大连邮政局和大连电信局，这里成为大连邮政局的办公楼。

横滨正金银行发行的银行券

朝鲜银行旧事

中山广场1号中国工商银行大连分行中山广场支行是朝鲜银行大连支店旧址。上了年纪的老大连人把这里称为关东银行。这座洋楼由著名建筑师中村与资平设计。1907年，年仅27岁的他担任韩国朝鲜银行总行的设计和现场监督。朝鲜银行的前身是日本东京第一银行，又称韩国银行，后改为朝鲜银行，总行设在汉城（今韩国首尔）。设计对于中村与资平是没有难度的，而现场监督却是需要领导艺术的工作。他将中国古典兵法的理论与实际完美

朝鲜银行大连支店旧影

地结合，成功地完成了工作。1912年，朝鲜银行总行竣工。中村与资平因其严谨认真的工作态度和出色的成绩，得到了朝鲜银行特别奖励，被聘为朝鲜银行建筑顾问。

1913年6月，朝鲜银行在大连设立支店。1917年11月，日本指定朝鲜银行代行日本央行职能，发行金券，朝鲜银行券成为关东州法定货币。朝鲜银行发行的货币俗称“老头票”，面值有1元、5元、10元、100元，辅币为硬币，有10钱、20钱两种。

1917年，中村与资平来大连发展，创办了事务所和工务部。《满洲日日新闻》刊载过大连中村与资平建筑事务所的广告，地址是山县通100番地，即今人民路世纪街交叉路口东南侧位置。朝鲜银行大连支店由中村与资平建筑事务所的工务部日米公司负责建造。建造这座建筑所用的钢筋是从美国贸易会社购买的，可见其建造之奢华。这座建筑最美之处就是六根高耸的科林斯柱，它近乎完美地诠释了文艺复兴风格。洋楼竣工后成为大连的金融中心。

1945年8月，日本战败。12月8日，大连市政府接管朝鲜银行大连支店，改为大连中国工业银行办公楼。1946年7月1日，改为大连银行总行行址。1947年4月20日，改为关东银行总行，行长陈济生，副行长李占春。

大连解放后，旅大地区同时流通朝鲜币、伪满币、日本币和苏联红军票等四种货币，金融市场非常混乱。1947年5月23日至5月27日，旅大地区实行第一次货币改革，苏联远东银行和关东银行旅大分行对旅大地区流通的苏军币、伪满币加贴小贴。

1948年11月14日，关东银行再次实行货币改革，旧币由关东银行全部收回，并发行关东地方性货币，票额分为1元、5元、10元、50元、100元五种。从此，关东币成为大连地区唯一流通货币。关东币比1948年12月1日发行的第一套人民币早，票面印有“中华民国叁拾柒年印”字样，图案为大海中航行的轮船。

1950年6月，关东银行旅大分行改为东北银行旅大分行。1951年4月，东北银行旅大分行改为中国人民银行大连市支行。现在，这里是中国工商银行大连分行中山广场支行，它不但是大连的金融中心，还是全国重点文物保护单位。

大连民政署旧址

中山广场2号辽阳银行大连分行原是辽宁省外贸集团公司办公楼。它就像一个美丽的少女，是广场上最亮丽的风景。

它是中山广场的第一座建筑，由关东都督府工程师前田松韵设计。前田松韵是最早来大连的日本建筑师，他采用了欧洲文艺复兴建筑样式，高高耸立的哥特式塔楼，有一枝独秀的感觉。洋楼始建于1907年8月1日，1908年3月25日竣工。洋楼建成后，位于今胜利街35号的大连民政署便迁到了这里。

大连民政署旧影

1922年3月，大连民政署又移至新建的大连市役所（市政府）办公。大连市役所旧址就是今中山广场5号中国工商银行大连分行，中山广场2号改为

如今的大连民政署旧址

大连警察署。1937年，关东州厅搬到大连以后，这里是大广场警察署，管辖今中山区一带民生安全事务。

大连解放后，大连市公安总局大广场警察局就设置在这里。1955年，它被移交给中国海军，为海军第二巡逻艇大队所在地，后改为第二护卫艇大队。1959年改为大连海军水警区。20世纪60年代，水警区迁至海洋岛，这里是旅顺基地后勤大连供应站。后来，这里成为海军109舰指挥所。1983年，经过置换，这里成为辽宁对外贸易经济合作厅。现在，这里不仅是辽阳银行大连分行，还是全国重点文物保护单位。

英国领事馆旧址

中山广场3号浦东发展银行大连分行原是英国领事馆旧址。1902年1月30日，英国外交大臣兰斯多恩侯爵（第五）H.C.K.佩蒂—菲茨莫里斯和日本驻英大使林董签订了《英日同盟条约》。“英日同盟”说白了就是针对俄国的军事攻守同盟，盟约订立不久，日本就发动了日俄战争，这一次日本不再势单力孤，在英美两国的支持下，俄国惨败。

美国建立领事馆后，英国当然不甘落后，随即在大连建立了领事馆。最初，英国领事馆建在今中山路天安国际大厦一带。大广场建设如火如荼，英国人得到了照顾，日本人将大广场2番地（俄达里尼市街106号，1922年改为大广场越后町1番地）送给大英帝国建设新的领事馆。日本人这么做当然有自己的目的，其一是这么大的城市建设工程，日本人依靠自己的力量无法完成，其二就是以此来显示对大英帝国的尊重，加强英日联盟。

新建的英国领事馆由英国人H.Ashead于1911年设计，1914年建成。1952年，这里被改为大连市妇联幼儿园，民间一直把这里叫作六一幼儿园。1995年，六一幼儿园被拆除，不久，便在原址上建成了大连金融大厦。

大连宾馆

中山广场4号大连宾馆雄壮巍峨，古典雅致，具有浓郁的文艺复兴风格，洋溢着巴洛克风情，被满铁誉为“满铁最辉煌的建筑”。1907年8月，满铁将位于胜利桥北原大连自然博物馆东侧的达里尼旅馆改为大和旅馆。这个仅有16个房间的旅馆根本无法满足需要，1909年遂将空闲的达里尼市政厅旧址改为大和旅馆。随着发展，日本人越来越觉得需要彰显满铁政绩，作为象征，满铁决心在大广场上建造一座比肩欧洲的大型建筑。负责建筑设计的是满铁建筑课工程师太田毅和吉田宗太郎。建筑在1909年6月7日开始基础施工，建筑设计方案则是在1910年1月完成的。这座钢筋混凝土结构的建筑，由山叶洋行施工建造，1914年4月竣工，两个月后正式开业。著名文学家吴宓在日记中记录说：“该旅馆西式，整洁宏大，不让美国之旅馆也。”蒋介石、胡适、康有为、顾维钧、孙科、溥仪、郑孝胥等众多历史名人在这里下榻过。当年，溥仪就住在208房间，现在这里依然保持着溥仪住时的原貌。

1945年8月，苏联红军进驻大连，在这里设苏军驻大连警备司令部。10月27日，苏军警备司令高兹格夫在此召开大连各界代表会议，决定成立大连市政府。11月，苏军警备司令部搬到中山广场10号，这里改名为苏联国际旅行社。次年12月7日，大连市人民政府正式接收苏联国际旅行社，并于1953年改名为中国国际旅行社大连分社。1956年9月中国国际旅行社大连分社与宾馆分离，这里正式定名为大连宾馆。

昔日的大和旅馆

大连解放后，这里依然是政要名人云集之地。1952年，京剧大师梅兰芳来大连演出就住在溥仪曾经住过的房间。周恩来总理来连视察工作也曾下榻在这里。1955年辽东半岛大演习，朱德、彭德怀、陈毅、贺龙、叶剑英、罗荣桓、徐向前、聂荣臻等八大元帅齐集大连，都住在大连宾馆，他们还经常

大连宾馆

在宾馆二楼东侧的小会议室举办舞会。

刘少奇、邓颖超、杨尚昆等国家领导人，日本前首相中曾根康弘，竹下登，村山富市，意大利前总统斯卡尔法罗，新加坡前总理李光耀，美国前国务卿黑格，印度尼西亚前总统梅加瓦蒂等近百位国家元首和政府首脑也都曾下榻于此。

1986年和1997年，大连宾馆先后两次装修，但仍然保持着古香古色的风格。因为名气实在太大，每年都会有大批游客来此观光。这里是许多影视剧青睐的地方，故事片《蓝色档案》《生死抉择》都在这里拍摄。1987年，尊龙、陈冲主演的影片《末代皇帝》曾在此取景。或许是沾了这里的福气，一年后的第60届奥斯卡奖颁奖典礼上，《末代皇帝》一举夺得9项大奖。

老电影里的洋楼

电影《兵临城下》剧照

老电影《兵临城下》曾在中山广场拍摄，影片中那座方正的洋楼就是大连市役所旧址。这并不是它第一次出现在电影里，1956年拍摄的《虎穴追踪》里也能找到它的身影。

这座折中主义建筑由松室重光于1916年设计，1917始建，1920年6月建成。大连市役所即大连市政府，前身是建于1907年2月的大连最早的公共组织——大连卫生组合。1915年9月，大连卫生组合被撤，10月1日开始实施市制，并设议会，议员半数以上是官方指定，另一半由选举产生。1922年，大连民政署迁到这里。日本侵占时期的市政双轨制一直延续到1937年。大连民政署撤销后，其职能和全部事物全部移交给大连市役所，大连市役所便成为日本统治大连的二级行政机构。1939年4月，别宫秀夫出任殖民统治时期大连最后一任日本市长。

大连解放后，在驻大连苏军的主持下，于1945年11月8日成立了大连政府，华商迟子祥被推选为大连第一任华人市长。1946年10月23日，旅大金行政联合办事处成立，是旅大地区临时最高行政机关，辖大连市、旅顺市、金县、大连县。1947年4月，在旅顺成立关东公署，相当于省级机构，是旅大地区最高行政机关。1947年12月，关东公署迁至人民广场。1949年4月27日，关东公署改称旅大行政公署。1950年12月1日，旅大行政公署与大连市人民政府合并改称旅大市人民政府。后来，这里先后作为大连劳动局、交通局、财政局的办公楼。如今这里是中国工商银行大连分行办公楼。

中共大连市委旧址

东洋拓殖株式会社旧址

中山广场6号是中共大连市委旧址，它的前身是东洋拓殖株式会社大连支店，由宗像建筑事务所设计，1935年11月26日开始奠基，1936年竣工。大楼被称作东拓大楼。当时，东洋拓植银行与横滨正金银行、朝鲜银行鼎足而立，是“大连十大银行”之一。彼时，在这座大楼里还有美国标准石油公司、西门子商会等。大楼还建有地下一层，日本人在那里开办了一家三叶料理店。

洋楼四四方方，落落大方。有道是四海之内皆朋友，只有拥有包纳百川的心，才能拥有无限的梦想。1951年至1957年，这里是中共旅大市委办公地。市委迁到南山后，改为旅大市人民政府部分局、委、办的办公楼，现在则是交通银行大连分行。

中山广场不但是大连最美的脸庞，也是大连最美的明信片。人们最爱这里的布局、构造，还有那些很难用语言描述的老建筑。围着广场兜一圈，会感到与众不同的美。

满铁医院往事

解放街是中山广场十条辐射街道之一。解放街6号是老大连铁路医院（今大连大学附属中山医院）之所在。在大连，提起铁路医院几乎无人不知，无人不晓。沙俄强租时期，规划在此建造一座42.6米高的教堂，并在中山广场中心模仿圣彼得堡滴血教堂建一座53米高的东正教堂，两座教堂遥遥相对。日本侵占大连时期，在这里建成满铁大连医院。

满铁大连医院前身是沙俄强租时期的东省铁路医院，有6座病房，137个床位。日俄战争中这里被日本陆军用作野战医院，当时连同周边共有21座俄式建筑被用作院舍。1907年，医院由满铁接收，改名为大连医院。1909年，大连医院更名为满铁大连医院。1910年5月，满铁打算在中山广场附近建立一家综合性医院。1912年，满铁土木课长小野木孝治参考世界著名的魏尔啸（Virchow）医院做出了建设方案。1914年，第一期工程开工，因为正处于第一次世界大战期间，建筑材料供应不足，工程被迫中断。1917年12月，建起两座病房楼及附属建筑，主楼和剩下的病房楼本打算作为第二期工程继续建设，但因满铁财政陷入困境，无法维系，满铁大连医院只好将儿童内科病房搬了过来。后来，这里又改为护士宿舍。

1921年，北京依靠美国洛克菲勒财团资助建起了协和医院，满铁便再次委托小野木孝治重新制订建设方案。他先后去了北京、天津、济南和青岛等地考察由欧美设计师设计建造的医院。回到大连后，小野木孝治在小野武雄协助下，设计了大连医院主楼。这个设计主要参考了北京协和医院，作为医院建筑可以说是最高水准的设计，但是设计方案被弃用。满铁把设计施工委托给美国福勒公司的日本法人社团福勒远东公司。设计从1922年10月开始，至1923年结束，完成了地上六层、地下一层，高31.25米，建筑面积30348平方米的钢筋混凝土结构本馆设计方案。1923年3月27日，满铁大连医院新医院工程开始施工。1925年12月，满铁大连医院竣工。1926年4月，满铁大连医院从今烟台街旧址迁到新医院，正式开业。

1945年8月，满铁大连医院被苏军接收，由中苏两国共管，改称中国长春铁路公司大连中央医院，首任院长为马扎诺娃，副院长为舒柏年。1950年，改为第四后方医院，接收治疗抗美援朝志愿军伤病员。1952年12月31日，移交给我国，称为哈尔滨铁路局大连医院。1956年1月，改称沈阳铁路局大连医院。大连人约定俗成，称之为铁路医院。2003年11月18日，正式移交大连市政府管理，并划归大连大学，成为大连大学附属中山医院。

百年风雨

中山路

中山路起源

中山路旧影

要说大连第一路，应是中山路。本来人民路与中山路是连着的一条路，因为中间有一座广场，所以一分为二，东面的叫人民路，西面的叫中山路。

俄国人在1899年开始规划建设莫斯科大街，即今人民路和中山路中山广场至友好广场段。日本侵占初期，大连仍是一片工地，仅初见城市雏形。日本人在俄国人制定的规划的基础上，继续推进城市建设。1905年至1914年间，中山路大致建成 。当时的中山路东起大广场（今中山广场），途经西通（今中山广场至青泥洼桥）、常盘町（今青泥洼桥至希望广场）、伏见町（今希望广场至人民广场）、长者广场（今人民广场）、蓬莱町（大致原蓬莱街一带）、尾上町（大致原博爱街一带）、富久町（大致原大同街一带）、菖蒲町（大致今长春路一带）等地，一直通到大正广场（今解放广场）。当时的中山路虽然不完整，却保持着日本的街道理念，一段一段宛若一个个小花园。

1946年6月1日，大连人民政府发布公告，重新命名了20条路，中山路便是其中之一。1974年，老电车从中山路消失，取代它的是15路公交车。1985年，中山路开始扩建，完成了马栏河桥至星海三站间路段。20世纪90年代后期，15路公交车改成清一色的双层大巴，成为当时的一道风景线。

2003年3月15日，中山路再次启动拓宽改造工程，改造后的中山路由原来的22米拓宽到50—70米，机动车道由双向6车道扩建为双向10车道。如果说中山广场是大连的脸庞，那么中山路就是披在她身上的华裳。

西通往事

日本侵占时期，西通是指中山广场至青泥洼桥间这段中山路。中山路1号位于朝鲜银行大连支店旧址西面，原是临街二层洋楼，灰瓦镶檐，粉黛

青泥洼桥旧影

墙面，别有情调。那里是日本侵占时期水道事务所旧址，1953年初至1955年间是中山区人民政府所在地。

中山区原叫黑嘴子区，虽说这个名字非常本土化，但委实有些难登大雅。据1945年12月8日《新生时报》记载，因为区长和市民都认为名字不雅，所以市政府便根据大家的建议，改黑嘴子区为中山区，用以纪念辛亥革命先驱孙中山。

大连解放初期，金融市场陷于混乱之中，大连市政府及时接管了日伪银行，分别组建了工业、农业、商业银行，这三家银行就是后来的关东银行的前身。与中山区人民政府旧址临街相望原有座建于1918年的三层洋楼，此处是大连解放初期大连商业银行本店的故址。20世纪80年代后，这里是中国农业银行大连分行。

大连西通旧影，西通指今中山广场至青泥洼桥段。右侧建筑是新新照相馆

同兴街西侧临街处原是友好派出所，与之相距不远是天福茗茶，它也是昔日鸟鱼花店的故址。这里原是一家粮店，大连解放后被接收，1965年，大连鸟鱼花店在此开业。“文革”之后，一切具有小资情趣的事物都成为攻击的对象，这

里也难以幸免。1984年5月，鸟鱼花店再次开业。当时，大公街虽有很多个体户在经营花卉、观赏鱼类、鸟类等，却没有鸟鱼花店的品种全。它的营业面积虽然仅有200多平方米，却门庭若市。这里也是当时大连最大的宠物市场。

天福茗茶西侧的新新摄影社原在友好广场中山路口北侧。很多老大连人在此留下了人生的第一张照片，也有很多人家在此留下了美满的全家福。

新新摄影社的前身是土田写真馆。1945年，日本投降后，为苏军军需处，苏军移交后改为八路军军需处。1965年9月16日，重新组建的国营新新摄影社开业，大连人称之为新新照相馆。1967年，摄影社创始人之一庄乾滨在我国开创了巨幅黑白照片着色工艺。制作巨幅毛主席彩色照片便成为庄乾滨当时的主要工作，他先后为旅顺博物馆、大连展览馆、大连宾馆、大连火车站、驻军部队及外省市展览制作了许多巨幅照片。

“文革”期间，新新摄影社改名叫作东方红摄影社。20世纪70年代，穿西装、婚纱拍照片的人很少。新人一般都是穿着自家新做的衣服到照相馆里拍一张合影，洗成三四寸大小。当年大连照结婚照最好的店仅有两个：一个是大连摄影社，另一个便是新新摄影社。那时，新新摄影社首次推出结婚礼服国画式套相，深受喜欢时尚的大连青年喜欢。当时没有彩照，虽然彩色结婚照都是手绘的，却特别真实，并不次于现在的婚纱照。

新新摄影社对面是丽丽烫发厅，当年喜欢时尚的大连青年经常光顾，很多新娘子挑选在这里做头发。丽丽烫发厅旁边是著名的大连东方饭店，原来的门牌号是中山路28号。那是一座六层洋楼，日本侵占时期的日式旅馆，叫中央大楼旅馆。洋楼由福昌公司建造，始建于1933年，1936年竣工。大连解放后，此处是市委招待所，后改为东方大旅社。“文革”时期，曾叫东方红旅社。1978年，正式改名叫大连东方饭店。虽然几易其名，但它的功能和服务始终没变。改革开放后，这里的生意十分红火。20世纪80年代末90年代初曾名列辽宁省涉外饭店人均创利第二名，著名艺术家袁世海、蒋大为、李谷一等都曾是这里的贵客。2003年，大连东方饭店永远地留在了记忆中。

留在记忆中的还有金华面馆，就在今天金座广场西侧位置。店铺虽说不大，但到这里吃面条的人却很多。大连人喜欢这里不仅因为价格不贵，还因为这里爽口、劲道的面条，清淡鲜美的面汤和各式小菜。老字号的魅力不在于它的大小，也不在于它时间的长久，恰恰在于它的细节。

金华面馆附近还有一家老店，就是中山路71号天津酒家。那是座钢筋混凝土结构的四层欧式洋楼，日本侵占大连时期叫支岐组大楼。洋楼始建于1921年5月23日，由支岐组设计部设计，同年11月15日竣工。

日本侵占大连时期，从欧美留学归国的日本年轻建筑师、工程师备受日本土地狭窄和保守统治的困扰，纷纷来到大连，把这座美丽无比的海滨小城变成他们的实验场。一位在美国留学的朋友在某图书馆发现了一本20世纪30年代美国教授写的游记，描述的皆是访问大连的见闻，记录了大连带给他的惊艳："我不能相信这是亚洲的一座城市。"每一座伟大的城市都离不开千千万万沉默无言的建设者，如果没有勤劳的海南丢的血汗付出，就不会有大连这美丽的城市。

红星理发社

昆明街北口高高耸立的天安国际大厦位置（原中山路88号）原先也有一家老字号——红星理发社。日本侵占时期，大连市内较大的理发馆有六家，都位于中山区，其中"永吉""天华"是中国人开办的，而"中央馆""丽丽"等则是日本人开办的。中央馆就是红星理发社的前身，这是一家全日式理发店，由日本人葛成慧三郎于1913年开办。当时，理发价格由"同业组合"统一规定，剪发为旧币3角，修面为1角5分，剃头则是2角。

1922年，日本人在此建了一座叫天满屋的旅馆。这座建筑高八层，在当时绝对算是摩天大楼了。它便是后来的大连旅社。昔日，中央馆就在这座大楼的一楼，面对着繁华的西通。大连解放后，中央馆更名为新生理发馆，是大连当时最大的国营美发厅。1953年，大连是抗美援朝的大后方，在全国一致拥军的大背景下，新生理发馆改名为红星理发社。此后，无论面临怎样改动，"红星"两个字却始终不变。苏军当年还在青泥洼桥开设了理烫发社，他们撤离后，划归到了红星理发社。

红星理发社曾代表大连理发的最高水平，大连最优秀的理发师多汇集在这里。1956年，特级理发师张桂兰被评为大连市劳模，她曾在棒棰岛宾馆为阿尔巴尼亚领导人和西哈努克亲王理过发。

当年，到红星理发社理发对大连人来说绝对是"展扬"（大连方言，意为有面子）的事。30年前，很多待嫁的新娘子都在这儿烫过流行的"大波浪”。流行“高庄头”后，很多小个子大连女孩纷纷跑来赶时髦，据说高庄头还是增高的好手段。电视连续剧《霍元甲》热播后，又有不少大连女孩跑来做“秀芝头”。《血疑》和《排球女将》播出后，喜欢时尚的大连女孩又来做“幸子头”和“小鹿纯子头”。时尚总与大连同步，红星也总与时尚同步。

1985年，红星理发社从银行贷款30万元全套引进了世界领先的德国威娜美发设备及技术，并更名为大连红星美发厅，开始步入最辉煌的时期。不少年轻人愿意来此工作，职工最多时达到66名，曾涌现出中国十大理发大师、中国十佳美发大师、中国十大青年美发名师等优秀的理发师。提前预约、天天排队是当年红星美发厅习以为常的事情。“不到红星烫发不算结婚”也成为当时的时尚。

大连老字号是大连独有的历史文化。大连大大小小的老字号叫得上名的有近百个，可到现在还存在的，仅有十几个。很多有识之士已经看到了老字号的价值，也知道如何挖掘老字号的价值。2003年3月，红星美发厅由国有企业改造为股份制企业，更名为红星美业发展有限公司。虽然因为中山路改造而动迁，但还是没有离开繁华的街市，而是搬到了邻近中山路的民康街。

青泥洼桥不见桥

天安国际大厦西面中山路100号是南满洲瓦斯株式会社旧址。早在沙俄强租时期，大连就有一家供商港照明的小型煤气站，位置在老造船厂附近。日本侵占大连后，满铁在入船町（今凯旋广场）建瓦斯制造所。随着瓦斯制造业不断发展，满铁决定将其从满铁分离出去。1925年7月，南满洲瓦斯株式会社成立。当年，东北地区的煤气产业以大连地区为核心。满铁非常重视瓦斯工业的发展，把它看作现代化的标志，甚至出巨资专门建造了这座洋楼。这座洋楼由满铁建筑课工程师狩谷忠磨设计，1923年11月12日始建，1925年12月20日建成。

1937年12月，南满洲瓦斯株式会社重新改组，鞍山、沈阳、丹东、长春划归新建立的伪满洲国之满洲瓦斯株式会社，而南满洲瓦斯株式会社则专门管辖大连地区。第二年，大连地区煤气用户约达到3.5万户。当时，使用煤气是身份的象征。

大连解放后，这里归大连市电业局管理，20世纪80年代曾是大连电业百货商店。如今，其周围仍是商铺环绕。这座洋楼的西侧矗立相邻着两座洋楼，都晚于南满洲瓦斯株式会社建成。这两座洋楼多少都与青泥洼桥有几分渊源。

日本人在大连建造了很多桥，在他们眼里，最有名的莫过于日本桥（今胜利桥）。不过在大连人心中，最有分量的却是青泥洼桥。

日本侵占时期青泥洼桥叫常盘桥

青泥洼桥到底在哪里呢？有人说是劳动公园的虎溪桥，有人说是宏孚桥，也有人说是消失的旧常盘桥。依据大连市档案馆收藏的1922年大连市街图，最早叫青泥洼桥的桥是火车站西侧青泥街与长江路十字路口的那座桥。找到了青泥洼桥也就找到了古老的青泥洼河。青泥洼河虽小，却是这城市最早的母亲河。青泥洼河是随着连锁街（原五金交电商业街一带）的开发而逐渐被填埋掉的。虽然，我们已经记不起青泥洼河，消逝的常盘桥的线索却依稀可寻。常盘桥就位于青泥街与中山路的交叉路口，原是俄国人1901年修建的木桥，日本侵占时期叫常盘桥。1908年，改建为钢筋混凝土桥。1946年3月6日，改叫青泥洼桥。所以这片区域被统称为青泥洼桥或青泥洼。1979年中山路改造，桥墩拆除，虽然不见了青泥洼桥的身影，但是青泥洼桥仍在我们的脚下。

中山路102号、106号这两座洋楼原是人行的步道和草坪。因为填埋出了新的道路，所以原先的道路自然成了建造洋楼的宝地。按照时间顺序，日本人先建的中山路106号满洲电业株式会社中央大楼。这座洋楼原来只有五层，由谷口建筑事务所设计。大连解放后，洋楼用作大连电业局招待所。

早在1902年，俄国人就在大连建造了发电厂。1907年，满铁从日本军队手中接管了俄国人的发电所，并又重新选址建造了天之川发电所。经过近20年的苦心经营，满铁辖下电气作业所的实力已经不容忽视。1925年6月1日，电气作业所从满铁独立，组成南满洲电气株式会社。南满洲电气株式会社的资金全部由满铁投入，高达2500万元。南满洲电气株式会社总店设于大连，在沈阳、丹东、鞍山等地设分店，主要经营电力供应，而大连地区还需兼顾

南满洲瓦斯株式会社旧址

电车客运。1927年，南满洲电气株式会社收购了最早开辟大连至旅顺路线的大连自动车会社（创建于1917年3月），全面经营市内外公共汽车营运。

1934年12月，东北等地电力事务交由伪满洲国打理，南满洲电气株式会社大连本社被撤销，组建了满洲电业株式会社大连支店，经营管理关东州地区电力供应等相关事务。1935年，满洲电业株式会社将电车、汽车营运业务划出，成立了大连都市交通株式会社，统一经营电车汽车客运。

此外，这座洋楼里还有一家保险公司，名字叫作大连火灾海上保险株式会社。大连火灾海上保险株式会社1922年7月成立，主要从事火灾、海上运输、汽车等保险业务。满铁的各种建筑，附属地的学校、医院等，满洲电业株式会社的广播设备、市内电车等大额投保都给了它。

1936年，满洲电业株式会社在满洲瓦斯株式会社和满洲电业株式会社中央大楼间的空地上建造了新办公大楼。这座大楼始建于1936年6月，第二年年末竣工。原先只是一座五层的洋楼，今天看到的六层、七层都是后期加建的。中山路102号建成后，成为满铁电业株式会社大连支店办公楼，而106号则成为大连都市交通株式会社的办公楼。

1946年4月1日，大连市政府接管大连都市交通株式会社，更名为大连市交通公司。

1947年6月，苏联人接管了满洲电业株式会社，建立苏联远东电业股份有限公司，管理大连地区电力供应及其相关业务。1951年3月移交给中国，成立了大连电业管理分局，10月，改称大连电业管理局。1956年7月，丹东电业局并入大连电业管理局，改称为大连供电局。1988年，丹东电业局分离，重新改叫大连电业局。

经历了70多年的风雨洗礼，三座洋楼幸运地保留了下来。她们与古老的青泥洼河、青泥洼桥相伴相随。即便是我们都忘记了，她们也不会忘记。

青泥古道寻旧梦

老海味馆位于胜利广场东楼处。我们记忆中的老海味馆最初并不在这里，此处原是日本人开办的东亚制果。1951年，东亚制果改名为爱士林制果，1958年才被用作海味馆。

据《中山志》记载，海味馆成立于1905年，属鲁菜系，以海鲜为主。当年，海味馆的熘鱼片闻名大连，海杂拌是海味馆的一道名菜，不过最有名的莫过于其镇店之菜“全家福”。这道鲁系大菜用料十分讲究，以海参、鲍鱼、大虾仁、上等鱼片、海螺片、干贝丁、鱿鱼花等近十种海珍品为主，辅以玉兰片、肉片等配料做成。过去大家虽不是很富裕，却都愿来这里潇洒。这里的价格也比较公道，一般人家也能消费得起，当然不少人都是冲着“全家福”来的。1993年，在这里建起了胜利广场，海味馆搬迁到长江路926号。后来，新海味馆又迁到胜利广场8号渤海明珠大酒店三楼，不过知道的人却不是很多了。

旧时，胜利广场西楼附近有日本人开的面馆“三野好”与经营日式糯米点心的“港屋（みなと屋）”。当年，“三野好”的楼上还悬挂着札幌啤酒的广告。在它西侧还有追田理发店和马场眼科。1935年出生的老大连人孙来成叔叔告诉我，那个马场眼科他尚能记住，在胜利广场西楼最西面，正面朝着中山路，当时他还是一个少年。他还补充说，他童年时就已经看不到青泥洼桥了。

胜利广场西对面旧楼曾是大连煤气公司，日本侵占时期是南满洲电气株式会社自动车待合所（候车室）。洋楼是由福昌公司在1930年10月建成的。1936年，这里还曾有电车司机的培训场所。要说这里最值得留恋的，莫过于站前储蓄所。站前储蓄所是老市长宋志新树立的典型，曾是各行各业学习的榜样。据大连石化报社朱爱华回忆，站前储蓄所的面积并不大，却出过市劳模。储蓄所里职员也不多，几乎都是女性，待人和气，工作态度认真，处理业务快捷，实在是个温暖如家的地方。他印象最深刻的是储蓄所橱窗里的宣传板介绍的1分钱的作用：全国7亿人，每人每天节约1分钱，可以买多少飞机

大连三越洋行的商标

原秋林公司前身是三越百货商场

和多少汽车等。

原秋林公司是中山路最耀眼的明星。这座洋楼1937年8月建成。这里曾有俄国人开办的日用品商店——露西亚商店，日俄战争结束后，被日本人接管。1930年，三越重金收购了露西亚商店，并在大连设立三越株式会社大连支店（以下简称三越），三越洋行是中国人的习惯叫法。

1936年10月29日，三越投资300万日元在青泥洼建造大型百货商场。洋楼高五层，还建有地下一层，一至三楼经营日用百货、服装鞋帽和化妆品等，四楼则有中、西餐厅，五楼是新商品展示厅。大连第一家百货店几久屋（天百的前身）通过各种营销手段打压三越。三越毕竟实力摆在那里，经过多年的竞争，双方谁也没有挤垮谁。

大连解放后，三越遭到苏联人的清算，苏军以“日本应归还帝俄时期没收的秋林公司财产”的名义，接管了三越百货商店，并将这里改名为秋林股份有限公司大连分公司，隶属于哈尔滨的秋林总公司，简称秋林公司。苏军撤离以后，这里移交给中国。

当年，秋林公司不仅是大连市民及游人喜欢光顾的地方，许多外宾名流也来过这里。20世纪五六十年代，丁玲、梁漱溟、顾颉刚等人都曾来此购物。沈从文1962年和1964年两度来大连避暑，其间也来过秋林公司游逛、购物。

1954年10月，印度总理尼赫鲁访华到东北访问的最后一站就是大连。他在参观完大连机车车辆厂后，带着女儿（英迪拉·甘地夫人）一行前往秋林公司。当尼赫鲁步入商场的时候，街道两旁及商场里的市民纷纷鼓掌欢迎。

1960年，毛岸青与邵华的婚事瓜熟蒂落，开始筹办婚礼。负责毛岸青保卫工作的原旅大市公安局警卫处处长张世保陪同邵华多次到秋林公司选购结婚用品。

“文革”开始后，秋林公司改名叫作东方红商店，1980年4月又改为大连百货商店，当年的老地图上还能清楚地看到这个名字。多年来，大家早已经习惯了秋林的称谓，虽然它属于舶来品，但在大连人的印象中，它早已成为城市的一分子。1984年9月2日，秋林公司的名字得以恢复。

刘德才与渤海饭店

中山路与友好路交会处中山路124号是20世纪80年代大连第一高楼渤海饭店。1984年上映的电影《碰海人》就曾在此拍过外景。那时，它被称作“东北第一高楼”，而今已完全被周围的摩天大楼淹没。

渤海饭店位置原先是东风旅社。为了解决旅客住宿紧张的问题，早在1951年，大连就准备在这里建造一座大楼，但是这个问题拖到1974年才得以解决。解决这个难题的正是刘德才将军。他在大连做了很多事情，“引碧入连”工程便是其中之一。那时，他既是旅大警备区司令员，亦是旅大市革委会主任。1973年7月，来大连视察工作的周总理问他，影响大连经济发展的是什么？他回答说是水，并提出了“引碧入连”构想。两年后，“引碧入连”工程获得国家批准，同年10月工程启动。如今，碧流河水库已经成了大连的生命线。

“引碧入连”工程启动的同时，大连第一高楼渤海饭店的建设也得到了刘德才的全力支持。渤海饭店由主、副楼组成，主楼高12层，副楼高7层，建筑面积2.93万平方米。1978年10月，渤海饭店正式营业。

渤海饭店

当年，渤海饭店是大连档次最高的餐饮酒店，能到这里吃饭或住宿是非常有面子的事。渤海饭店是大连城市现代化建设的起点。

渤海饭店1945年以前是什么呢？今日渤海饭店副楼，是日本侵占时期永喜大楼旧址。

永喜大楼还是伪满洲国治安部警务司大连派遣员事务所的故址。大连派遣员事务所设立于1938年，所长是日本人小野勘七。1940年，伪满洲国保安局大连办事处也设置于此，小野勘七兼任办事处主任，特务人员都是日本人，实际上就是一班人马两套班子。20世纪80年代，这里是大连教师进修学院，它的门脸儿就面对着中山路。

《满洲报》

渤海饭店正门对面现地铁位置原有一座六层洋楼（原动物园东门南侧）。这里既是大阪府贸易馆旧址，也是满洲报社旧址，旧楼是座钢筋水泥楼，建于1930年。满洲报社原在人民路，由日本人西片朝三经营。西片朝三是推行侵华政策的急先锋，担任满洲日日新闻社副社长期间积极主办中文刊而意外获得成功。1922年7月24日，《满洲日日新闻》中文刊改刊为《满洲报》，并将其发行权转让给西片朝三。从此，西片朝三退出满洲日日新闻社，自任满洲报社社长。

西片朝三知道报纸的成功必须依赖中国人，所以一直宣称“《满洲报》是中文报纸，须要迎合中国人心理，不得骂中国人”。当时《泰东日报》的定价是每月大洋1元1角，《满洲报》是大洋1元。为了迎合中国人的口味，还请来中国人金念曾、杨华亭等分别做主笔和编辑。1929年，满洲报社还编辑出版发行了一部极具影响力的人物志类书籍《东北人物志》。西片朝三非常精通营销手段，他请不动张学良，便特地邀请张学良的夫人于凤至题写书序，因此而名利双收。“七七事变”后，日本殖民者开始加强新闻管理，原则上大城市只留一家报纸，《满洲报》因此被勒令停刊。大连解放后，这里成为驻军某部所在地。2006年，此处被拆。作为置换，渤海饭店东面蓝星宾馆则成为军产。

滿洲報
省垣各法團 歡宴莫全權 文武官員作陪
蘇俄按軌道交涉 不能再生枝節 莫全權與記者談會議前途 鐵山島秘書說明會議情形
軍學研究班 第四期學員 姓名者極鬨難
註銷勤務之手措
王外次回籍 往返約需十日

《满洲报》

十五中与渤海啤酒厂

旧时，农垦宾馆东面原有日本人开的咖啡屋。它斜对面有福泉路，路口原是中山路134号第十五中学。那是一座二层洋楼，大连解放前是日本人职业介绍所，叫大连社会馆。建筑由小野木横井共同建筑事务所设计，1926年9月始建，1927年7月竣工。大连解放后，这里被人民政府接收，曾用作大连第六中学校舍（大连老六中）。1958年，大连第五初级中学（在今济南街第三十九中学）改名大连市第十五中学；两年以后，又分出部分师生成立大连第二十五中学（在大连大学旧校舍，位于今大连丰源山庄一带）。大连老六中迁至今解放路第二中学校舍，第十五中学便迁到这里。1974年，第十五中学又增设了高中班。1984年，初中每年都要招收一个美术专长班，高中全部改为美术专长班。后来，这里成为不折不扣的美术学校，被称作美术家的摇篮。2006年，为了拓宽中山路部分路段，第十五中学搬到了风景如画的秀月街。

福泉路路口的西面即中山路136号原大连渤海啤酒厂旧址，它前身是建于1917年的大连制冰株式会社。大连制冰株式会社的创始人叫儿岛幸吉，早在1911年他就创办了制冰厂，以取代采集储存的自然冰，但是效果并不理想。他并不甘心失败，六年后再次投入50万日元，在常盘町23番地创建大连制冰株式会社。该社除了制冰以外，还经营冷藏，因为农副产品的保鲜和医疗需求都十分旺盛，生意颇为红火，得到了满铁的特别关照和扶持。1926年7月，大连制冰株式会社增资至225万日元收购了辽东冷藏株式会社。20世纪30年代颇受欢迎的“狮子牌”清凉饮料便是这里的品牌。

大连解放后，将大连制冰株式会社改为大连制冰厂，此后又先后改叫大连罐头食品厂冷食品分厂、旅大冷食品厂。老大连人都模糊记得旅大冷食品厂曾生产过大连黑啤酒和滨海牌啤酒。1981年，改名叫大连渤海啤酒厂，先后生产出亚欧啤酒、黑米啤酒、海滨啤酒和金麦啤酒等。

渤海啤酒厂商标

当年，渤海啤酒厂年产量2万吨，占据大连20%的市场份额，即便这样仍年年亏损。1995年年末，华润集团以1.9亿元人民币将它收购。这一年为美化市区环境，渤海啤酒厂拆迁改造，搬迁到锦绣一带，并于1996年4月正式改名为华润渤海啤酒公司。后来，华润集团又收购了大连棒棰岛啤酒厂，实现了大连啤酒市场的垄断。

大连公会堂

大连公会堂旧影

民航大厦西侧位置原是日本侵占时期土木出张所故址，它对面中山路145号香洲大饭店是大连公会堂的故址。这是座典型的中国古建筑，高耸的庙顶异常庄严。这座建筑最初的主人叫纪凤台。日俄战争爆发后，纪凤台逃到了东北。跑了和尚跑不了庙，他在大连的产业悉数被日本人没收充公。1908年，纪凤台大戏院成为大连公会堂。1908年9月，东三省总督徐世昌来大连访问，日本殖民政府与社会名流便在此举行欢迎会。第二年10月，日本前首相伊藤博文来连，日本殖民政府也是在这里举行的欢迎会。

1936年，这里曾作为关东州厅土木课办公地。大连解放后，改为旅大市公安俱乐部。1949年，改称为旅大文化宫剧场。同年4月1日，还在这里召开了中共旅大区活动分子大会。20世纪50年代初，改名叫作群众剧场。1960年至1966年间，这里还曾是辽宁戏曲学校大连京剧班排练和演出的场所。20世纪90年代时，这里还曾开过一家非常红火的歌舞厅——春藤歌舞厅。

慈惠医院与关东保健馆

中山路154号大连儿童医院位于希望广场的西面。这附近曾有家日本侵占时期的基督教慈惠医院。1935年，关东保健馆（大连关东卫生局）成立，并于1937年9月在此处附近建造了这家医院。1938年春，关东保健馆正式开馆。大连解放后改为儿童保健馆。1952年6月1日改为大连市儿童医院，2011年年底因为建儿童医院新大楼被拆除。当年，关东保健馆东面还有松山台警察官吏派出所（大连民间所说的小衙门）。如今，这里是高高矗立的儿童医院。

大连大学创校地

中山路158号是南满洲工业专门学校旧址。这座折中主义风格的洋楼位于保健街与一二九街之间，由满铁建筑课横井谦介设计，1913年9月建成，为南满洲工业学校。1918年，黄炎培曾来此考察。

随着日本移民人数增多，他们迫切需要一所高等学府。而来连日本人大多与满铁有各种联系，其中高层人士也多是满铁职员，因此，满铁于1922年2月13日成立南满洲工业专门学校，并将此处拨给学校使用。刚开始，学校仅设立了建筑工学科、机械工学科，学制三年，1922年4月正式开学。1936年，南满洲工业专门学校又增加了土木、矿山、电气等学科。当年，在这里毕业的学生还可以进入旅顺工科大学继续深造，或者到日本的大学继续学习。大连解放后，此处被人民政府接收。

南满洲工业专门学校旧址

1946年11月，大连工业专门学校（后改为关东工专）在这里成立。1949年4月，关东工专并入大连大学，改称大连大学工学院。1950年7月，大连大学建制撤销，分别成立大连工学院、大连医学院、大连俄专和两个科学研究所。1952年全国部分高等学校院系调整时，哈尔滨工业大学、东北工学院（现东北大学）等院校的化工学科并入大连工学院，聂恒锐、侯毓芬、林纪方等一批著名化学和化工专家汇集于此。1984年，成立化工学院，同年与中国石油化工总公司共建石油化工学院。1988年，大连工学院改称大连理工大学，大连化工学院也改称大连理工大学化工学院。

这座洋楼的正门口曾挂着大连中日友好学友会的牌匾，已故的郭和夫（郭沫若长子）先生曾担任学友会会长。

大连理工大学化工学院对面就是民间所说的理工北院，位于欢胜街路口。旧时，这一带被称作伏见台，所谓“台”即高岗、山坡的意思。1921年，日本人在伏见台8番地创立了大连语学校，设置汉语、日语、英语，学制三年。1927年，在大连语校园里又设置四年制日本人女子中学——羽衣高等女学院。

这座方洋楼由宗像事务所设计，正门口的两个廊柱别有风韵，不但没有柱基，而且采用的是极为罕见的倒圆锥台。

1930年3月，羽衣高等女学院改名为羽衣高等女学校。大连解放后，这里为人民政府接收。1948年春，中央批准将关东电专[1]、关东工专、关东医学院、俄专、科学研究所、生物研究所合并组成大连大学。这里被用作大连大学本部。1949年4月15日，大连大学在这里举行了创校典礼。新中国成立后，这里划归大连工学院，曾是大连理工大学化工学院北院，还有大连理工大学IT实习就业培训基地和理工大学医院市内门诊。现在已经闲置了。

羽衣高等女学校旧址

满铁中央试验所的变迁

欢胜街与三元街间的大连化物所便是满铁中央试验所旧址。最初，这里叫中央试验所，隶属于关东都督府。1907年10月12日，关东都督大岛义昌签署并颁布了第55号令，设立中央试验所。1908年7月，中央试验所正式运营。1910年5月1日，大岛义昌将中央试验所交给了野心勃勃的满铁。它的名字并没有太多改动，仅仅是挂上了满铁的名头。5年后，满铁委任满铁建筑课重新规划这里，并任命安井武雄负责设计。1917年，满铁中央试验所新楼竣工。当时，满铁中央试验所职员有600名，主要研究员有200名。鼎盛时，

[1] 1950年9月，大连大学科学研究所改属东北人民政府工业部，并与长春的科学研究所合并，定名为东北科学研究所大连分所。1952年，东北科学研究所大连分所又归属中国科学院。次年1月，更名为中国科学院工业化学研究所，由张大煜任所长。1954年6月，又更名为中国科学院石油研究所。1961年12月定名为中国科学院化学物理研究所。1968年1月，划归国防科委16研究院，定名为1616所。1970年，划归中国科学院，定名为中国科学院大连化学物理研究所，简称大连化物所。本文所述之处是大连化物所二部，一部位于大连西部的星海街上。

满铁中央试验所拥有45名有博士学位的研究员，工作人员超过千人。日本著名电影导演羽田澄子曾在满铁中央试验所担任研究助手。2008年，她在83岁高龄之际，导演了长篇纪实纪录片《呜呼，满蒙开拓团》。影片真实地展现了满蒙开拓团[1]的产生背景和生活，以及日本战败后他们被政府和关东军抛弃后经历的逃难历程。羽田澄子说：“知道和经历过战争的人已经进入高龄或离开人世，为了不重复同样的错误，希望年轻人也来看这部影片，希望通过影片了解并思考这样两个问题：悲剧是怎样产生的？战争责任在哪里？希望年轻一代能珍惜现在的和平，并为永远的和平而尽力。”

满铁中央试验所旧影

满铁中央试验所曾承担很多日本军需工业的研究，甚至参与过不可告人的勾当。日本侵华期间，这里曾秘密作为“731”部队的分属机构。1994年10月5日，原日本驻大连宪兵队本部战务课外勤曹长三尾丰来到大连谢罪。他曾参与破获“沈德龙电台案”，并将沈德龙、王跃轩等四名抗日战士押送到哈尔滨“731”部队进行活体解剖。战后，三尾丰一直在日本进行认罪讲演，他的讲演由其支持者整理成《认罪之旅：七三一部队与三尾丰的记录》。三尾丰说，当时像大连这样一座日本严密统治的城市，是“731”部队活动的理想场所，“731”部队不可能不来活动。在满铁中央试验所地下室，他的朋友曾经目睹日本医生用中国人做活体解剖实验。大连解放后，接收满铁中央试验所的中方人员曾在地下室里发现了大量做实验用的老鼠笼子。

日本投降后，苏联的专家来到满铁中央试验所，对它的评价很高。苏联人接管这里后，将其更名为中长铁路科学研究所。

新中国建立前夕，就开始与苏联人交涉中长铁路科学研究所的移交工作。1948年12月31日，根据1948年12月12日所发布的中长铁路公司大连铁路

[1] 所谓满蒙开拓团，是指1931年“满洲事变”之后，一些在日本政府鼓动下来到中国东北的日本移民。据悉，截至太平洋战争结束，满蒙开拓团规模达到约27万人，其中超过8万人在与苏联的战争以及第二次世界大战战败后死去，留下很多战争遗孀和遗孤。

局局长第192号命令，苏联方面开始移交中长铁路科学研究所。1949年1月14日，关东工专（大连理工大学前身）校长屈伯川带领第一期应用化学系23名学生，代表政府进驻中长铁路科学研究所进行接管工作。屈伯川因为兼职多，非常忙，所以实际工作一般由王建业、宋满云负责。中国代表团进入后，苏联方面召开了简单的欢迎仪式，会议室内的黑板上写着“中苏友好”四个字。实际上，苏联方面一直把中国的资产当成战利品，移交工作并不顺利，很多化学试剂和图书资料都被苏联人偷偷运走。

同年3月初，屈伯川在大连大学校部会议室同苏方共同签订了将中长铁路科学研究所移交大连大学科学研究所的移交书。移交结束的当天中午，屈伯川在所内二楼会议室摆了宴席，宴请双方所有职工以庆祝移交完满成功。虽然过程曲折，但是中长铁路科学研究所最终回到了中国人的手中。

大连大学科学研究所创建伊始就深受国家领导人的重视，朱德和彭德怀特地来视察工作。参与移交工作的关东工专一期应用化学系学生也都成为研究助理员，月薪定为12000元关东币，是当时基本工资最高的。1950年5月，中科院副院长竺可桢曾率团来视察工作。此后，叶剑英、邓小平、李富春等国家领导人先后来这里视察工作。

民间一直把这里叫化物所，在大连人的心目中它是科学、文化的代名词。60年来，先后有800多名科技人员从这里走出了大连。

老妇产医院

中山路畔的三元街不算很长，路也不是很宽，以至于路两旁的参天大树相互交错形成天然的树荫。三元街上最值得一提的就是老妇产医院，正式的名字叫旅大市妇产科医院。

旅大市妇产科医院始建于1946年12月，当时叫大连妇健病院，位置在今老口腔医院位置（今昆明街）。20世纪60年代后期迁至中山路163号，改名叫旅大市妇产科医院。此处位置恰在满铁中央试验所旧址西面，原是日本侵占时期工专附属技术养成所（工专即南满洲工专学校，大连解放后，工专附属技术养成所改为铁路技校），相当于我们今天的职业学校。

1981年，旅大市改名为大连，老妇产医院也改名叫大连市妇产医院。2003年后，随着中山路改造，老妇产医院搬到了远离繁华市区的地方，原来的位置盖起了电信大楼。不过老大连人依然把这里称作老妇产医院。这里是许许多多大连人的出生之地。

长春路医院

日本侵占时期，伏见台西面是长者町，人民广场叫长者广场。这一带，原来被称作谭家屯，是在20世纪20年代中后期发展起来的。路边的很多老建筑都消失了，一座老医院却幸运地保留下来，它就是中山路222号大连医科大学附属第一医院，以前也称二院或长春路医院。

最早这里是创建于1930年的日本赤十字大连诊疗所。“九一八事变”后，变成为日本军部服务的医院。1934年，易名为日本赤十字大连病院。该院曾与日本“731”部队有密切联系。1946年6月，改称为大连市立医院。1948年，改名为关东中央医院。1949年6月，划归大连医学院附属关东医院。1960年7月，改名大连医学院附属一院。不过因为处于长春路附近，大家习惯称它为长春路医院。

1969年4月，大连医学院南迁遵义，在原来位置上重新组建了大连市第二人民医院，这也是很多老大连人称之为二院的缘由。1978年11月，大连医学院回迁，其附属医院也回迁到原址。不过很多老人还是没改过来习惯，仍有人把这里称作二院。二院的医疗水平毋庸置疑，有什么大灾小病的，大家都愿来这里。

长春路百盛位置原是长春路百货商店。在奥林匹克广场沃尔玛超市未开之前，长春路百货商店是这周边最大的商场。老店创建于1951年，当时叫作长春路百货门市，1977年，改名叫长春路百货商店。在它东边还有一家新华书店，2003年这一带进行拆迁改造，旧貌换了新颜。

大连医学院附属一院原来是日本赤十字医院

群众和壮志理发社

大连街上说起理发馆，很多人都会讲红星理发社。除它之外，当年中山路上还有两个有名的理发社，一个是群众理发社，一个是壮志理发社。

群众理发社位于中山路219号，就在现在百盛的位置。理发社建于20世纪40年代，原名叫盛大理发店，1966年改名为群众理发社。大连人一直保留着山东带过来的“不做头不过年”的讲究。每到年关，虽然老理发社都会提前半小时营业，还是忙得不亦乐乎，一般都要加班到晚上八九点。因为师傅的手艺好，还有很多从甘井子、寺沟儿等地慕名而来的顾客。

如今，老理发馆已经不在。不过，当年的“第一把金交椅”孔庆福却还在从事着老本行。他在八一路附近的理发店里工作，常有当年的老客找上门来寻他。

壮志理发社距群众理发社不远，就在今奥林匹克广场沃尔玛超市收货部北侧位置，大连解放前叫新亚轩理发店，解放后改名叫作五四路理发社。1978年，改为壮志理发社。当年，老理发馆周围都是被称作“日本房”的二层小洋楼，它们如今都随着沃尔玛超市周边区域开发而消失。不过，老大连人始终无法忘记这里。一提起这里，很多人便会提起“金剪刀”纪兰香。

纪兰香也是一个老海南丢。1953年，只有18岁的她在一家私人理发店当学徒，当时每月仅能挣13元。1956年公私合营后，她调到三友理发社，后来又调到壮志理发社。从此，她便与这里结下不解之缘。1978年，纪兰香荣获全国劳动模范称号。

1982年，市长亲自点名让纪兰香承包理发社。不久，她带领7名理发员与商店签订承包合同，成为全国第一个理发社经理。7年后，她第二次荣获全国劳动模范称号，也成为理发行业内两次荣获全国劳动模范第一人。这一年恰逢新中国成立40周年大庆，在天安门观礼台上纪兰香还受到了邓小平的接见。两年后，她从壮志理发社退休。

电车原点

民主广场

吾妻驿邮戳

文林街与修竹街相连，从民主广场开始至新生街。在1901年规划图上，文林街叫马卢斯塞亚街。日本侵占大连后，改为武藏町，1946年，更名为文林街。说起文林街，可能很多大连人不熟悉，但提起大连东站、民主广场以及这个小广场上的老电车等等，很多人都觉得熟悉而亲切。

吾妻驿

吾妻驿是1907年修建的二等火车站，即今天的大连东站。它是日本占领大连以后修建的第一个火车站，主要是用来筹集、运输侵华物资和掠夺中国资源。

发达街2号原为大连东站货运办公楼，是吾妻驿税关故址。对面发达街6号大连市国土资源发展研究中心和大连市房屋拆迁管理办公室是日本侵占时期吾妻驿事务所旧址。

民主广场

民主广场小衙门旧址

1909年，日本人按照俄国人的图纸修建了椭圆形的广场，命名为敷岛广场。1946年，改名为民主广场。“文革”期间，为纪念“人民的好儿子”刘英俊烈士，这里又改名为英俊广场。1973年又恢复原名。

民主广场北侧原有个日本侵占时期的小衙门，大连解放后是民主广场派出所，2009年改为仓库。原铁路医院南侧还有一个与之相同模样的小衙门，皆是侵略者殖民统治的见证。追溯起来，大连的警制源于1898年。日本侵占大连以后，于1905年6月建立民政署，下辖警务部。1944年，大连地区有小衙门416个。

虽然日本殖民大连40年，但是大连人从来没有放弃自己的文化，也从没间断过反抗。“大连放火团”就一直让日本殖民当局头疼。“七七事变”以后，为了支援前方抗战，大连放火团不断地在敌后方进行破坏活动。1937年10月10日，大连放火团成员宋贵德将自燃装置秘密地放到存放着大量军需物资的吾妻驿日本陆军专用车站仓库。当天晚上，吾妻驿仓库火光冲天，等到日本大广场消防署赶到时，这里早已化为灰烬。据估算，日寇损失近60万元。

大连风景线——老电车

现大连公交客运有限公司电车公司和电车公司电车修配厂、电车公司民主客运站附近，是满洲电业电气实验所和南满洲铁道株式会社电车修理工场旧址。

民主广场的电车

1907年年初，满铁筹划在大连建设一条有轨电车线路，同时还要修建专供有轨电车停放的停车场和电车修理工场。4月，满铁设立电气系事务所。1908年12月改称电气作业所，办公地址位于今大连美术馆。1917年4月迁到了今民主广场7号。

满铁得到关东都督特许后，于1909年5—9月间大规模地铺设线路。8月9日，第一条有轨电车线路铺设竣工，从电气游园（今裕景商城）至大栈桥（今码头）间，全长2.45公里。9月25日，有轨电车开始运营，从此，大连成为继香港（1904年）、天津（1906年）、上海（1908年）之后中国第四个开通有轨电车的城市。

电车开通是大连现代都市化的标志之一，当时，大连共有37辆电车，车身皆为木质结构，由美国制造，其他部分零部件（如底盘）由英国制造，

20世纪50年代的电车公司

电气部分由德国制造。大连先后开通了11条有轨电车线路，是当时大连市内最重要的交通工具。大连解放初，因为遭到战争破坏，运营线路仅剩下三条。在大连人的努力下，电车很快得到了恢复和运营。1949年前，大连交通公司电车工厂（前身是建造于1909年的南满洲铁道株式会社电车修理工场）仅能修理有轨电车。新中国成立后，大连交通公司电车工厂迅速制造出我国第一台自行研制的有轨电车——“成功号”。

一九五一年十月一日 （星期一）

電車工廠工人
寫信給毛主席報告自造新電車成功

敬愛的毛主席：

此致
敬禮

旅大交通公司電車工廠
一九五一年九月二十九日

1951年大连交通公司电车工厂工人写给毛主席的信

因为有老电车，民主广场一带还受到了影视剧的青睐。冯巩主演的电影《谁说我不在乎》曾在民主广场取景。1999年，由大连籍演员方青卓主演的《惊喜人生》也在此拍摄外景，影片中多次出现老电车，其中一个镜头是她在民主广场走下了老电车。如今，有轨电车已经成为一道移动的城市风景线，很多外地游客来大连，都要坐一坐老电车，感受一下历史与浪漫。

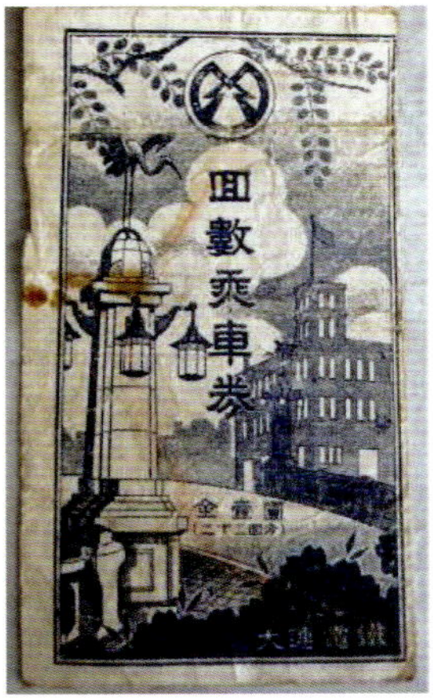

日本侵占时期的电车票

20世纪50年代的电车票

1976年的大连电车职工月票

百年老街

长江路

“基辅大街”的变迁

昔日的长江路

老明信片上的监部通，即今日民主广场至胜利桥间的长江路段

长江路与城市同龄，西起西安路，东至港湾广场。沙俄强租时期，修建了港湾桥到胜利桥的道路，命名为基辅大街。当时，路面都是用碎石灰石铺成，然后再用蒸汽压路机加固路面。日本侵占大连以后，以民主广场为界将基辅大街分成两段，港湾桥至民主广场间叫寺内通，民主广场至胜利桥间叫监部通。

长江路12号万通船务公司所在的老房子建于1903年，是典型的俄国建筑。这里原是日俄战争爆发前正在建的一家有26间客房的一级大旅馆——基辅·保特奥利埃。日本侵占时期先后用作大连海务协会、山下汽船会社办公地。20世纪80年代，此处是大连港务局职工住宅。

长江路南面职工街至天津街口处原有关东军经运部。1944年，这里曾经遭到美国B29轰炸机的轰炸。2009年，随着城市动迁改造，这里成为一片废墟。

长江路“现代时尚”处原有家日本商会松迟商会，长江路93号（原监部通50号）是东莱银行故址。1918年，“青岛四大家”之一的刘子山发起创办东莱银行。《青岛概要》记载：“开办以后，业务日益发达，信用昭著，设总行于青岛，济南、上海、天津、大连设分行，各大商埠有特约代理。”大

大连海务协会旧址，此楼建于1903年

连东莱银行建于1920年12月，主要从事储蓄、贷款一类的一般业务，由孙镜瀚担任经理，负责管理。

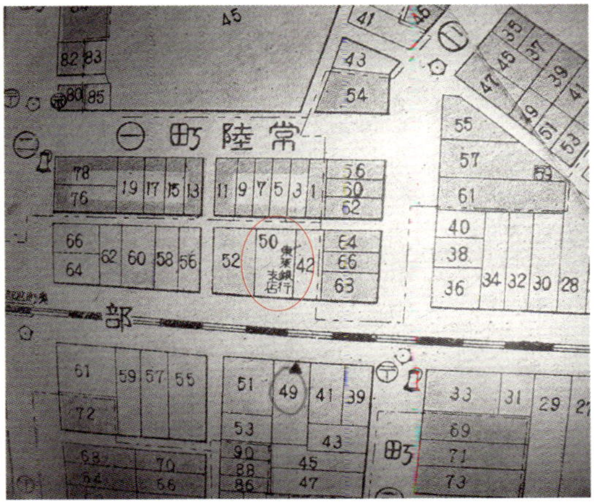

老地图上标注的东莱银行位置

大连日航饭店西侧位置原是日本侵占时期日本盐业会社出张所。长江路132号处日本侵占早期是通信管理局及邮便局。最早的大阪商船会社便在今长江路134号。它的东侧还有木村洋行，那是日本人在大连开办的第一家商店，由木村浩于1905年创办，以经营寝具为主，兼营典当业。

无限荣光泰华楼

日本侵占时期，长江路尊裕公馆位置原是山口运输公司，大连日航饭店处是日本坞业会社大连出张所故址，附近还有家中国人开办的广生行化妆品商店。这家化妆品商店曾经发生过“刺杀郭精义事件”。1921年，日本人想用朝鲜银行发行的钞票更换华商手中的其他货币，来统一大连地区的货币，但比价却是0.7∶1，显然是在掠夺财富。华商不满日本殖民者的无理命令，在大连华商公议会会长郭精义的领导下，组织起来准备到日本东京请愿。请愿团组成后，大连工商界代表人士在泰华楼（原长江路110号）为请愿团举行欢送晚宴。席间，一颗子弹从郭精义耳边擦过，同时，全楼电灯熄灭。泰华楼店主连忙打电话报警，警察来过之后，毫无结果。

泰华楼便在化妆品商店对面，是大连解放前本地最好的饭店。泰华楼创建于1917年，因由山东福山名厨掌勺，所以在这里可以品尝到地道的鲁菜。据《中国鲁菜文化》记载，泰华楼中烟台福山籍店员较多：账房先生王建富是诸留村人，人称“活算盘”；当灶钟培欢是钟家庄人，外号“钟老四”，其徒弟吴语祥也是福山人；掌墩的有西水夼人赵作福，高疃人柳树勤、苏正汗等；堂倌为福山人张学增、宁慧方、于德溥等人；大灶师傅是董仲田。该店制作的红烧海参最为有名，每天要发制上百斤海参和玉兰片。泰华老楼早已随着城市的发展而消逝，虽然旧颜不在，但是老大连人并没有将它遗忘。

因为大连当时是殖民地，不受当时旧中国政府辖制，所以很多被通缉的革命人士多把大连看作安全的中转站，无论是蒋介石访问苏联，还是汪精卫拜访张作霖，以及后来的民主人士北上，多是取道大连。泰华楼因此成为中国人聚会的场所。1924年10月20日，著名文学家吴宓受邀来大连演讲，傅立鱼携大连中华青年会于当日午后6时便在此举行欢迎会。汪精卫也曾是这里的座上客。《盛京日报》记载：1923年12月12日下午，汪精卫乘舟抵连，下午游览大连名胜，晚上与旧友金子雪斋、傅立鱼二人同饮泰华楼。

金子雪斋、傅立鱼不但是大连泰东日报社的泰斗，也是大连文化界的风云人物。其时，汪精卫恰年轻有为，亦正是春风得意之时，赋诗《蝶恋花·大连晓望》：“客里登楼惊信美。雪色连空，初日还相媚。玉水含晖清见底，缟峰一一生霞绮。水绕山横仍一例。昔日荒丘，今日鲛人市。无限楼台朝霭里，风光不管人憔悴。”

太平洋战争爆发后，泰华楼逐渐萧条，大连解放后充公。1983年4月至1985年10月，该楼作为中山区人民政府办公楼，后为中山区教委办公楼。20世纪90年代拆除改造。

城市地标——大连火车站

大连火车站（汤亚辉/摄）

日本侵占时期，胜利桥至青泥洼桥段的长江路叫信浓町。胜利桥南大连市财政局当时是“大连日本桥ホテル”，翻译成中文就是大连日本桥饭店。今中山区高级中学（原永和小学）的位置曾有辽东旅馆和花屋旅馆。长江路155号即大连造船职工医院西侧的老建筑是锦水酒店旧址，当时还有“购物去连锁街（今大连交电商场附近），投宿到锦水酒店”的广告宣传。

19世纪50年代的大连火车站

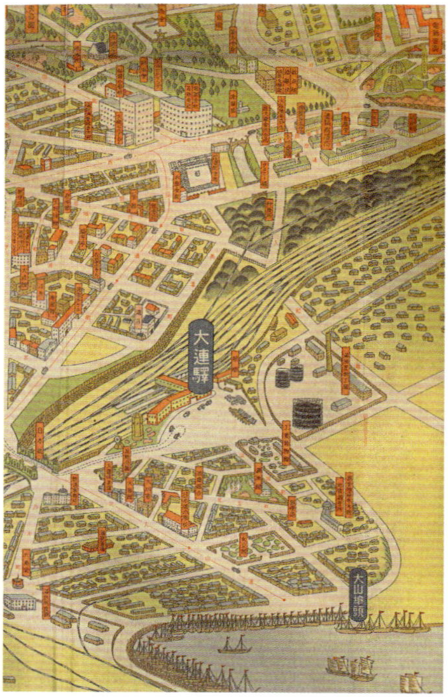

1930年手绘地图上标注的大连驿，是俄国人建造的达里尼火车站，不是后来日本人建造的大连火车站

20世纪20年代，大连发展为国际都市，俄国人设计建造的火车站已经无法满足城市的需要。1924年，满铁开始组织征集新大连火车站设计方案的竞选。经过激烈的竞争，满铁工事课的设计师太田宗太郎与小林良治合作的设计方案最终中选。新火车站的主体仿照建于1883年的日本东京上野驿，但与上野驿相比，大连火车站的建筑规模更大，设计理念更先进，整体布局更时尚。1937年5月，大连火车站建成，叫大连驿。

大连火车站不但是20世纪30年代亚洲最大的火车站，也是当时国内唯一一个可以把汽车开到楼上的火车站。1972年柬埔寨西哈努克亲王来大连访问，就在火车站月台上向欢迎群众挥手致意。建筑专家讲到中国近代建筑，多会谈及大连火车站。

《女司机》与《兵临城下》

大连火车站还诞生了新中国第一位女火车司机。1949年6月，中华人民共和国尚未成立，大连便开始培养全国第一批女火车司机。这项工作由在大连铁路局工作的苏联专家李索夫负责，经过他的严格挑选，田桂英和其他八个人进入培训班。那时，火车都是蒸汽机车，所以，如何投煤炭便成了她们的首要难题。按照要求，15分钟至少要投280锹，投到炉膛里的煤还要成簸箕形。这些并没有难倒她们，后来经过由李索夫主持的考试，田桂英被任命为司机长，王宝鸿、毕桂英等人为司机。1950年3月8日，田桂英等九人组成的全国第一个女子机车乘务组被铁道部命名为“三八女子机车包乘组”。包乘组从司机到司炉，都是由女性担任；也是三八妇女节这天，三八女子机车包乘组在大连火车站站前广场隆重举行出车仪式。随后，田桂英驾驶“三八号”机车从大连站开往旅顺。

那个红色年代，田桂英的行动影响了成千上万的女青年，成为学习的楷模。1950年5月1日，年仅20岁的田桂英便光荣当选全国劳动模范。9月25日，全国劳模代表齐聚中南海怀仁堂，田桂英被安排向毛主席献旗。此后，田桂英和三八女子机车包乘组的事迹被编入小学课本。不久，她们的故事又被搬到了银幕上。

电影《女司机》剧照

电影《女司机》就是以田桂英等人的事迹为原型，于1950年在大连拍摄的。该剧由著名演员孙道临与舒绣文联袂主演。舒绣文也是当年话剧“四大名旦”之一。为了把影片拍得真实感人，摄制组统一安排演员在大连体验生活。舒绣文等演员不仅认真地听取田桂英做报告，而且与女司机们朝夕相处，专门进行火车司机技术方面的学习。与田桂英等人一样，舒绣文的首要难题也是投炭。经过两个多星期的训练，她学会了投炭，经过老司机的鉴定，考试及格后才被允许上机车开始驾驶。正是因为这种精益求精的严格要求，影片《女司机》上映后，在全国受到欢迎。

1964年长春电影制片厂在大连拍摄《兵临城下》时，也把火车站作为重要的取景地。据《兵临城下》编剧白刃在其文集中回忆，电影剧本是根据作者同名话剧剧本改编。话剧剧本于1959年秋天在大连完成，因为反响强烈，受到了周恩来总理的关注，他曾三次观看该话剧。1963年春天，白刃和导演林农在大连合作，将话剧剧本改编为电影剧本。夏天，他们物色好演员，立即投入紧张的摄制工作。影片于1964年拍完，之后于国庆节时在全国12个大城市放映，于是，几乎全国人都知道了大连火车站。

小岗子之西岗街

日本侵占时期，青泥洼桥至东关街段的长江路叫荣町通，东关街至北京街段的长江路叫西岗街，显然与今日出入很大。“西岗”一名源于小岗子，今北京街教堂附近就是原来的岗子，过去也叫下洼子。东关桥洞附近即鞍山路和长江路交会处原是销售消防器材的国营大连兴安服务公司，最早是日本侵占时期的小衙门。1932年，日本人为了让刘长春代表伪满洲国参加奥运会，曾在这里传唤过他，并对其实施秘密监视，但是刘长春却摆脱了日本人的监控，千里单骑独闯奥运。大连解放后，这里也是派出所，不过主人却已变作了中国人。

长春宾馆是20世纪90年代的建筑，日本侵占时期这里原是小岗子邮便局。长途客运站2号门位置也曾有一个小衙门，看来当年日本人很在意这里。

润德中心东面的位置是小岗子公议会旧址。小岗子公议会就是大连西岗商会，成立于1906年，第一任会长叫杜寿山，第二任会长叫牛作舟，第三任会长叫庞睦堂。1940年，庞睦堂去世，副会长周子扬接任。大连解放后，西岗商会解散。历史上，西岗商会为商民和市民做了很多好事，如1922年创建西岗子公学堂，1931年开辟新开大街，1932年创办协和实业学校（中国人学校，位于抚顺街小学东，原空军四六九医院，已拆）等。

沿电车道西行，便可见润德集团新建的小区北京公园。北京街站北高楼位置便是小岗子警察署（俗称西岗子大衙门）旧址。日本侵占初期，殖民者实行严格的种族隔离政策，所以中国人区域基本处于自行管理状态。随着发展，中国人越来越多，为了维护殖民统治，日本人开始强化小岗子区域的管理。小岗子警察署原是大连警察署的分支机构，建于1908年5月，并于1923年建成办公楼。1926年11月19日，升格为小岗子警察署。这里留下了大连放火团英雄秋世显的身影，1940年6月，他曾被关押于此。大连解放初期，小岗子警察署仍把持在日本人手中，因此引起大连人不满。1945年8月28日，200多名海南丢围攻小岗子警察署，整个事件一直持续到9月2日。日本人怕事态扩大，连忙请求八路军工作队帮助解决。经过协调，小岗子区域治安得到恢复，这里被接收，成立西岗区公安分局。2006年，北京街动迁改造，这座有着丰富历史内涵的老建筑化为乌有。

老工厂旧事

长江路由北京街西行依次有桥立町、富久町、尾上町、回春广场（今五一广场）、三春町、云井町、秋月町、霞町等。矗立在喧嚣闹市之中的北京街教堂不仅宁静庄重，而且古香古色。其后身区域是日本侵占时期的大连工业会社。老大连人都记得，不远处的长春花园位置是昔日大连麻纺织厂旧址。大连麻纺织厂曾是中国最早的黄麻纺织厂，解放初俗称“麻袋公司”，民间一直把它叫作“大麻”。

满洲制麻株式会社旧影

当年，随着港口的发展，运送的货物越来越多，麻袋成了不可缺少的东西。1917年5月，日本陆军少将井上辉夫在当时的新民街创办了满洲制麻株式会社。1946年，其被苏联人接收，改称为中苏渔业麻袋厂。1958年，改名为大连麻纺织厂，迁到了这里。20世纪80年代，这里生产的环乐牌麻纱线、丰收牌麻袋曾是驰名中国的品牌。随着社会的发展，特别是集装箱的发展，麻纺行业产品逐渐没有了市场，“大麻”也消逝了。

颐和香榭小区是原大连机床厂旧址，民间简称为“大机床”，日本侵占时期这里是中村铁工所。大连机床厂前身是建于1935年的政记铁工厂。从厂名就知道这里曾是老大连首富张本政的产业。1947年2月，关东公署旅大实业公司接收政记铁工厂与中村铁工所，更名为广和铁工厂。1953年，正式改名为大连机床厂。如今大连机床集团已经搬到了远离主城区的开发区。

穿过五一广场，蟹子楼东面中盛家园小区北面是被民间称为“二机床”的大连第二机床厂旧址。日本侵占时期，这里原有很多私营的铁工厂。1956年，附近18家私营铁工厂合并成立大连机械制造三厂。1960年，更名为公私合营大连第三机床厂；1966年，改为大连第二机床厂。

蟹子楼西长江路 877号大连第五仪表厂，日本侵占时期叫仪表元件。881号板楼是大连油嘴油泵厂家属楼。陆军四〇三医院也叫大连黄海医院，

长江路877号大连第五仪表厂，日本侵占时期叫“仪表元件”

其实就是原来的四六九医院。大连黄海医院是把原海军第四〇三医院与空军第四六九医院经联勤转隶合并而成。医院楼虽已经重新翻建，但还在原来的位置。

不远处还有口腔医院，始建于1951年，原在昆明街，是大连建院最早、规模最大的口腔专科医院。医院现在的位置是日本侵占时期霞町191番地沙河口神社旧址。1905年，日本就开始在大连推行他们的神道教。1908年7月，日本人在沙河口建设满铁沙河口工场。随着满铁的脚步，这里慢慢地形成新市区，人也多了起来，日本人便于1914年建造了沙河口神社。日本战败以后，神社被废弃。

大连解放后，寺内通改名叫民意街，监部通改名为民德街，火车站至沙河口路段以毛主席的名字命名为泽东路。1949年，民意街、民德街、泽东路合在一起统称为长江路。60年甲子轮回，仅存的老建筑仍可以让人依稀看到过去的模样。

满铁背影

鲁迅路

鲁迅路西起中山广场，东至春海街，沙俄强租时期叫萨哈罗夫大街，日本侵占时期分属东公园町、明治町、千代田町、汐见町、东山町、寺儿沟。中山广场至世纪街段始建于沙俄强租时期，日本侵占大连后于1905年开始延伸到寺儿沟，并于1922年建成。1946年，以广场为界，由西向东分作三段：安阳街、有为街、春和街。1949年，三段合一，统称为鲁迅路。

苏联领事馆旧址

东公园町指中山广场至三八广场段的鲁迅路，因为今三八广场附近原有东公园而得其名。鲁迅路是中山广场辐射的十条路之一，距离路口不远处便有一座漂亮的欧式洋楼，即大连市慈善总会。大连市慈善总会成立于2004年10月，以前这里是大连民政局办公楼。

建筑采用了古典建筑比例关系，给人凝重坚实的感觉，建筑的部件构造（如各种窗）采用的却是比较现代的做法。翻阅典籍便知道这里是苏联领事馆旧址。

苏联领事馆前身是俄国领事馆，日俄战争结束后，俄国人于1907年7月1日在龙田町（今职工街）设立领事馆，后迁移至这里。十月革命后，俄国领事馆被撤销。1925年1月20日，苏联和日本在北京签订条约，建立外交关系，并互设领事馆。1925年9月，俄罗斯人以苏联的名谓恢复在大连的领事馆。

苏联领事馆旁边还有一座红瓦粉墙的洋楼，此处是鲁迅路4号，即大连第二批重点保护建筑之一李氏（指李永和、李永清兄弟）旧居。欧式的建筑上糅合了很多东方的装饰元素，但是融合得不伦不类，恰恰显示了那个文化混杂的年代的特征。大连解放后，此楼先后为电子工业局、现代妇女杂志社办公楼，现为大连慈善总会办公楼。

苏联领事馆旧址

满铁大连图书馆

大连第十六中学是日本侵占时期大广场寻常小学旧址，那是一个仅供日本人就读的六年制小学，成立于1917年4月。日本信仰文学的先驱远藤周作、日本闻一多学会创始人庐田孝昭就在这里度过了童年。远藤周作读小学四年级时，写了一篇题为《泥鳅》的作文，被当时的报纸《大连新闻》采用，得到母亲的盛赞。直到晚年，远藤周作一直保留着那份样报。

昔日大广场寻常小学所在，现为大连市第十六中学

鲁迅路20号是大连市图书馆鲁迅路分馆，最初是满铁大连图书馆。1907年，满铁任命东京帝国大学教授冈松参太郎担任满铁理事，创办满铁图书室。满铁图书室原隶属于满铁调查部，最初位于原大连自然博物馆的三楼。1908年，满铁办公地址转移，图书室随之搬到了鲁迅路，设在满铁人事课一处房间。因为图书室无法满足调查部需要，冈松参太郎就策划建造大型图书室，他宣称：“要在满铁附属地建设一个东亚一流的、具有近代建筑美的图书馆。”

图书馆由满铁工务课和满铁建筑课设计，仿照了美国议院图书馆，考虑到采光需要，建筑采用德国式窗户，四周的墙壁和天井大部分设计为白色。为了御寒，采用双层窗户，一部分为上下窗。整个工程占地面积5872.06平方米，分三期完成。第一期工程是中央六层书库及左右两翼的二层瓦顶建筑，1912年10月始建，1914年1月15日竣工，建筑面积1299平方米。图书馆配置了美国尼斯公司特制的全钢新式书架。二期工程于1918年11月始建，至1919年9月竣工，为书库前阅览室工程，建筑面积198.36平方米。1926年9月至1928年12月，图书馆进行了第三期工程，在书库后面以相同的形式新建六层书库。

1918年1月15日，更名为南满洲铁道株式会社图书馆；1922年6月19日，改称南满洲铁道株式会社大连图书馆。

图书馆集中收藏政治、经济、法律、财政、社会、产业、殖民、地志类书籍以及会社本部的资料。其中最著名的是大谷藏书。1925年11月，大谷光瑞因为急需考察经费，便用寄存在满铁图书馆的图书做抵押，向满铁借贷了巨款。1930年，因无力偿还借款，他只好将抵押的图书抵给了满铁大连图书馆。这批藏书共有汉籍5000余册，囊括中国古籍分类中的经、史、子、集、丛各类，其中不乏孤本珍品，如明刻本《警世阴阳梦》、清初刻本《后水浒传》等。

1945年8月22日，苏军解放大连，之后进驻图书馆，实行军管。1945年9月，中苏合营中国长春铁路局大连科学研究所代管图书馆，更名为中长铁路中央图书馆。日本馆长柿沼介将图书馆交接给苏联馆长斯普利普卡，仅留他和几名日本籍工作人员，其中留守时间最长的是大谷正男，他在1953年5月才返回日本。日苏交接期间，馆藏图书大量丢失或被焚毁。1945年11月，苏联运走了全部宋版书，其中包括55册《永乐大典》。1954年，苏联列宁格勒大学图书馆送还我国外交部的52册《永乐大典》就属于那批丢失的书籍。

1948年5月，旅大文教局从苏军手中接管位于原动物园（今裕景中心）的中长铁路中央图书馆分馆，改名鲁迅公园图书室。1949年4月，鲁迅公园图书室改为旅大市儿童图书馆。

1949年4月，大连大学成立，借用中长铁路科学研究所作为学校的研究所，其代管的中长铁路中央图书馆改由中长铁路大连铁路局代管，图书馆更名为中长铁路大连图书馆。

1950年12月7日，中长铁路大连铁路局把图书馆移交给大连市政府。1951年5月，大连市政府决定将旅大文化宫图书馆和接收的中长铁路大连图书馆合并，组建旅大图书馆，馆址位于满铁大连图书馆旧址。6月15日，旅大图书馆正式挂牌。8月15日，旅大图书馆正式对外开放，但只允许阅读。9月16日，才正式对外借书。旅大图书馆组建后，又接收了罗振玉藏书9万余册、王永江藏书3万余册等，成为颇有名气的地方图书馆。当年，田汉、翦伯赞、梁漱溟、沈从文、顾颉刚等许多名人都曾来这里借阅图书。1990年10月25日，大连图书馆迁入长白街新馆舍，旧馆改为大连市少儿图书馆。2008年撤销了该馆，改为大连图书馆鲁迅路分馆。2012年，大连图书馆鲁迅路分馆更名为大连图书馆外文文献分馆。电影《你好，之华》中周迅所饰演的之华工作的地方就是大连市鲁迅路外文文献分馆。

满铁本社旧址与松冈洋右

满铁大连图书馆旧址旁大连大学职业技术学院是昔日满铁别馆故址。原建筑建于1913年1月，大连解放后用作大连铁路卫生学校，而其对面便是满铁本社旧址。

鲁迅路满铁旧影

满铁本社始建于1903年，原是俄国人的商业学校，因为日俄战争而被迫关闭。1904年，日军占据了这里，改为满洲军仓库大连支库办公楼，曾以兵站司令的姓氏命名为夏目馆。1908年，它被移交给满铁。满铁授权土木课对未完成的西面大楼进行改建设计，由大江组改建施工，1908年12月12日竣工后，用作满铁本社（鲁迅路9-1号，曾是大连铁路卫生学校解剖楼）。1919年改建东楼（鲁迅路9-3号，曾为大连铁路运输法院），后期作为满铁本社的别馆。1923年，按照统一的风格改建中间的建筑（鲁迅路9-2号），并将它作为满铁本社，同时建造后面的两座建筑。满铁本社是典型的古典复兴建筑，爱奥尼柱式，半圆窗，精致大气，宏伟肃穆，从空中俯瞰，更是大气磅礴。苏联军管时期，将南满铁路与东省铁路合并，改称中国长春铁路（也称中长铁路），由中苏合营。1952年12月，苏联将中长铁路及附属该路的财产移交给我国，这里曾为沈阳铁路局大连铁路分局，现为沈阳铁路局大连铁道责任有限公司。

老明信片上的满铁总部

满铁全称南满洲铁道株式会社，1907年开业，主要负责管理东省铁路南满洲支线长春以南的路权。满铁名为日本国企，实则担负着侵华情报的搜集工作，是一个超越军队的组织。满铁也是“日本外相的摇篮”，满铁开山鼻祖后藤新平、内田康哉、“五万言先生”松冈洋右都曾担任日本外相。

日俄战争后，松冈洋右担任关东都督府外事课长，专门负责与中国人打交道。1927年，松冈洋右成为满铁副总裁，总裁是被称为“满铁中兴之祖”的山本条太郎。山本条太郎非常欣赏松冈洋右，与他一起制订了野心勃勃的铁路建设计划，极力推进日本的“大陆政策”。

1931年1月24日，松冈洋右在日本第64届帝国议会上发表了长篇演说《动荡之满蒙》。他认为，无论从历史文化，还是近代“民族国家”的角度来说，满洲和蒙古都不能算是中国的领土，鼓吹“满蒙是日本的生命线”。《动荡之满蒙》立刻被印成了薄薄的小册子，风靡了整个日本。

不久，日本武力占领东北，扶植伪满洲国傀儡政权。国际联盟接受中国政府的申诉，于1933年在日内瓦召开临时会议，松冈洋右作为日本代表团首席代表也出席了这次会议。会议期间，日本被孤立。决议表决时，除了日本以外的42个国家都承认中国对东北拥有主权。表决之后，松冈洋右登上主席台发表声明称，日本方面不能接受会议通过的决议，并宣布退出国际联盟。他傲慢地用英文说了一句“Thank you！”之后，便扬长而去。西方列强的代表第一次被如此羞辱，一个个都叹为观止。

松冈洋右回到日本后，受到狂热的追捧，被右翼分子奉为“国民英雄”。1935年，他重返大连，坐上了满铁总裁的宝座。当时，他与东条英机、星野直树、鲇川义介、岸信介合称为“统治中国东北五巨头”。1940年，松冈洋右出任日本外相。那一年他不但亲自参与缔结德国、意大利和日本的三国同盟条约，还马不停蹄地跑到苏联与斯大林签订了《苏日中立条约》。

满铁遗址——满铁俱乐部与厚生协和会馆旧址

满铁本社东侧是安阳街2号铁路文化宫，此处是昔日满铁俱乐部、厚生协和会馆旧址。满铁俱乐部由长仓不二夫设计，建于1924年；厚生协和会馆则是高岩静设计，建于1927年。满铁曾邀请过许多日本文化艺术界的名流雅士在协和会馆举行讲演会、音乐会、舞蹈表演、戏剧公演和影片观赏会。1935年10月，著名京剧演员李少春曾在协和会馆表演过《长坂坡》。1936年3月25日，闻名世界的“低音歌王”费多尔·夏里亚宾也在这里演出过。夏里亚宾是俄罗斯现实主义表演艺术的杰出代表，被誉为“史上最伟大、最传奇的男低音”。

厚生协和会馆旧址

1935年年初，伪满洲国国务总理大臣郑孝胥还应松冈洋右之请，在协和会馆演讲了《王道广义》，洋洋洒洒陈言伪满洲国，恰如夷杂走卒纵论共荣。

日本投降前，中国战区日本最高负责人冈村宁次曾多次来过大连。1935年5月，他便来满铁大连俱乐部参加了第16次军事运输会议。那时，他是日本关东军副参谋长，并兼任日本驻伪满洲国大使馆武官一职，所以会议结束

鲁迅路28号是日本陆军官舍旧址之一

后，即5月16日，他立即乘坐火车返回了长春。

铁路文化宫对面是满洲技术协会会馆旧址。那座二层公寓由横井建筑事务所设计建造，大连解放后是旅大行政公署工业厅办公楼。靠近明泽街的鲁迅路28号洋楼从外观看好像是近代欧洲建筑，还有点日本动漫中建筑的感觉，多段式坡屋顶上还矗立着白柱子，一二层材质明显不同，通过对比体现多变之美。洋楼外观造型尤为独特，前后之间的连接处亦别具味道。此处是侵华日军陆军官舍旧址之一。

望火楼

三八广场至二七广场段，日本侵占时叫明治町。鲁迅路49—53号当时曾有明治出租车公司。鲁迅路53号的盼盼门业位置也是一家出租车行。鲁迅路72号万港酒店附近则是家人力运输“关东运工”。

鲁迅路77号即大连中山消防队前身是大连消防署明治町派出所。大连解放前，消防署被老大连人称作“救火会”。这座建筑由古贺精敏设计，始建于1933年3月14日，当年10月30日竣工。

大连望火楼一直延续着消防功能，而国内绝大多数望火楼都已告别了历史舞台。尤为重要的是，大连望火楼仍基本保持历史原状，而国内大多数望火楼则或多或少经过各样改造，已基本失真。大连望火楼既是大连城市建设史上的重要见证，也是中国近代城市建设史的见证，同时还是大连消防史乃至中国消防史上的重要实物。大连街上还有六座建筑样式几乎相同的望火楼，可谓“六胞胎建筑”。

鲁迅路（明治町）望火楼

东风电影院与春和市场

二七广场位于鲁迅路、港湾街、大众街交会处。日本侵占初期，因附近有沙俄侵占时期留存的英吉利公园，故称英吉利广场，后来改称为千代田广场。大连解放后，大连市人民政府于1946年6月1日改为民主广场，旋又改称二七广场。

过了二七广场通常皆称作寺儿沟。日本侵占时期，二七广场至春海街段被称为千代田町。此处原多是临街二层中式小楼，现在多被翻新成样式不一的板楼与摩天大厦。昔日老街荡然无存，只零星散落着几座老楼。鲁迅路152号三宝海鲜西侧有条新柳街，新柳街92号对面就是大连为数不多保持着原样的老电影院——东风电影院。影院坐北向南，占地约1200平方米，外表还是当年的橙红色，南侧为三层建筑，最高处是放映室，北侧是分为上下两层的观众席，大红色的木质楼梯上油漆早已剥落，因为年久失修，走在上面不时会发出吱吱呀呀的响声。正门东侧还留有当年的售票小屋，如今已经被间隔成一家旅社。

东风电影院位置曾是建于1918年的永乐茶园。1929年，安姓家族在此建造了公谊电影院。公谊电影院是当时大连首个放映有声电影的电影院。此后，公谊电影院先后改名东明电影院、东风电影院，1984年8月转作他用。

中国电影界两位顶级人物曾与东风电影院结下不解之缘，一位是著名导演李前宽，一位是著名剧作家王兴东。幼时，李前宽住在寺儿沟一带，他常常顺着电影院后面的“水流子”（指房屋外墙的排水管）爬到二楼厕所外平台，再从厕所后窗钻进电影院偷看电影。他说，自己曾在这里看过《夏伯阳》等苏联电影。他还说，就是东风电影院培养了他对电影的强烈兴趣。王兴东也住在寺儿沟一带，从小学到中学都是在这里看电影，他说：“东风电影院永远是我童年的天堂影院。”王兴东从事影视行业后，担任编剧的第一部电影《明天回答你》便是反映大连机车车辆厂的故事，也是在机车车辆厂拍摄，他亦是在东明电影院看到上映，他说：“那也是我对于那块迷人的银幕的第一次回赠。”

踱步至春生街东侧便是春和市场旧址。春和市场是临街综合性商场，位于电车道南面原鲁迅路211号，始建于1921年，初名千代田市场。1948年，市场收为国有，改名叫春和市场。2009年4月，这里开始拆迁，规划建高层建筑。

城市发源

青泥洼

大连源自青泥洼，如今青泥洼就跟早年的天津街一样，已经成为大连繁华商业街的代名词。这里云集了大连商场、麦凯乐（大连总店）、百年城等大连人耳熟能详的商业巨擘，展现着大连时尚亮丽的国际范儿。

大商前世

早年的青泥洼一带是有河的，即西青泥洼河。随着城市的变迁和发展，西青泥洼河逐渐被填埋，河道自然成为街道，即青泥洼街，现在叫青泥街。青泥街东至民生街，南至五惠路，日本侵占时期属羽衣町一带，1946年改称青泥洼街，“文革”时期易名红港街，1973年改叫青泥街。

青泥街的老建筑多已拆除，装饰过的大连商场是仅存不多的旧楼。大连商场前身叫信农町市场，是日本人在今胜利广场位置组建的商业市场。20世纪30年代中期，因建造新火车站，临时迁到常盘桥（今青泥洼桥）附近。1936年新市场开始动工，1938年11月建成，叫常盘桥市场。常盘桥市场以副食品为主，兼营百货、服装、土杂等，一层是水产品市场，二层是食堂，叫因丸食堂，三层是百货，称商和公司。商场日客流量超过2万人次，销售额2万多日元，繁华自不待说。

后来，常盘桥市场改叫大连市场。1945年10月，市场被接收，沿用大连市场一名。“文革”时期，改叫太阳升商店，1982年正式定名大连商场，今大商集团便是由其发展而来。“大商”俨然是青泥洼的代名词，知名度享誉国内。2007年大商集团的销售额超过500亿元，2009年在中国500强企业中排第八十六位。

大连市场（大连商场前身）旧影

城市发源 青泥洼

五惠路

日本侵占时期，五惠路属羽衣町，是一条土路，1950年建成水泥路，取武汉街、慧中街首字命名武惠路，后演变成五惠路。“文革”时期，先后改叫红旗路、代代红路，1973年恢复原名。

武汉街与五惠路成一线，从解放路至解放街，亦是百年老街，老大连人孙来成当年就住在武汉街。因为在伏见台公学堂（今大连理工大学继续教育学院东侧）读书，他要穿过解放路，踏着土路上学。第七完全小学（即原青泥洼小学）是他的母校，如今已改成百年城。记忆中，瑞诗酒店西面曾是组合教堂大连双叶学院，其后面是三国旅馆。双叶学院建筑由William M. Vories于1937年4月至7月设计，1939年12月11日由共进组施工建成。雍景台位置曾有一日本神社，称能乐堂。新中国成立后，教堂和日本神社均被接收。1949年2月，大连市政府决定集中招收烈士子女和干部子女组建育才学校，同时组建育才学校幼儿园。8月学校和幼儿园开始招生，9月1日正式开学。育才学校是今二十四中前身，幼儿园便在组合教堂大连双叶学院与日本庙，后成为中山区业余艺术学校、大连市群众艺术馆。

劳动公园

劳动公园始建于1899年，当时叫达里尼市立公园。《大连要览》记载：“此地原为名为青泥洼的村子，俄国建设大连市时将此地辟为公园。公园阔50余万坪，背山林壑，夏天绿树成荫，春秋姹紫嫣红。中央为大运动场，还有音乐堂，为祭祀典礼之用，为大连第一的游园地。沙俄强租时期曾于此豢养老虎，故又称为老虎公园。”老辈大连人俗称其为虎公园或老虎花园。

昔日在劳动公园举办的大连劝业博览会

日本侵占初期，更名为西公园。1926年4月1日，改叫中央公园。大连解放后，于1947年11月1日改叫列宁公园，1949年易名劳动公园。因为1949年9月将举办大连工业展览会，当年3月对整个城市公建设施进行修缮改造，政府积极发动群众参与义务劳动，对公园进行整修。孙来成也参加了当年修筑劳动公园的义务劳动，他说，工程是围绕荷花池开始的。人们在中心岛建造了亭子和通向中心岛的曲桥，还有池北侧的假山、南侧的阶梯看台及荷花池周围的栏杆等，原日本人忠灵塔被改建成有五角星的、纪念大连解放的五一塔。工程结束后，在荷花池畔矗立一块纪念石碑，上书六个大字“劳动创造世界”。3月3日公园改叫劳动公园，5月1日正式开园，举行了盛大的五一国际劳动节游园会。

20世纪50年代劳动公园正门旧影

不同的人对劳动公园有不同的解读，但大家印象最深的是20多年前荷花池中洁白硕大的荷花。若是雨后，更显美丽，许多蜻蜓盘旋飞舞。池塘南端（今日钓鱼处）也是笔者儿时的乐园，烂泥里挤着一群男孩，有的蹲在泥里捕鱼，有的拿着盛满水的罐头瓶子等待，那种单纯的快乐经年不忘。

笔者在《我的祖父罗振玉》一书中看到这样一张照片，那是罗振玉长孙罗继祖与夫人陈文珍在荷花池亭栏处的留影，他们背后的池塘里一望葱茏，尽是硕大的荷叶。那是1964年的暑假，罗继祖当时正在北京中华书局参与《二十四史》校点工作，忙里偷闲，回到大连消夏。

国画大师柳子谷则是用写意小品来解读劳动公园。他在大连旅居多年，闲暇时最爱到劳动公园写生，绘制了多幅写意小品。现代博物馆曾举办过柳子谷大师的画展，展示了当年的画作。旧影不在，这些小品更显珍贵。

老槐树

有人说，看一座城市是否古老，只要看看她的建筑和树木便知分晓。世人看看大连的老槐树，或许便可以知晓大连的岁月沧桑。大连素有“东方槐城”之称，并非浪得虚名。中国古建筑、园林艺术家陈从周在《十里槐香过大连》中这样写道：“旅大市绿化有成绩，路上槐荫夹道，初夏时万树槐花，如缀细钿，香飘十里。这种利用土生土长的树种作为绿化基调，再配以北国习见的松柏杨柳，取得成就较易，效果亦显著。这比那种不论地域而户户法桐，处处雪松，似乎科学一些。”

“一二三四五，上山打老虎。老虎不吃面，专吃王八蛋。”这是许多大连人儿时玩过的数槐叶游戏。大连人儿时也多爬过槐树，摘吃过香甜的槐花。或是如此，大连人格外钟情槐花，这也是其他城市很难见到的情怀。

大连洋槐的魅力无处不在。日本作家清冈卓行以大连洋槐为引子创作了自传体小说《洋槐下的大连》，影响了很多日本青年人，在他们的心中一直存有大连比日本好的印象。

30多年前，大连到处都是槐树，端午节前后，一蔓蔓洁白的槐花泛着甜甜的清香让满城倾醉。槐是移民文化的象征，有守候归来的美好寓意。每一座城市都有自己的味道，如果说水是江南的灵魂，那么槐就是大连的灵魂。

祈福钟

劳动公园大钟又有了新名字，叫祈福钟，旁边还有钟志铭。祈福钟原名至正钟，是600多年前的古钟，高2.2米，钟口直径1.35米，重1.67吨，铸造于元顺帝至正六年（1346年）。元顺帝为了在高丽国（今朝鲜半岛）弘扬佛法，派遣使臣带领工匠前往朝鲜金刚山督造此钟。日俄战争后，大连被日本占领，日本东本愿寺派法师阿部荣全来大连布教，建造东本愿寺。阿部荣全向日本政府报告他在朝鲜仁川传教时所见过的至正钟，日本政府便派人将此钟从朝鲜运到大连，安放在东本愿寺内。东本愿寺即今麒麟大舞台，1958年东本愿寺周边改建，大钟被运到劳动公园。

原先，大钟直接放在地上，后遭人为破坏，其肩部处有一残损漏口。祈福钟铸满经文，那是用兰查体梵文篆刻的《阿罗尼咒》，主要内容是祈祷各方佛祖保佑平安健康。祈福钟无论从时代、钟体及所饰钟文、整体造型来看，在国内都属罕见。2007年3月31日，正式入藏旅顺博物馆。入馆前，大钟被送到金州金世家青铜艺术有限公司铸造厂进行维修，同时进行复制。因此，我们看到的钟楼还是原来简易的钟楼，大钟已不是原来的大钟。

“大足球”前世今生

劳动公园中最显眼的景观当属“大足球”建筑。大连是足球城，大足球是滨城当之无愧的市徽。

追溯前源，大足球一带曾有日本人1926年建造的忠灵塔。忠灵塔本是三八广场的表忠碑，因为交通建设迁到了劳动公园。大连解放后，忠灵塔改造为五一塔。1975年7月，五一塔被拆除。1982年，旧址建成圆明阁。1995年，圆明阁被拆除，建成醒目的建筑艺术馆。建筑艺术馆的外形是非常大气的红白相间的球体，直径为19.6米，高21米。人们便把它称作大足球。

劳动公园受到很多影视剧的特别关照，老电影《虎穴追踪》《失去的歌声》里就有许多劳动公园的镜头。大连籍演员董洁因为出演《幸福时光》而被称作“幸福女孩”。劳动公园是《幸福时光》主要的外景地，赵本山与董洁的对手戏常以劳动公园为背景。重温电影《幸福时光》就像漫步劳动公园，是非常幸福的事情。

劳动公园全貌

连锁街

1929年，青泥洼西北隅有了一个新名字——连锁街。大连人喜欢把这里叫青泥洼。这里东起青泥街，西至友好街，北起长江路，南到中山路。1943年《大连番地入案内》图示，这里统称为连锁街，是因为两横两纵，环环相扣，故名之。它并不是一条街道，而是指青泥洼这片区域。

青泥洼内外四横：长江路、进步街、兴隆街、中山路（就是当时的荣町通、心齐桥通、本町通和常盘町通）；青泥洼内外四纵：友好街、友谊街、荣盛街、青泥街（就是当时的广小路、京极通、银座通和末广町通）。

日本侵占时期，来连日本人除了蓝领阶层，以小商户居多，他们多在以浪速町（今天津街）为中心的繁华街区经营小生意。1910年后，浪速町繁华街区的地价和房租不断攀升，部分在那儿拥有不动产的日本人和中国人靠出租土地和房屋大发横财，而靠租房开零售店铺的日本小户商人却叫苦连天。因为无法忍受日益高涨的租金，这些中小店铺的商户便联合到一起，开始寻找出路。达里尼河西岸一片杂乱无章的土地引起他们的注意。

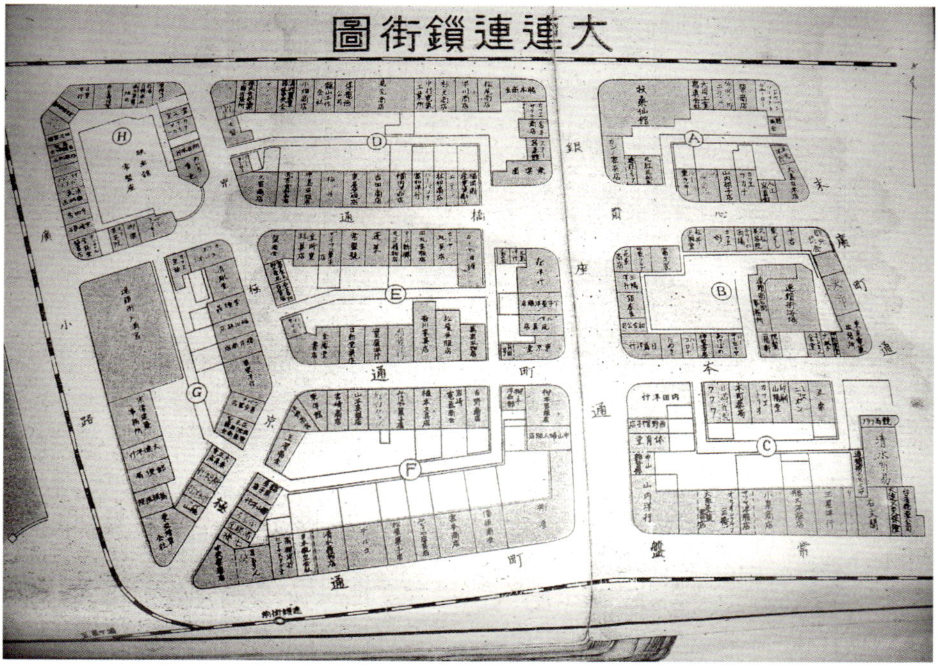

《大连番地入案内》中的大连连锁街图

1927年以前，日本人仍沿用俄国人的叫法，称青泥洼河为达里尼河。河西岸即青泥洼桥到电气游园（原动物园）的道路右侧有片宽4米多的洼地。因为殖民当局忙于城市扩张无暇顾及，那里成为垃圾和灰土的堆积场，水道局的破烂管道也被丢弃在那里。当时，那里还有关东州厅土木课木材存放地、满铁所属的苗圃场和许多散居在此的贫苦的青泥洼人。

1923年2月，40名商人达成协议，决定在那里建立一个大型共同店铺商业大街。他们首先在关东州厅申请批准建立商店组合，然后联合商工会议所发起提案，请求将关东州厅土木课木材存放地和满铁管理的苗圃场土地廉价租借给他们，允许填土埋平这里的土地，建造一个共同经营的大型连锁商店街。关东州厅正愁这个地方影响市容，遂批准了他们建立连锁商店街的构想。

关东州厅土木课木材存放地、满铁苗圃、其他用地合在一起约3.3万平方米。为保证顺利实施，关东州厅还许诺永远不提高利息。1928年5月，合资会社大连连锁店正式在大连民政署登记设立，组合员115名，每人出资6000日元，预算建设费用是100万日元。连锁街的设计师是宗像建筑事务所的宗像主一、卫藤右三郎和武方织人，施工单位是福昌公司。商店街建设包括93名组合成员的新店铺、出租店铺80户、电影馆、旅馆、公共浴池、商店会馆、仓库、邮局和银行办事处等，于1928年6月开始施工。

1929年11月，商业街落成，共建成16座楼房，200个店铺。1929年12月，商业街开业，它以丰富的商品，尤其是舶来品的物美价廉享誉大连，成为与浪速町齐名的商业街。日本侵占时期，“购物在连锁街，住宿在锦水宾馆”是家喻户晓的广告语。当时，日本也很难找到这样壮观的具有商业综合体性质与形式的大型商业街，日本商业界巨头清水正已甚至亲临大连，做实地考察。

青泥洼变迁

当年的连锁街繁华热闹，今日的青泥洼也是一派喧嚣。只是世事变迁，星云流转，很多东西已经换了新颜。我们循着历史的脉络，把今日青泥洼和过去做一下对比，想必多年以后，后人也会把今日和未来做这样的对比，会由此清晰地看到岁月的脚步。

长江路与友好路十字路口的瑞成广告位置是当年的交番故址，仍保持着旧

20世纪90年代青泥洼鸟瞰图

时模样，交番即日本侵占时期的派出所。411路公交车站附近爱舍空间主题酒店位置曾是日本侵占时期连锁街天满宫旧址。天满宫是日本神道教一支，后迁至原动物园内。20世纪90年代，这里曾有交通银行，看那敦实的理石阶面，感觉历史触手可及。

真好客超市位置是当时负责设计连锁街的宗像建筑事务所故址，旁边是经营药品的山田省三商店。吉祥馄饨位置当时也有一家经营药品的商店，叫作大连洋行。为方便那些满是乡愁的居客，友好饭店位置还设有邮便局。若是哪家有人生病，可以就近到岛根内科求诊。街口成大方圆青泥分店位置是当时烟民经常光顾的东亚烟草商店。

“曾经的殖民地大连消失了，现在的大连是中国人的大连。”这是《幻的大连》结束语。《幻的大连》是94岁的松原一枝写的回忆录，她也是连锁街的常客，她曾和同学顺子在マルキタ咖啡店里一边喝咖啡，一边叙旧。附近的松屋果子店就是顺子的父亲开的。多年后她说，我的故乡就是大连，这样的想法始终难以割舍。所谓故乡，并不只是生活岁月的长短，那里有怀念的人，有承载记忆的地方。所谓故乡，就是幼时被抱在母亲的怀中那样，可以无所顾忌地表达悲伤、憎恨，在心底最深处复苏于人类原点的爱。

荣盛街是青泥洼里第二条纵向短街，自南向北穿过。荣盛街口大商交店位置是山内洋行旧址。20世纪70年代，这里曾是南货商店。钻恋人珠宝订制中心位置是日本侵占时期满洲航空旧址，白云药房青泥分店位置是大阪屋号书店分店旧址。大连解放后，大阪屋号书店分店为苏军接收，1947年7月1日在此成立友谊书店，1950年并入大连新华书店。大阪屋号书店分店的三楼还有当时的棒球オリオン俱乐部。

海尔专卖店附近是胜又洋服店、三星洋行、ドミノ茶屋旧址。井泽宣子在《美丽的大连》中记述，胜又洋服店是当时著名的西装店，她中学入学后的制服就是在那儿购买的。大连煤气燃气具专卖店位置曾有右文阁旧址，附近还有大连火灾保险、台湾物产旧址。

胜利地下通道口旁OPPO手机专卖店、中国电信手机旗舰店、长海海产品商店位置是日本侵占时期的清水贸易旧址，吉利商店位置是当时的竞马场俱乐部。曾看过竞马场俱乐部老照片，以为早已拆除，没想到仍然幸存。大连建市时就成立了关东竞马会，1900年还举办过两次竞马赛事。参赛马匹除本地马匹外，还有来自烟台、天津等地的马匹。1904年，竞马赛事因日俄战争停办。1921年10月，成立大连竞马俱乐部，开始举办赛马活动。1938年6月，根据关东州厅赛马令改为关东州竞马会。当时，在大连、金州、旅顺分别设置赛马场。那时的竞马比赛与当下一样，每次比赛之前都要发行赛马券进行博彩。

大连五金工具交易市场位置是艺术剧场旧址，日本侵占时期是电影院，叫常盘座。大连解放后，改叫大连上友好电影院。1946年，东北文工团在此演出著名话剧《雷雨》，一下子轰动了滨城。没想到《雷雨》竟在大连生根发芽，成为大连话剧团（前身为成立于1946年的旅大文工团）的招牌剧目。大连话剧团分别于1956年、1961年、1979年、1995年和2010年排演话剧《雷雨》。1961年，田汉便是坐在这个剧场里观摩《雷雨》的。

常盘座（即后来的艺术剧场）旧影

白云山电线电缆位置是日本侵占时期UNION（联合）咖啡店旧址，对面东成专业电动工具（楼上是国营汽贸招待所）位置是经营唱片的荣商会故址。港丰管槽位置是当时的眼镜店，叫作青眼堂，上海人民企业集团门市位置是昔日的富屋靴店，正泰电工位置是昔日的日药局旧址，大连鸿达建筑电气开关销售处位置曾是珠美酒吧，津成电线电缆位置是金风堂书店故址，井泽宣子在《美丽的大连》中便记述过金风堂书店，她读中学时经常来这儿买教辅材料。

艺术剧场旧影（大连话剧团提供）

昌盛商贸位置是紫烟庄故址，紫烟庄是著

名的咖啡馆，许多小资都喜欢来这儿休闲，一边抽着鲁宾皇后，一边享受着浓香的摩卡咖啡。

荣盛街宏孚大厦西南角曾有家家具店，其对面麦禾稻包子位置是安乐园故址。安乐园二楼是スター写真馆旧址，是世界著名演员三船敏郎家经营的照相馆。三船敏郎1920年4月1日出生在青岛，4岁时随父亲来大连。1938年读完中学后，他开始帮助父亲经营照相馆。1942年，三船敏郎应征入伍，主要负责航空侦察。第二次世界大战结束前，他主要负责给神风特攻队出击的飞行员拍遗像。

三船敏郎侥幸逃过死亡，1946年进入电影界。1948年他因主演黑泽明执导的影片《泥醉天使》一举成名，被赞誉为“世界的三船”。1987年10月8日，三船敏郎、山田洋次一起访问大连，受到当时大连市长魏富海的亲切接见。

进步街横穿过友谊街，始于友好街，止于青泥街。进步街口原有日本侵占时期美容院、梅月茶座和中岛吴服店，当时中岛吴服店还打出醒目的广告，“绢是国产好，日本的盛装”，绫罗满目，吸引着过往的顾客。

青泥洼里有兴隆街，因为处于闹市，人流不断，街边小店生意非常兴隆。快客位置是昔日的まんまる食堂，大连人最熟悉的却是健民浴池（今胜利街美业）。日本侵占时期，这里叫连锁街浴场。大连解放后，连锁街浴场改成健民浴池。当年，浴池更衣箱的钥匙通用，由管理员统一掌管，更衣箱上都挂着一条印着箱号的白毛巾，而且提供免费的肥皂（那时很少使用香皂）。澡堂里有大小两个浴池，大浴池一般都是温水，专为普通大众准备，小浴池是高温的热水，专为那些喜欢烫澡的人准备。那些肚皮被烫得红通通的老翁大多住在附近，他们把烫澡看作是人生的享受。

离此不远的广场上曾有当时大连最大的舞厅ペロケ。1931年以前，在大连办舞厅得到许可的只有俄罗斯人经营的ビクトリヤ和ボンベイ，它们是专供白俄罗斯人使用的舞厅。话虽如此，也不拒绝日本人。伪满洲国建立后，东北各地允许日本人经营舞厅，面向日本客人。所谓“关（指关东州）满一体”，大连遂出现了ペロケ、大连会馆、东亚会馆、第七天国等舞厅。这些舞厅中，ペロケ的大厅最大，每天都是满场。ペロケ还从日本本土聘来了著名小号手南里文雄的辣胡椒粉乐队在此演奏。

百年沧桑

上海路

康有为与大每馆

昔日的上海路

老明信片上的大山寮

沙俄强租时期，胜利桥北上海路段称煤炭大街，日本侵占时期，改为北大山通。上海路76号是大阪每日新闻社大连支局旧址，世界建筑大师横井谦介便是这座洋楼的设计者。建筑在1925年5月竣工，由相生由太郎创办的福昌公司施工。

1925年9月，68岁的康有为应大连华商公议会邀请来连演讲，同时举办康有为书法展。9月19日至20日，演讲和书法展就在大每馆举行。

历经沧桑变幻，如今这里已是泰达旅行社。其旁上海路78号是大山寮旧址，也是日华自动车学校故址。这“Y”字形欧式洋楼建于1903年前后，是城市最早的一批建筑。旁侧第七十一中学是日本桥寻常小学旧址，旧楼建于1909年，由山下洋行建造。学校原是六年制学校，创建于1910年3月，初名大连第二寻常高等小学，1925年4月改名日本桥寻常小学。大连解放后，这里成为中国人的学校。

漫步到先进街与上海路交会处，便会看到和顺里，这里是东省铁路轮船公司职工宿舍。俄国战败后，此处被日本人接管，作为通信省（邮电部）官舍。

大连中央邮便局与三越吴服店旧事

沙俄强租时期，胜利桥南上海路叫维特大街，日本侵占时期，改称大山通，亦是大连当时最繁华的老街之一，不仅商行店铺林立，而且有很多金融银行。

路口的洋楼便是大连中央邮便局旧址。早在1900年10月26日，俄国人建立了达里尼邮政电报局。日俄战争中，日本侵略军占据优势之后，组建了辽东守备军，并于1904年11月16日将司令部迁到大连。辽东守备军邮便部也迁到大连，办公地址位于今长江路132号。这里曾是泰凰总店，是日军占领大连时最大的建筑物。

1905年5月，辽东守备军邮便部改称为辽东兵站邮便部。1906年，关东都督府邮便电信局成立，并接管了此处。随着城市的发展，业务量急剧增加，原来的邮政局已经不能适应需要。1927年，日本人决定拆除那座俄式建筑，在旧址上建造了一座更为大气的具有和风特色的欧式建筑。1929年，洋楼竣工并交付使用。1945年8月，苏军接管这里，1946年3月移交给大连市人民政府，作为邮局使用。如今，这里是大连电信的一个繁华网点，虽几经变迁，老楼还是那样坚固，游人路过胜利桥便会驻足凝视。

老明信片上的昔日大山通，即今日上海路胜利桥南段

老明信片上的上海路

邮电大楼南面的上海路53号是三越吴服店大连支店旧址。日本和服是仿照我国隋唐服式和吴服改制的，所以在日本至今被称为“吴服”和“唐衣”，和服其实是西方人对吴服的称谓。

昔日的上海路三越百货店

日俄战争后，三越吴服店大连支店就已经在上海路开业。现存的这座建筑由当时著名的宗像

建筑事务所设计，1927年3月1日开建，12月30日建成。20世纪30年代，三越吴服店大连支店成为东北分店中经营最好的一个。1945年8月，此处被大连公安总局接收，在此成立敌伪财产没收委员会，改为大连公安总局服装厂。后为大连呢绒服装厂。20世纪80年代，这里还有一家服装店，叫作大连碧海服装店。

模糊的上海路记忆

上海路5号是日本侵占时期交通银行大连分行旧址，由中国建筑大师庄俊设计

上海路上还曾有株式会社大连铁工所（大山通16番），如今已消失得无影无踪。据日本殖民统治时期大连出版的《大连番地入案内》记录，其位置便是今日声远通讯指定专营店所在。老大连人记忆中，圣邦皮草附近原有好利来蛋糕店和友谊美发店，此处也是大山通邮便局旧址。我很幸运看到了“大连之子”绘制的地图，根据地图我发现此处原来是电话交换所。滨城一直就是很时尚的城市，早在1901年便有了电话交换所，是当时继上海、青岛、南京之后国内第四个拥有电话的城市。当年使用的是磁石式电话，俗称摇把式电话，也叫掉牌电话，如今这些逸事趣说早被写进了历史。

上海路5号是中国建筑大师庄俊设计的洋楼，建于1930年，它是日本侵占时期交通银行大连分行旧址。交通银行亦是旧中国四大银行之一，由孔祥熙所掌控。1952年到1995年，这里是大连工商联办公楼。1987年，中山区站前信用社设在这里。20世纪90年代末，此处成为大连商业银行上海路支行办公楼，现在已改作中国旅行社，又重新装饰粉刷了一番。

最早的望火楼

上海路2号原有大连最早的望火楼。望火楼名谓源于宋代，其实就是消防楼。1902年5月，大连建消防署，消防署辖有消防队，设队长1人，消防队员10人（都是俄国人），司机、锻冶、伙夫各1人，马夫3人。当时的消防署就在今达里尼市政厅旧址附近。俄国人曾打算将警察和消防所建在今广东发展银行位置。日本侵占大连初期沿用或修缮了很多俄国人留下的建筑，而消防署却是日俄战争后大连建造的第一座官方建筑。建筑的设计者是前田松韵，他采用法国新艺术派（Art Nouveau）建筑风格进行设计，并于1907年建成该建筑。

大连最早的望火楼实景旧照

大连最早的望火楼设计效果图

大连消防署正面对着上海路，侧面对着中山广场，前面还预留了部分空地用来建造关东州厅递信局。因为建造关东州厅递信局，这座望火楼被拆掉。1921年，关东州厅递信局投资202万日元在此建成了大连电话交换所。新建的大连电话交换所聘请美国人设计，由西林古公司安装8500门英国造史端乔步进制交换机，并于1923年4月1日正式开通。大连自动电话不仅比国内的北京、上海、天津等主要大城市早6—8年，而且也早于日本东京、大阪等城市，是当时亚洲容量最大的自动电话局。20世纪90年代传呼机普及，此处成为大连邮电大楼邮电寻呼部。

大连饭店逸事

关东州厅递信局旧址对面上鼎大厦是正隆银行旧址。正隆银行是家日中合资银行，原在营口，日俄战争后，东北地区经济中心迅速转移到大连，银行于1911年6月迁至大连。1925年12月，正隆银行兼并倒闭的龙口银行，迅速发展为区域性银行。

1936年，正隆银行所有资产并入满洲兴业银行。1945年12月，满洲兴业银行为大连中国商业银行接收。1946年10月至1947年2月，此处是中山区政府所在地。也正是在1947年2月，这里被拆除，后来便成为天津街小学的操场。这座时尚的上鼎大厦始建于1994年11月，1996年12月竣工。

上鼎大厦旁便是上海路6号大连饭店。大连饭店最初叫辽东旅馆，位于信浓町（在今中山区高级中学位置）。1929年，在这里重建了六层高的大宾馆，成为大连当时亮丽的景观。旧时，程砚秋等很多名人在这里下榻过。

这里还是一处见证抗战史的遗迹。为解决战区接收、恢复交通、通信等问题，中国政府代表殷同与关东军代表冈村宁次曾于1933年7月2日至6日、1934年7月23日至24日在辽东旅馆进行谈判，史称“第一次大连会议”“第二次大连会议”。

上海路上的大连饭店（孙群萃/作）

大连解放后，这里被接收，改名叫辽东饭店。1947年，东北地区解放，辽东饭店随即更名为关东饭店，隶属于关东海外贸易服务社，主要任务是支援解放战争和解决大连市粮食供应问题。

大连人多是齐鲁后裔，所以齐鲁文化厚重。大连菜属于鲁菜系，却又不同于鲁菜。大连饭店在鲁菜基础上独创大连特色，成为大连菜的代表者。当时，大连饭店常宾朋满座，可谓盛极一时。新中国成立前，这里曾接待过第三批北上的民主人士李济深、茅盾、朱蕴山、章乃器、彭泽民、邓初民、洪深、施复亮、梅龚彬、孙起孟、吴茂苏、李民欣等。李济深是当时各方瞩目的人物，任民革中央主席，是国民党左派的领袖。白崇禧曾亲笔写信邀他到武汉主持大计，但是李济深毅然北上。1949年1月7日，他们到达大连以后，李富春和张闻天便带着大连市委领导欧阳钦、韩光、李一氓等在此设宴为他们接风。李济深还在当天的日记中写道："地点在关东酒楼，席为燕席，极其丰盛也。"

1949年后，关东饭店改名为大连饭店，一直延续到今天。大连饭店是大连大型宴会首选之地，周恩来、宋庆龄等多位国家领导人先后来此，中国第一任海军司令萧劲光大将曾下榻于此。

现在，这里经过修缮，等待着涅槃重生。

往事如烟

民生街

民生街北

沙俄强租时期，民生街叫阿列克谢耶夫大街。日本侵占大连后，改称奥町。1946年6月，叫了40年的奥町改名为民生街。“文革”开始后，改叫延安北路，1973年恢复原名。

昔日的民生街

民生街是南北向长街，从新生街至中山广场，途中穿过松林街、常青街、长江路、宏爱街、同顺街、天津街、建华街、同兴街。漫长的长江路就像是一把剪刀将民生街一分为二。南行漫步不远便有松林街。松林街很短，起自德新巷，止于民生街，日本侵占时期称松林町，1946年6月改名松林街。

循街前行便有常青街，沙俄强租时期叫马尼尤西诺亚街，东起修竹街，西至吉庆街。日本侵占以后，改称常陆町，大连解放后易名为常青街。常青街亦被民生街分成东、西两段。北面是休斯顿大厦，附近有善昌制工所故址；南面是大连日航饭店，原有常陆町商店和协和制工制造公司。民生小学操场东南侧原是日本人经营的万屋商店旧址。它对面的居民楼，以前曾是达光社平版印刷公司旧址。

要说街上最显眼的便是常青街3号中山区民生小学。附近一带原为中国人的坟地，沙俄强租时期原规划建东正教堂，先建了一个公园。日本侵占大连后改叫常盘公园，1916年改叫松公园。1922年把公园辟建成一所小学校，最初叫大连第六寻常高等小学校。1924年4月1日改叫大连松林国民学校。1946年，学校改名为大连市第八完小，此后又多次改名为大连第十六小学、第十一完小、民

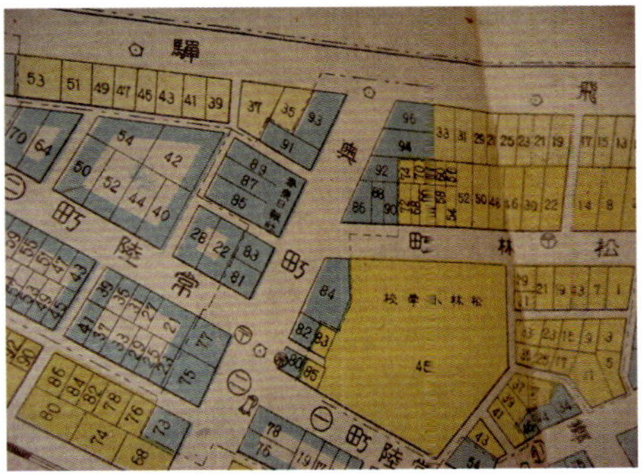
日本侵占时期老地图上的泰东日报社位置

奥町的泰东日报社旧影

生坊小学等。1959年，学校正式定名为民生小学，一直延续到现在。天津街小学、七一小学先后并入了民生小学，校舍也经过了翻新扩建。

民生小学西面有安达弓具店旧址。休斯顿大酒店位置则是百年老报泰东日报社旧址（奥町85番地）。报社最初在南山附近的武汉街一带，后搬迁了两次，到奥町是它第一次搬迁，其最辉煌的时期也是在这里。第二次搬迁是1935年，搬到了今新生街62号。

大连日航饭店地下停车场位置是曾我旅馆故址，那是一个家族旅馆；大连日航饭店员工通道位置则是满洲运输故址。现在这里已经发生了翻天覆地的变化。

仁和医院

民生小学南即邮电大厦西是仁和医院旧址。仁和医院的创办者是台湾人简仁南。简仁南出身贫寒，自幼父母早亡，15岁自立，在西药店做杂工。两年后，他通过自学考入台湾医学专科学校。后来，简仁南因为参加抗议日本殖民当局成立“台湾协会”的签名运动受到迫害，于1923年流亡大连。

来大连后，简仁南在满铁大连医院担任外科医生、中国人病房主任。1924年6月，他曾积极参加由傅立鱼创建的大连中华青年会。1925年，简仁南离开大连赴日留学，并考入东京医学专科学校。

三年后，简仁南学成归来，便在奥町78番地创办起仁和医院。他非常同情贫苦病人，就在寺儿沟贫民集居区设立了分院，时常免费为码头工人治病。为使一些体弱的人免遭日本殖民者抓劳役，他经常为他们开诊断书。

大连解放后，简仁南将自办的两所医院无偿捐献给国家。在解放战争和抗美援朝期间，他都做出了重要的贡献。1957年，他被错划为“右派分子”。“文革”期间，他又被认定为“特务”。1969年4月20日，简仁南含冤去世。

宏济大舞台旧事

宏济大舞台旧影

民生街南段已然失去了原来面貌，仅剩下三座老建筑。其中一座也仅仅剩下了门脸儿，这座洋楼便是民生街59号宏济大舞台旧址。此处原为1905年创建的宏济彩票局旧址。戏院建筑由刘肇亿筹资建造，始建于1908年，1911年建成，初名天福茶园，又叫天福大戏院。1911年8月，天福茶园改名保善茶园，后又易名为永善茶园。

20世纪初，这里是大连最热闹的去处。当时，茶园或戏院多是中国式的亭榭楼阁，而它却是钢筋水泥结构的西欧建筑风格。1911年11月至1912年1月，辛亥革命志士连承基、刘艺舟等人就住在这里。刘艺舟是著名新剧（即话剧）家，经常在这里表演新剧《波兰亡国记》等，宣传革命思想。1917年，著名作家、演员汪笑侬首次来大连在此演出了《哭祖庙》。当他唱到“国破家亡，死了干净”时，全场观众默不作声，潸然泪下。

名扬全国的盖叫天、周信芳、蓉丽娟等名角往来大连时也都在此演出。著名现代剧作家、表演艺术大家、中国现代话剧创始人之一欧阳予倩在1925年1月来大连。他在永善茶园先后演了《人面桃花》《徽钦二帝》《卧薪尝胆》《黛玉葬花》等剧目。

1925年6月，为了声援上海工人反帝大罢工，在这里成立了大连沪难救济会。据《泰东日报》载：“市民自行参加者约万人。”日本殖民者怕引起骚乱，出动了沙河口和小岗子两个警察署的全部宪警。大连沪难救济会领导人就是大名鼎鼎的傅立鱼，他还发起捐款运动，共为上海同胞捐赠了大洋近万元。

1931年，永善茶园重新翻建。宏济善堂主持人安慈民、李瑞亭等采用三叶洋行工程师王永生的设计方案，该方案融合了欧洲中世纪古希腊、罗马的建筑风格，非常壮美华贵。1934年2月重新开业，改名叫宏济大舞台。开业之日，汪子元、赵如泉等名家在此演出了京剧《彭公案》。

大连解放后，这里为大连市公安总局接管，1949年改名为公安俱乐部，

翻建后的宏济大舞台

1952年又易名为旅大市评剧院。1955年6月“四大名旦”中的尚小云曾在这里与大连京剧团同台演出。

1963年，此处改叫人民剧场，成为大连京剧团的主要演出场所。改革开放后，这里又改为北星欢乐天城。不过无论怎样改，老大连人都习惯把这里叫作人民剧场。

2009年6月初，主管城建和主管文化的市领导现场办公，决定彻底治理剧场南侧修竹市场脏、乱、差问题，将剧场建筑群中居民动迁，改造后全部划归大连京剧院使用。7月1日，市国土房屋局组织全市重点保护建筑专家围绕人民剧场保护使用问题召开专家评审会，建议剥离入口建筑现在的装饰部分，入口建筑前脸儿保留，不承重，不受力，其余部分拆除后翻建。人民剧场改造被列为大连市重点工程项目，9月20日拆除工程开始。2010年10月底，新人民剧场重现眼前。

协和楼、《关东日报》和关露

人民剧场对面是同顺街，其旁民生街42号就是与泰华楼、群英楼、登瀛阁等老饭店齐名的协和楼旧址。大连解放后，这里曾是关东日报社旧址。《关东日报》是关东公署的机关报。1947年4月初，关东公署成立，5月20日，大连《新生时报》与旅顺《民众报》合并为《关东日报》。创刊初期，社址位于松山街5号（原畅通街3号），8月迁至旅顺，同年12月又因革命需要迁至智仁街，次年1月，搬到了当时的民生街55号（今民生街42号）。今天，这里已经改为富哥海鲜坊。

当年，这里是卧凤藏龙之所，著名的女地下党人关露就是《关东日报》文艺副刊编辑。关露在抗战前是与丁玲、张爱玲齐名的作家，一生中有过两次苦涩的恋爱，第二段恋情是与王炳南，但因为革命需要，有情人终未成眷属。抗战胜利后，因为无法承受各种打击，她一度精神失常。1946年病愈后，关露被分配到苏北建设大学文学系任教。1947年秋，关露随学校来到大连，并由关东教育厅厅长江清风介绍在大连苏联新闻局任翻译。1949年3月离开大连前，关露曾在关东区党委财经委员会任编译室主任。离开大连后，关露先后在1955年、1967年两次含冤入狱。她离世的时候，身边一直保存着一张爱人的照片，照片的背后写有她的两句诗："一场幽梦同谁近，千古情人我独痴。"

关露旧照

关于关露在大连的故事，不知未解密的文件里会不会有答案，也许有些事将永远是秘密。国家安全部原部长贾春旺为关露的传记题词时曾这样写道："隐蔽战线需要关露同志的这种献身精神。"虽然关露在很多人的记忆中早已模糊了，但是人们依然会记着电影《十字街头》的主题曲《春天里》（关露作词）：

春天里来百花香／朗里格朗里格朗里格朗／和暖的太阳在天空照／照到了我的破衣裳／朗里格朗里格朗里格朗／穿过了大街走小巷／为了吃来为了穿／朝夕都要忙……

美国领事馆

历史上，大连曾有很多外国领事馆，多在太平洋战争爆发后撤离。美国于1906年9月10日在大连设领事馆，馆址位于露西亚町（今团结街）。1907年10月1日迁到越后町（今玉光街），1917年5月15日迁至山县通（今人民路12号），1931年9月15日后又迁入今民生街1号交通银行大连分行民兴支行位置。

美国领事馆在太平洋战争爆发后撤销，1946年5月在今民诚街1号重设，1949年10月21日关闭。美国是大连解放后唯一一个重新设置领事馆的国家。

民生街1号建于1931年9月，大连解放后，这里曾用作中山区人民法院。

百年街里

天津街

在大连没有哪一条街如此牵动着大连人，她曾与北京王府井大街、上海南京路齐名，这便是天津街。如果说中山广场是大连的脸庞，中山路是大连的华丽衣衫，那么天津街就像是大连炫丽的围巾。

老街的历史

昔日繁华的浪速町（今天津街）

日本人侵占大连后，所做的第一件事情就是去掉俄国人的痕迹。他们按照日本人的习惯将娜乌奥罗斯依斯卡亚街改称磐城町、浪速町。磐城町起于现在的胜利广场，止于老文物店附近；浪速町则包括今日保安街，穿过友好路、上海路和民生街，止于修竹街。浪速町建成于1909年，由东向西分为五个丁目。1911年，大连的日商达1800户，五行八作，样样俱全，且多集中在浪速町。浪速町是当时大连最繁华的商业区。

大连解放后，地名去日殖民化，1946年6月1日起改磐城町、浪速町叫合作街。合作街还穿过世纪街和明泽街，止于长江路，就像一条盘旋的长龙。天津街一名始于1949年。“文革”时期，曾改称工农兵大街。1973年后，老街恢复原名。

胜利饭店、大连摄影社和马家饺子馆

天津街的变化应是始于九州饭店，早先这里曾有胜利饭店。1965年，大名鼎鼎的牟传仁就曾在这里担任厨师。当年，这里是非常平民化的小饭店，啤酒论碗卖，不到3毛钱，大拼盘1元钱，小拼盘5毛钱，用不上10元钱就能让一帮人吃饱喝足。大连人在享受美食美酒之余，海阔天空般纵谈大事小情，其乐融融！

1988年，一座当时市内最高的大楼九州饭店拔地而起。从此，大连又

天津街的变化应是始于九州饭店

多了一个地标建筑。不过这里不再属于平民百姓，却成了外宾游客休闲之地。如今九州饭店又改叫作九州华美达酒店，虽换了名字，模样依然，像门神一般矗立在天津街口。大家习惯把这里称作天津街的起点，实际却是街尾。天津街由东至西像一个反写的“S”。

金座广场的东北侧，是大连摄影社故址。大连摄影社创建于1955年，与新新摄影社比肩，是当时大连街上最受欢迎的照相馆。很多大连人的第一张相片都拍摄于此，虽然还都是清一色的黑白照。1982年彩色照片出现以后，来这儿照相的人就更多了。

原天伦大厦附近的金叶春天便利店位置曾是日本人开的松月堂，经营日式年糕和红豆饭。而其对面正在建造的大连国贸中心大厦便是昔日有名的老字号马家饺子馆。日本侵占时期，却是一个姓有田的日本人开的卖肺药的药房。人们不记得有田药房，但是却会记得马家饺子馆，它已成了人们心中的地理坐标。

工人剧场和陶瓷商店

普照街在沙俄强租时期叫巴兹姆斯卡亚街，日本侵占时期改称岩代町，从铁路旁的新安街开始，穿过长江路和天津街，直到友好广场。“文革”期间，改叫阳光街。普照街上最有名的莫过于工人剧场和陶瓷商店，二者一度成了普照街的代名词。

工人剧场位于天伦大厦背侧普照街41号，旧址是日本人在1921年左右修建的电影院宝馆。大连解放后，旅大市总工会接管这里，将它改建为影剧两用的工人俱乐部。1953年年末，再次改名为旅大市工人文化宫剧场。

1958年，它又经过修建改造，易名为工人剧场。现在，又几经装修，变成了专演二人转的豆豆大舞台，虽然它的外面依然还写着“工人文化宫文化艺术培训中心”字样。

工人剧场的前身是20世纪20年代的电影院宝馆

佳兆业广场西门临天津街位置曾是以前的铜管乐器商店故址。而马家饺子馆对面的国泰·港汇中心位置便是大连陶瓷商店（原普照街268号）旧址。日本侵占时期，此处有家日式面条店和东亚会馆，东亚会馆是当时有名的舞厅。它旁边还有外科医院、三岛洋服店、理发美容店，如今都没了旧日模样，甚至连陶瓷商店也很难记起。

计划经济时代，陶瓷商店是大连唯一经营陶瓷器皿的专业商店，创建于20世纪60年代，专门经营全国名瓷产区的日用、工艺、美术陶瓷器，经营品种多达2000余种。随着经济发展，它的垄断地位也逐渐减弱，特定的时期完成了特定的使命，便成了人们的习惯性记忆。

虹霓电影院

原新世界百货入口处是虹霓电影院故址。虹霓电影院建于1929年，当时叫日活馆。说起日活馆也就讲到了大连电影。大连最早的电影院是电气游园里的电气馆和浪速町3丁目的浪速馆（在今天百南楼）。那时， 电气馆专门上映外国片，而浪速馆只放日本片。馆内都铺着日本式的席子，被称为茶子（女服务员的旧称）的女人们迭来卖着坐垫、奶糖或是豆沙面包等。夏天天棚上的大风扇呼扇着馆内的混浊空气，冬天馆内四周的火炉冒着通红的火焰。后来，浪速馆在日活（日本著名电影公司）的资助下，移到了磐城町。

1929年，日活馆与常盘座（原艺术剧场）、协和会馆（今铁路文化宫）一样，都是有声电影院。日活馆还兼有发行权，许多影院都播放由日活馆发行的影片。1936 年，日活馆曾大量播放欧美影片。

正因为有了日活馆，三好野、天安煮物食品店的生意才异常红火。1945

年，苏联人以战胜国的方式派其影片输出公司大连办事处接管这里，改名叫敖德萨电影院。从此，这里又开始掀起苏联电影的热潮。1951年，苏联人把敖德萨电影院移交给中国电影公司大连办事处，易名为虹霓电影院。“文革”期间，电影院曾改名叫东方红电影院。

扇芳大厦

佳兆业广场

天津街263号附近是昔日旅顺银行旧址。旅顺银行是一家小银行，20世纪20年代前期，被同在一条街的龙口银行兼并。大连解放后，这里是口腔医院。口腔医院北侧便是大连旅游服务社旧址，即今日天津街255号位置。2010年年末我去看时，这里是威沃百货。一楼上还悬着“辉庭料理”字样的招牌，现在已改为佳兆业广场。日本侵占时期，这里是一座六层的高楼扇芳大厦。当时，大连饭店是上海路和大连第一高楼；扇芳大厦则是浪速町第一高楼。原本这里有好多平房，因为建造这座大楼全部被拆掉。这座大楼由世界著名建筑大师横井谦恭设计，地上六层，地下一层，1930年建成。

扇芳大厦建成后，地下是澡堂子和理发店，一楼则是从东京舶来的明治制果。大连解放后，人民政府开始接收敌产，并在谢谦领导下建立新华公司，此处则作为新华公司职工宿舍。后来，这里成为交通大旅社，当时能住这儿的人都是相当有身份的人。“文革”开始后，交通大旅社也成为争夺的目标，被红卫兵小将们占领。20世纪80年代，这里是大连旅行服务社。2000年天津街改造时，扇芳大厦旧址便被拆除了。

山叶洋行与旅大文物店

旧时，浪速町5丁目和4丁目一带大致是今日的保安街，其北起新安街，南至天津街。长江路沿线海源电子城东侧位置恰是日本侵占时期山叶洋行的旧址。

山叶洋行是日本乐器（现雅马哈）的子公司。日本乐器的创始人叫山叶寅楠，他在1907年前后结识了满铁总裁后藤新平，因此获得了在大连发展的机会。1908年，日本乐器在大连设立支店，主营乐器和唱片。其乐器出口满洲（今东北），原是当时的主要业务，而有了后藤新平这层关系后，不仅可以卖给满铁水龙头之类的产品，还能利用其制造乐器的木工技术进行家具制造，因此也就有了同三井物产合作的机会，业务扩展到家具、室内装修和建筑等领域。大连的大和旅馆、横滨正金银行大连支店都是山叶洋行承建的。

1923年，日本乐器大连支店废止，以50万日元作为资金，建立山叶洋行大连支店。当时，日本国内钢琴市场已经疲软，所以产品大多卖到朝鲜。日本乐器还拥有胜利唱片在满洲的独家售卖权，在奉天、新京（今长春）、哈尔滨、佳木斯、牡丹江、北京、天津也开设有支店或办事处，在奉天铁西还经营有满洲第一木工工厂。

永庆街口狗不理包子饭店位置是旧时法国餐翠香故址。狗不理包子是家大连老字号，建于1956年，原本在长江路，几经辗转落户于此。不过盛名如烟，已是今不如昔，让人触景伤怀。其侧便是昔日之袋布向春园，也是当时在连日本人生活中不可缺少的茶铺。与之相邻的有小宫履物店（即鞋类商店）和水谷纸店，位置在今天津街229号附近，恰是现在的大连文物总店天津街分店位置。

大连文物店

大连文物店筹建于1961年5月，地址在天津街186号。1962年10月正式开业，时称旅大文物店。同年，郭沫若视察大连文物总店，不仅题写了店名，还为老店题留“百花齐放，推陈出新”八个大字。

1964年10月，旅大文物店迁至天津街229号，1983年8月，又自筹资金在斯大林路（今人民路）101号新建营业大楼。1996年，改称为大连文物总店，而其老店则改为天津街分店。

细数大连文物总店的家底，让人感慨万分。无论是晋代青瓷鸡头壶、唐代龙朔三年的《敦煌写经卷》、宋代越窑的婴儿纹饰粉盒、宋代的黑漆七弦琴、苏轼的《阳羡帖》，还是明代沈周的《青园图》、文徵明的《老子像》和《道子经》、唐寅的《春游图》，抑或是清代的《准噶尔战役图》、王原祁的《西湖十景图》、上睿的《携琴访友图》、朱耷的《松石牡丹图》、边寿民的《芦雁图》及吴宏的《策杖秋访图》，哪一件不是国宝？

大连文物总店旁茂昌眼镜店位置曾有和风饮茶店、花之屋点心店。而喜临门大厦（原国泰大厦）西面则是茑屋旧址。茑屋是一家和风茶店，恰与扇芳大厦明治制果卖店斜对。那里的寿司馒头很有名，是用薄薄的鸡蛋饼包起来的，熟谙小吃的人都知道这个店铺。茑屋东边有钟表店和售卖唱片的常商会。大连解放后，这里曾有典当行，也叫信托。喜临门大厦东是日殖时期大成馆大楼旧址，一楼曾有表店，大楼里还有餐厅精养轩。大连解放后，此处楼上多是住宅，而楼下临街则多是店铺。记得是20世纪90年代后期，一场意外的大火把这里烧毁，再后来便建成了国泰大厦。

原新世界百货位置是日本侵占时期山崎水果店与日本卖药株式会社大连支店旧址。日本卖药株式会社创立于1906年，总部在大阪。其大连支店主要经营药品、医疗器械等。在它旁边是一家鞋店日吉商店。日吉商店的二楼是モリ齿科医院，创始人叫森系平，1921年来连，在满铁大连医院牙科当大夫。1927年，他从满铁大连医院退职，在浪速町4丁目开办了私人医院モリ齿科。他对中国人比较友好，1949年9月被遣返回日本。

大众书店、光华书店和新华书店

友好路与上海路间的天津街段在日本侵占时期被称作浪速町3丁目，是大连当时最繁华的商业街，甚至可以说是东北亚最繁华的商业街。这里曾是一条美丽的不夜街，开始是点着灯笼或者乙炔灯，渐渐地拉起了电线，后来成立了夜店店主组合。从高处俯瞰浪速町，光波从3丁目到2丁目飘过来，汇织成绚丽的夜景。20世纪30年代初《关外漫游记》里这样描述天津街昔日的夜景："该处为大连最繁盛之区域，路灯密布，照耀如白昼，绝非沪上所能比拟也。"20世纪40年代，随着战争的扩大，夜店消失了，来这里逛街的人逐渐减少，慢慢地变得冷清起来。

友好路路口中国建设银行大连天津街支行位置便是以前的新华书店。最初，这里曾有铃木吴服店，楼上是日本人开的川畑紫光写真馆与早川齿科。今中国建设银行自助银行服务位置则是今中洋行旧址，它是卖衬领、发饰和口红等妇女小件用品的和风商店。店主人今中良氏曾是日本海军军乐队三等兵，也是出色的号手。因为附近有信浓町艺妓业管理所，而当时穿和服的日本人比穿洋服的多，所以这家店铺也很兴旺。1928年10月，因为浪速町的火灾，今中洋行被烧毁。但其依靠供货厂家的援助，仅用4个月就又重新开张。

今中洋行故址东侧赛隆眼镜广场位置曾有日本侵占时期的大阪屋号书店。1908年，日本人滨井松之助在此开设书店，同时又在常盘町（今青泥洼桥）开设分店，销售发行日文图书、报刊，并兼做印刷业务。1945年8月日本投降后，书店被大众书店接收。天津街改造以前，这里曾有天津街医药公司门市。

大阪屋号书店故址对面是山叶乐器店（山叶洋行分店）、甘栗太郎和鲇川洋行（纸店）。甘栗太郎的店主人姓北泽，在常盘町一带也开有分店。店内布置得像饮茶店，店门前还放着一个大炒锅，里面小石子和栗子混合炒着，店员亦不停地用铲子翻动着，不时地冒起白色烟雾。过路的游人一般都

天津街新华书店前身大阪屋号书店

会买一包刚炒好的糖炒栗子。在飘着雪花的冬夜，屋里围着通红的火炉，噼里啪啦剥着糖炒栗子的声音，让人感到久别的乡愁。

鲇川洋行在1945年11月时被大众书店接收。大众书店成立于1945年8月28日，是第一家由中国人开办在浪速町的商店。在苏军的支持下，其同时接收了大阪屋号书店、鲇川洋行和日清印刷厂。大阪屋号书店改为大众书店文具用品门市部，鲇川洋行改为大众书店书籍门市部，日清印刷厂改为大众印刷厂。

当时，卖书的服务员都佩戴着大众书店的证章。1946年2月，著名作家柳青来到大众书店工作，便被安排在书店门市二楼居住。柳青在大连工作期间不仅完成了《种谷记》，还于当年4月负责编辑出版了《毛泽东选集》5卷本。8月，他又策划出版了《毛泽东选集》精装本，红布面烫金字。精装本价钱比较高，一般干部都买不起。1947年4月柳青回延安时，除了为毛主席带去一支金笔和一块怀表之外，还特意为他带了4本精装“毛选”。为此，毛主席还专门给大众书店写了回信。大众书店出版的《毛泽东选集》仅晚于晋察冀日报社的初版本和1945年7月苏中出版社出版的《毛泽东选集》，是非常重要的“毛选”版本，如今已成为书友竞相追逐的收藏精品。

大连大众书店出版的《毛泽东选集》

天和玉正门位置是白木屋洋服店故址，在有大阪屋号书店的老照片上可以找到。它东侧靠近今新天百北楼位置是经营鞋和包的坂本商店。1946年10月15日，在坂本商店故址上创建光华书店。

天津街光华书店旧影（葛峰提供）

说起光华书店，还与《上下五千年》的作者之一林汉达颇有渊源。林汉达是中国民主促进会发起人之一。1946年6月23日，南京爆发了反内战大示威。中国民主促进会是反战团体，因而遭到迫害，国民党当局密令通缉林汉达。在中共地下党的安排下，林汉达带着大女儿林步雪于1946年8月31日夜间秘密乘帆船来到山东，临时停留在莱阳。随后，他们转赴刚刚解放的大连。1946年10月底，林汉达一行到达大连。当时，林汉达不仅担任光华书店的总编辑，还协助作家柳青在光华书店出版了他的第一部长篇小说《种谷记》。

1947年6月15日，大连的教育、艺术、新闻、出版等各界文化工作者集会，成立关东文化协会，并选出林涛为理事长，卢正义、江青风、李定坤、赵则诚、陈陇、罗丹、方冰、于乐、沈西牧、康敏庄为理事，李羲沐、邵士德、田风、柳青为候补理事。关东文化协会即今大连市文联的前身，林涛就是林汉达先生当年在大连使用的化名。也就是说，林汉达是大连市文联创始人之一。1947年秋，中共中央东北局考虑到林汉达的安全，派人将他护送到哈尔滨。

1949年4月1日，大众书店改名东北书店，7月1日改名新华书店。1949年8月15日，光华书店更名为三联书店大连分店。1951年8月15日改名为中国图书发行公司大连分公司。1952年7月，并入大连市新华书店。

后来，新华书店搬到了街口位置，而其旧址（即鲇川洋行）则改成外文书店。外文书店旁边就是拆掉的山水楼。我始终忘不了山水楼的包子，每次走过这里，便会停下脚步张望。日本侵占时期此处曾有山内履物店、奥田钟表店、夏川商店。履物店是卖下驮（木屐）和草履（草屐，草鞋）的地方，与鞋店不同。奥田钟表店与天津街同龄，主要经营各国钟表、贵金属和眼镜等。山水楼和天百旁边的这条胡同曾是著名的裁缝一条街。大连人喜欢穿，所以当年这里非常火。如今，尚有零星几个南方客在坚持，不过已见不到一家裁缝铺。

天百盛衰

当年大连商业界，天百的口碑要超过今天的大商。天百当时的经理叫李贵，“到天百购物，若满意请转告您的亲朋好友，若不满意请告诉经理李贵”在大连几乎是无人不知无人不晓。

日本侵占时期，天百北楼属浪速町3丁目，1905年10月建有浪速劝商场。1928年10月9日夜，突然发生火灾，将那里烧成一片废墟。当时，这块土地属日本广岛县议员岸田正记所有。获知发生火灾后，他立即赶到大连。岸田正记查看过灾情后，决定在旧址上重建一家大百货店。

返回日本后，岸田正记说服家族成员，筹集到300万日元。随后，他邀请著名设计师大森茂、朝比奈辰雄来帮助设计新百货店。建筑采用钢筋混凝土结构，于1932年9月开始建造，1933年9月30日竣工。岸田正记将新建成的商店命名为几久屋。同年10月，几久屋开业。当时，天津街多是二层为主的洋楼，壮丽华美的几久屋一枝独秀。

天津街更是风水宝地，洋楼林立有序，参差错落，远近有致，店面设计更别具匠心，各式各样的招牌，十分讲究。每当夜幕降临，霓虹闪烁，人流涌动，繁华热闹。借着“天时地利人和”，几久屋很快就发展起来。20世纪30年代中期，它与当时的三越洋行大连支店、辽东百货店并誉为大连三大百货店。1939年，几久屋全年营业额超过800万日元，风头压倒了辽东百货店与三越洋行大连支店，成为大连市百货业的龙头。但几久屋的好日子没过多久，便随着战争而衰落了。

1945年11月7日，大连市公安总局成立，筹建了没收敌伪财产委员会。没收敌伪财产委员会很快就展开工作，接收了几久屋。1945年年末，改名大连中华商场，以出租柜台的方式开始经营。1949年1月15日，更名为关东百货公司，成为东北地区第一家大型国营百货零售商店。1949年1月15日被视为天百的诞生日，据考证，它也是共产党领导下成立的第一家大型国营百货零售商店。

1952年，归属旅大百货公司，定名为旅大百货公司天津街门市部。1957年，长春电影制片厂还在这里取景，拍摄了一部反映营业员工作与生活的喜剧电影《寻爱记》。一部电影让天津街名扬天下，从此，往来游人路过大连，都要到这里走一走，逛一逛。就连沈从文、顾颉刚、黄炎培等名流在大连避暑时也多次来这里购物。

“文革”期间，旅大百货公司更名为工农兵商店。十一届三中全会后，改叫天津街百货大楼，“天百”一名由此诞生。

几久屋旧址是天百的北楼，它对面的李宁优惠工厂店位置是日本侵占时期卖和服的伊藤吴服店、卖陶瓷的岩仓洋行和经营洋货的野崎洋品店。与之相邻的新天百南楼是旧时的大连百货店。最初，这里是一家叫浪速馆的电影院。后来，浪速馆在日活的资助下，迁到磐城町。日本人三摩彦太郎便对原浪速馆进行改装，更名为大连百货店。这个百货店的经营方式比较超前，只要缴纳一定的保证金，就可以在百货店内设立自己的店铺，因此生意非常兴隆。其实，那就是今天的租赁经营。大连解放后，这里也被接收。后来，那一片都成了天百的南楼。

由于历史及地理原因，天百在东北及山东地区知名度颇高。它也是游客来大连的首选购物地。改革开放之后，作为沿海开放城市的大连成为外国人的旅游目的地。仅1981年和1982年，天百就接待了1450名外国游客。当时，外国人还在使用外汇券，天百收了约30000张。

从1981年开始，天百先后投资3500万元进行扩建，改善购物环境。1982年，天百大楼加建两层，经营面积扩增至1.09万平方米，再次易名叫大连百货大楼，不过老百姓仍然喜欢把它称为天百或天百大楼。1985年，天百南、北楼之间架设了跨街人行通道。从此，南北形成一体，不少年轻人流连在这里，眺望天津街的风景。

天百的建设与扩张始终没有停下来。1990年，又将妇女儿童用品商店兼并。至此，营业面积约1.5万平方米，经营商品达8万余种。1992年9月18日，天百经大连市人民政府股份制试点领导小组办公室批准为股份有限公司，易名大连百货大楼股份有限公司。1994年1月15日建店45周年之际，天百率先推出以“不满意就退换”为核心内容的“十五条龙”系列服务，并实现了1800天无一例社会投诉。

“十五条龙”一出世，便产生了强烈的反响，轰动了全市、全省乃至全国商界。由之带来的还有巨大的经济效益，1994年创利2397万元，比1993年的1360万元，多创利1037万元。不久，中央电视台、新华社、《人民日报》、《经济日报》先后报道。天百两度走进了当时非常火爆的《正大综艺》节目。中央电视台《经济半小时》栏目还专程来大连拍摄了上下集《“十五条龙”管理谋略》专题片。此后，天百成为全国百货业学习的榜样，就连位于北京王府井商业街的北京百货大楼和长春市百货大楼也仿制天百模式。天百大楼还为北京和长春的百货大楼培训了第一批员工。

1995年1月，按照市政府指示，大连百货大楼股份有限公司、大连贸易信托总公司、大连工业品贸易中心合并资产组成大连天百集团公司。1997年，大连百货大楼顺应民意更名为天百大楼。

天百大楼不愧是天津街的商业旗舰。1998年，天百集团总资产1.88亿元，年销售额5亿元，利税4000万元。那一年，岸田正次郎的后人曾悄悄回访儿时旧园。据传，他对天百赞叹不已。1999年1月15日是天百大楼50周年店庆，再度引发了大连人的购物狂潮，创造了万平方米商场日销售额1617万元的全国商业零售纪录。

2001年年底，天津街进行历史上最大规模的改造，从此人气大损，受之影响，天百大楼开始走下坡路。2006年1月15日，天百57周年店庆活动中打出了“即将告别国有体制·五十七年感恩绝唱”的悲壮条幅。7月18日，天百正式落幕。8月，天百北楼被5名温州商人合资5500万元买下。9月，大连新天百有限公司正式在大连市工商局注册。11月，5名温州商人又与市有关部门协商租赁了天百南楼。2011年2月21日，那5名温州商人再度以6310万元的价格购得天百南楼股权。

那些曾经风靡一时的商号

上海路至民生街间天津街段在日本侵占时期被称作浪速町2丁目。原天植商城西入口位置便是当年的天津街派出所。日本侵占时期这里是浪速町官吏派出所，中国人习惯称之为小衙门。过去，其旁边依次有经营五金的福田金物店、宫崎贵金属店，经营薄脆饼、小豆汤等的饭店大森屋，经营食品批发的大谷商店和东方地下餐厅等。

王麻子锅贴

原天津街古玩商场位置有昔日王麻子锅贴（原天津街133号，后为马家饺子馆）旧址。大连饮食源自胶东，以福山菜系为主，王麻子锅贴也传自福山。1941年，福山人王树茂跨海来到大连，以售卖胶东锅贴为生。刚开始因为缺少本钱，便像今日在大街上散卖的煎饼果子那样，用手推车装上炉灶、原料、佐料、碗筷等走街串巷，到处叫卖。所谓入乡随俗，胶东锅贴在传统的基础上恰当地结合了大连的习俗和口味，因此便有了名气，颇受欢迎。因为，他脸上长有浅白麻子，故其制作的锅贴被称为王麻子锅贴。1942年，王树茂用辛苦赚来的钱购置门头房，正式创办王麻子锅贴铺。王麻子锅贴最火时曾在大连各大繁华地段都有店铺，记忆中最大的便是友好广场的王麻子粥城。

人民浴池

王麻子锅贴附近有一家人民浴池，即原天津街古玩城临民生街的地方。人民浴池也是大连最早的澡堂子，19世纪末，由大商人于振臣建造，当时叫双泉堂。1938年，大连八大富商之许亿年将其买下，修建后改名万泉堂。大连解放后，万泉堂收为国有，开始为人民服务，便易名为人民浴池。60年后，随着天津街改造的推进，人民浴池慢慢地消失在人民的视野中。

パイジス商会

天植商城南面临街处原有卖烟的泰东洋行和パイジス商会。パイジス商会就位于天津街和上海路对角处，洋楼造型独特，有一个尖头屋顶。这家店铺专门卖外国香烟和洋酒，店主是犹太人，而夫人却是日本人。店主常常为了购买商品出外奔波，很少在店里露面。因为大连港是自由港，所以很多香烟和洋酒的价钱比日本国内便宜一半还多。店中的橱窗里总是摆着一排排稀奇的香烟和甚至可以当摆设用的各种瓶装洋酒。

浪华洋行

在パイジス商会东面有卖麻将牌的店铺（中国人开办）、福田玻璃店和梅本鞋店，再往前走便是7号海鲜烧烤天津街店，那里是浪华洋行和近江洋行的故址。浪华洋行原是家洋品杂货店——石垣商店，后与浪速町2丁目的表店平田洋行合并。日本侵占时期，平田洋行和近江洋行是浪速町上平分秋色的钟表店。店主人叫平田包定，他于1913年创办了这家钟表店。

平田包定非常锐进，眼光也比较独到。1932年1月，平田洋行与石垣商店合并，改组为时尚的高级洋品店——株式会社浪华洋行。民间习惯把这里称作浪华洋行，其店经理是一个姓赤松的日本人。当时，大连虽有三大百货商店，但浪华洋行无论在哪方面都不差，有一种独特的氛围，市民只要一提起浪华洋行，谁都知道那里高档的洋品杂货最齐全。

新华公司

大连解放后，浪华洋行作为敌产被人民政府接收。1945年年末，新华公司成立，谢谦担任经理，办公地址就设在浪华洋行的三楼，下辖有中华商场（今天百）、久大贸易公司、新华商店等。新华商店就在浪华洋行的一楼，二楼是舞厅，作为全市商人聚会的场所。浪华洋行的南侧还开了一家大华饭店，作为当时地委、总局招待客人的地方。特殊年代，这里还有警察站岗。

1946年夏，萧劲光两次来大连，都在新华公司办公。关向应病逝后所用丧事用品，也是由新华公司筹办的。红色年代，这里扮演了重要的角色。随着和平的来临，新华公司于1949年改名为关东百货公司。1951年，又改作大连百货采购供应站。1956年，在此创建大连文化用品商店。斗转星移，逝者如斯，随着历史的前进，经济的发展，1983年时此处又改作了振华服装公司，大连人喜欢称其为振华商场。

近江洋行

近江洋行旧址在浪华洋行旁边，与民生街相接，主要经营各种表和贵金属。其创始人叫河合义雄，日俄战争后，他在营口创办了钟表店近江洋行，颇受居民和旅行客人的欢迎。因为营口港是当时东北地区第一大港，所以机会很多，无论是欧美人还是日本人都愿到那里发展。后来，河合义雄预见到大连的发展趋势，便决定把店铺移到大连，并在浪速町2丁目落了脚。近江洋行开张时，周围什么都没有，只有他一家店铺。过了5年，浪速町开始成形发展，近江洋行也因此发了大财。

河合义雄的儿子河合义太郎在大连长大，是大广场小学校（今大连市第十六中学）和大连商业学校（今大连市第三十六中学）的毕业生。因为自小受到熏陶，他也从事商业，并继承了近江洋行。回日本时，河合义太郎一无所有，只带回近江洋行的经商理念，并在东京重新挂起了近江洋行的招牌。

苏扬饭店

1963年，这里还开有一家老字号饭店苏扬饭店。每一个人都清楚，天津街的繁华是积累的结果，离不开老字号，而这些老字号也实在经不起折腾。2000年后，苏扬饭店消失在大连人的视野中。许多老大连人都不会忘记那美

昔日的天津街上店铺林立

味的“大烤”和“溜鱼片”。

共和楼

民生街至修竹街间天津街段在日本侵占时期被称作浪速町1丁目。在老大连人眼中，过了民生街，一般都称作修竹或修竹街。然而，天津街也并非仅到这里，而是向前穿过世纪街、明泽街一直蜿蜒到长江路上。

安乐街在日本侵占时期叫淡路町，其附近天天渔港位置是原大东药局故址。傅家庄位置是东亚大旅社旧址所在，日本料理位置是当年经营海运的永源公司。天天渔港对面有西川活版所，中山园炖品店东侧有老饭店共和楼故址。就像大连文化源自齐鲁一样，大连老菜也传承自鲁菜。鲁菜又称山东菜，居我国四大菜系之首，分为胶东和济南两帮，大连老菜源于胶东帮。胶东帮起源于福山、烟台、青岛等沿海地区，以烹饪海鲜见长，东北四大名厨之一于国桢便来自福山。1930年，他是共和楼的厨师。于国桢固守着齐鲁文化精神，将“用心做人，凭心做菜”作为自己的座右铭，并以此来教育弟子。大连解放后，他多次荣获省市劳模。

加藤洋行

天津街57号是加藤洋行旧址，也称加藤大厦，开始是建作银行。“九一八事变”后成为杂居的公寓，其中便有南满矿业。1933年，高冈公务所便设于此。高冈公务所的经营者叫高冈又一郎，1911年进入加藤洋行，1919年改为加藤洋行工事部，设立高冈工事部。现在是大连港职工住宅，原本只有三层，1974年时又加盖了一层，用肉眼便能分辨出来。虽然经过改动，雕栏楼阁仍尽显欧陆风情，明净处还悬着“中山律师所”的牌匾，与法院遥相呼应。一楼还有印刷门市和小食杂店等，俨然市井情趣。

天津街51号是以经营机械为主的西川商店故址，这座房子始建于1924年。1985年7月，这里为大连首家合资饭店——樱花料理店。2003年前后这里成为海运集团公司国际船务代理公司办公楼。后又作为中山区人民路社区办公地。2016年这里重新装修，开了一家饭店——海鲜素诱。

越过世纪街便可看到刚刚迁来的中山分局，正与人民路诊所斜对。日本侵占时期此处位置有两家医院，分别是光畑医院和今井小儿科，在其东面还有高山运送洋行。时代广场大厦西侧曾是经营建筑材料的荣昌公司，东侧是松浦汽船。这里也是天津街，按照常理，这里是天津街的起点。

飘逝岁月

南山路

以“南山”命名的大连老街有两条，南山路便是其中之一。南山路西起解放路，东至风景街，日本侵占时期属壹岐町、柳町、弥生町一带。南山路1910年建成，1946年改名为一品街，1949年改为现名。

今日南山路

南山路口万宝海鲜坊南侧，日本侵占时期曾有两座小型医院：今井内科和桥夫小儿科，它们斜对过是当时的第一药房。南山路41号处原有日本寿司店和茶店，如今已是平民宅院。南山路59号位置附近是光文图书店，其斜对面是中国人开的饭店天成楼。现今天成楼处却是家洋餐厅连锁店德克士。南山路65号附近曾是石井家畜医院（即兽医院），南山路79号附近有木村面包店。如今，这些早已灰飞烟灭，看不到一丝踪影。正所谓“三十年河东，三十年河西”。

南山旧影

大连直辖市市长欧阳钦居所

欧阳钦旧居

金城街旁南山路106号是座二层日式小楼，错落之间，方正中和，朴实厚重。它对面便是大连市政协会馆，日本侵占时期是关东州厅税关长官官邸。细究起来，这里还是大连直辖市首任市长欧阳钦的居所。

欧阳钦1924年入党，曾在苏联军事训练班学习。回国后，他加入叶挺独立团，参加北伐战争。抗战胜利后，欧阳钦调到大连工作，先后担任中共旅大地委书记、旅大区委书记、旅大市委书记和大连市市长。

大连自古处于东亚战略要冲，是兵家必争之地，不但城市建设起点高，而且城市地位显赫，历来受到重视。1949年前，中国有12个中央直辖市，大连（1945年）便是其中之一。新中国成立后，旅大行署区于1950年10月5日改为东北大行政区代管的旅大直辖市。1953年3月至1954年7月，大连升格为中央直辖市。欧阳钦便是大连历史上唯一一任名副其实的直辖市市长。

欧阳钦在连期间，大连解放前曾主办过民主政权第一次工业展览会。他敢作敢为，廉洁公正，深得大连地区干部群众爱戴和尊敬。离开大连后，欧阳钦升任黑龙江省委第一书记，曾主持过大庆油田的创建与开发，并亲自为大庆油田命名。

记忆中的南山旧居

欧阳钦旧居旁核电大厦位置是日本侵占时期的公务员官舍故址。离它不远的南山路108号周边位置是旧时大连神明高等女子学校（正门在解放街上）故址。那是一所官立日本人四年制中学，创建于1914年3月，大连解放后，此处曾被用作大连市委。南山路112号曾是实业学校，设立于1920年3

月，始称大连市立商工学校，1932年4月，改名为大连市立实业学校。隔着统一街旁的洋房便是当时的市营住宅。

大连神明高等女子学校旧影

南山路187号被涂刷成粉色，此处是日本侵占时期售卖杂货的中乐商店。与之相邻镶嵌着粉色墙砖的四层小洋楼，便是德国领事馆旧址，原是柳町75号，今日是南山路191号。德国领事馆设立于1926年3月，原在枫林街30号，后迁到这里。洋楼的门开在侧面，漂亮的雨棚极富有浪漫情调。

南山历来是大连文人骚客汇聚之地，画家谢廷麒的旧居便在南山路上。据《东北人物志》记载："谢廷麒字泗泉，陕西省宁羌县人，年五十六岁，前任四川盐运使，大连寿民药房主人，住大连市柳町四七。"1925年，谢廷麒寄居大连，以书画自娱。虽然远在大连，声名依然不减，北京上海往来求医求画者络绎不绝。谢廷麒不仅书画称绝，而且精于诗词。"联吟携酒曾相约，星浦月明潮上时"写的便是清秀峻美的星海公园。20世纪40年代，谢廷麒离开大连，移居天津，遂不知其所终。柳町47番地大致位置在儿童公园南门附近。

德国领事馆旧址

这一带被开发，建造了一批像日本风情街一样的新洋楼，广告语也颇能打动人心：南山1910，飘逝岁月，重现眼前。

儿童公园旧事

德国领事馆旁便是儿童公园。1909年，这里还是一个用于排洪贮水的缓冲池，叫镜个池。1936年，围着镜个池建成公园，取名镜个池儿童游园。此处浪漫幽静，实乃闹市中的桃源之地。

大连解放后，镜个池改名为明泽池。1951年，大连港务局将这里重新修缮改造，更名为海港公园。1953年，大连港务局将该园移交给大连市政府管理，再次改名叫明泽公园。

1972年4月，明泽公园易名为儿童公园。虽然名曰儿童公园，但这个公园的定位却并不是儿童的乐园。20世纪90年代初，交际舞风靡全国，儿童公园的晚间也成了成年人学习交际舞的天堂。也许随着城市开发，玩的地方越来越少，如今每年冬天，明泽湖上竟成了大连市民和顽童滑冰游玩的好去处。

20世纪80年代初，电影《东方剑》曾在南山路及儿童公园一带拍摄过外景。2003年，儿童公园再次翻新，景色愈加秀丽，又得到许多影视剧组的青睐。电视剧《更年期的幸福生活》就是在美丽的儿童公园开机拍摄的。

明泽湖

哈尔滨街88号与曹正礼

南山路北还掩藏着一条短巷——建平巷。这里已然难见老屋，西侧便是早已拆掉的小坂产妇人院。东侧沿路便是被拆掉的原桂林社区卫生服务中心，曾是苏联塔斯社大连分社。楼的南侧哈尔滨街88号便是大连实业家、晋商曹正礼旧居。

曹正礼出生在山西省交城县，不到3岁便随家人来大连谋生。1905年，年满15岁的曹正礼经人介绍在井上商店做学徒。那是一家专门经营肉类买卖的商店。1913年，曹正礼独立创业，在大龙街创办了万和号，即万和洋行。

万和洋行采购的活牲畜，开始是依靠人力赶运，不仅费时，运费也很高。曹正礼凭着与满铁业务上的往来关系，达成了用火车托运活牲畜的协议。万和洋行的生意因此越做越大，便进一步招聘人才、添置设备、改进技术、增加肉食品的加工品种，一跃成为同行业之首。

曹正礼旧居

1945年，苏军解放旅大，曹正礼承担了供应苏联驻军肉食的业务，并将亚细亚餐馆（原新亚酒店）作为苏军驻连军官食堂。

1948年，曹家将青林街上的曹公馆捐给政府，迁至哈尔滨街88号居住。1949年年末，大连市人民政府发行生产建设公债，曹正礼嘱其长子曹长福将资金550万元（关东币）购买公债，成为大连工商界购买数额之首。后来，他还将南关岭两眼井乡果树6000余株和金县登沙河、满家滩的土地、房产、山冈以及碇子山养牛用的房屋100余间全部捐献给国家。1951年3月，曹正礼因患病去世。

犹太居所

七七街

浓荫密布的七七街

电影《惊喜人生》曾在七七街拍摄过外景。七七街是百年老街，从它的名字便可以看到历史的痕迹。今日之七七街西起解放路，东至中南路。在1901年市政规划图上，七七街以南山小广场为界分别被称作亚林斯卡亚街和布拉格乌耶西琴斯卡亚街（当时七七街西至友好路，东到朝阳街）。七七街始建于1906年，1913年建成。

日本侵占时期，七七街路口中国联通大厦南侧位置是黑白吴服店，相隔不远的秋业电子工程（昆明街169号）位置有写真馆，写真馆便是旧时的照相馆。金鼎公寓位置则是昔日之关东州厅公务员官舍。红叶广场旁集品堂（原川王府）位置大致是那时的大连俱乐部旧址，建于1924年，是座长方形状的二层洋楼，乃日本人唱歌跳舞游乐之所。大连解放后改为招待所，20世纪80年代这里是大连市委书记处。

奥地利领事馆与河本大作旧居

七七街37号附近曾有关东州厅副税关长官官邸。力士门对面早已拆掉，不过还零散着几间老屋。云山巷1号和2号，据说是昔日加拿大、美国领事馆官员住宅。与之相邻的七七街60—62号坊间传说是奥地利领事馆（今七七

传说中的河本大作旧居

会所对面位置）故址。这建筑共有6户人家，都是当年团市委分的房子，住的都是“文革”前13级以上的干部。如今，院子里散落着很多破碎的瓦片，还透着当年的绿色，隐约能看到历史的气息。人说“红瓦青岛，绿瓦大连”，这不是虚言，只可惜“红瓦青岛”还在，“绿瓦大连”逐渐被遗忘了。

日本侵占时期，友好路至南山街段的七七街称作加茂川町，南山街以东七七街一带称作樱町，而南山小广场也有一个美丽的名字，叫作樱町广场。穿过南山小广场，七七街45号处可见“雪园”字样，这里原是日本殖民政府的特务机关。它对面是七七街70号中山区第一幼儿园，里面依稀儿语嘤嘤，喧闹亦恬静。笔者据《洋槐树下的大连》考证，这里是清冈卓行岳父泽田平次的旧居，清冈卓行就是在这座房子里与他的妻子泽田真知第一次认识。这座房子背后曾有河本大作1938年以前居住的房子，不知何时已被拆掉。

河本大作出身于日本贵族家庭，参加过日俄战争和武装干涉苏联十月革命等军事活动，1926年至1929年是关东军高级参谋。1927年6月，日本首相兼外务大臣田中义一召开“东方会议”，河本大作作为关东军司令官武藤信义的随员列席会议，提出“使满洲脱离中国本土，置于日本势力之下”的侵略主张。他狂妄地说：“我认为，只要打倒张作霖一个人，所谓奉天派的诸将，便会四散。除此之外，没有解决满洲问题的第二条路。”

1928年6月，张作霖在皇姑屯被阴谋炸死，引起世界各国的不满。日本军政内部很多人认为河本大作等人的做法过于露骨。1929年5月，河本大作被日军大本营免去关东军高级参谋职务，并内定永久不能晋升军级。他便在大连做起了寓公。

七七街与犹太人

1946年，加茂川町改叫三民街，樱町则以博古的名字命名，称作邦宪街。1949年，合二为一统称为七七街。“文革”时期，这条老街又以解放军英雄人物王杰的名字命名，改称王杰路。最终，还是改回了七七街的名谓。

七七街66号南山公馆那里曾有满铁理事村上义一的旧居。七七街78号是南山最大的一座洋楼，被称为杨公馆。经笔者考证，这里是金城银行大连分行经理杨济成的旧居。

笔者据《黄炎培日记》考证，七七街82号（旧樱町76番地）是周善培旧居。周善培是当时的名流，被誉为中国警政的先驱，是清末最早剪掉辫子的地方官员，解放初任民生集团董事长。1931年3月21日，黄炎培曾来这里拜访寓居的周善培，两个人彻夜长谈。

七七街的老房子，昔日的杨公馆（刘桐博/摄）

七七街90号是一处鲜为人知的犹太人旧居，这里曾经居住着两家苏联籍犹太人，亚力克山大·伊库茨特·多姆布洛乌斯基家和雅科夫·以色列维奇·比尔布莱耶尔家。多姆布洛乌斯基1926年来大连，当时他与妻子、母亲及三个姐姐同住。比尔布莱耶尔当时与四个女儿住在大连，他在大连和哈尔滨开有运输公司。

大连犹太人的史料极少，最珍贵的当属《在连白系俄罗斯人概况（含犹太人）》[1]。该编汇第103—116页为大连犹太人协会一章，分为概况和大连协会两部分，大连协会又分为四节：设立的动机、沿革及活动状况、维持方法、组织；另有27页犹太人协会加入者名簿，按各户开列了259个犹太人的住址、职业、家庭关系、姓名、出生及至大连的年月日。犹太人定居大连后，大多经商办实业，主要从事皮毛、西药、食品、餐饮、宾馆、运输、化工等行业，不少公司商号是欧美及上海、香港、哈尔滨犹太公司的分支机

[1] 1940年10月，关东州厅外事警察课编汇。

构或代理商。后面还附有男女人数及国籍情况表，其中无国籍者143人、苏联64人、立陶宛20人、波兰12人、德国5人、捷克3人、匈牙利3人、拉脱维亚3人、美国2人、瑞士2人。因为这一名簿统计里没有记录英国犹太人和法国犹太人，而且该名簿只是入会者的人数，所以在大连的犹太人应该远远多于257个。以257个作为考量依据，大连是解放前仅次于上海、哈尔滨、天津的中国第四大犹太人居住地。

1929年12月8日，大连犹太人成立了社团组织大连犹太人会，最初会址设在山县通181番地（今香格里拉酒店位置），1935年8月迁到纪伊町32番地，即今大连世界金融中心东北角的位置。

日本侵占时期，侨居大连的犹太人的主要聚集区是南山。“南山1910”七七街60号西侧，曾经居住大连犹太人协会会长埃菲姆·利乌奥维奇·考涅尔（E.L.考涅尔），他是无国籍犹太人，1919年从西伯利亚逃到中国，1920年与长子巴维尔来大连，在大连、哈尔滨经营皮毛商店。所以，这里是大连犹太商人的聚集地。这里还住着约瑟夫·谢洛维奇·谢菲尔，他是立陶宛人，1933年与妻子来大连，是1940年10月名册中唯一的犹太教僧侣。来自波兰的犹太人扬格尔·摩西维奇·别尔拉亚伯姆罕也居住在这里，1938年他与妻子及两个女儿来大连。

1945年4月5日，苏联宣布《苏日中立条约》失效，大连的俄籍犹太人丧失了中立国侨民的礼遇。大连解放后，在大连的犹太人除少部分返回苏联外，大多数去了西方国家。

过客匆匆

枫林街

日本风情街

南平巷九号

枫林街老房子

枫林街即今日的日本风情街，始建于1905年，初名枫町，西起山林街，东至望海街。1946年，改名为枫林街。

枫林街口前行不到10米，便有条小巷南平巷通往七七街上。小巷里仅有南平巷九号（樱町113番地）尚存一袭绿瓦，让人可以联想起老大连风貌。这里也是一处鲜为人知的犹太人旧居，曾经住着立陶宛犹太人阿别克·摩西洛维奇·希埃尔德夫罗兰斯。他1932年来的大连，当时与他的侄子同住，在大连及哈尔滨开办运输公司。

前行不远便可见枫林街30号，日本侵占时期德国领事馆旧址。该馆1926年3月设立，1930年前后迁至南山路191号。之后归犹太人所有，开设了欧洲旅馆，因为地处南山，日本人称之为南山旅馆。旅馆老板是无国籍犹太人塔维托·伊萨克维奇·佛克斯曼，他与妻子及两个女儿同住。当时，这座旅馆居住着一批从事房产业、经营理发店、石油公司的掮客（中间人）及其他各种职业的各色犹太人。可以这样说，这里是大连最大的犹太人居所。大连解放后，此处被接收。20世纪70年代至90年代是大连理工大学的教工宿舍，最多时曾住有包括林皋院士在内的18户高级知识分子。2000年建设日本风情街，改为凡尔赛会所。2014年，改为大连市文博艺术馆。

孟天成旧居

枫林街36号是一座方方正正、素雅平淡的和式洋楼。院落一圈漆着绿漆铁栅栏，锈迹斑驳，还有一棵挣扎弯曲的老树，粗壮的断枝处冒出一簇簇长着绿叶的新枝，遮挡在老屋的窗前。此处是沈阳军区大连房管局第十干休所用房，也是爱国医生孟天成的旧居。

孟天成是台湾人，1911年来到大连，任职于满铁大连医院。1917年，他在宏济街创建博爱医院（今大连市第二人民医院前身）。因为孟天成医术高超，且秉承古训医德，待人宽厚，经常免费为穷苦百姓手术和治疗，所以大连街上的老百姓偶有疾病，皆愿到博爱医院就诊。老大连人还口口相传一句“有病到博爱”。

1932年，孟天成在奥町即今日之民生街创建了分院；10年之后，他的事业又扩展到甘井子。1943年，日本还欲沿袭他们在台湾的做法，让孟天成改姓。作为大连人，应该世代记住他的回答：“我骨子里流的是中国人的血！”

据1939年最高收入者调查，大连八大富商排行榜第三位的许亿年的年收入为20万日元，孟天成虽然不在富豪榜内，年收入却高达18万日元。大连解

冷清的枫林街冬日（李向明/摄）

放后，孟天成在《人民呼声报》声明，将其医院全部房地产、仪器、药品、资料和技术，自愿无偿献给大连公安总局和大连人民，仅留下了一座自己居用的二层小楼。这座小楼便是如今尚存的枫林街36号。

此后，孟天成并没有离开自己创建的医院。1946年6月，博爱医院改名为大连市公安总局医院，由他担任院长。后来，这里改名为中国人民解放军第二一〇医院，还是由他担任院长。

孟天成早年相当坎坷，11岁便失去了父亲，与妹妹孟涛相依为命。他发达之后，便将妹妹孟涛从台湾接来大连。1946年至1949年，孟涛一家接连遭遇不幸，丈夫子媳相继去世，留下众多孤儿。孟天成便将孟涛一家五口接到家中。如今这些儿孙在舅爷的教育下，早已长成栋梁之材。走过老屋，难寻室内之人，仅可见墙上悬挂着铜质的“大连重点保护建筑”的牌匾。

钱令希旧居

枫林街40号（旧枫町82番地）是一座四层公寓式小楼。小楼以砖为主要材料，给人一种沧桑的感觉，古典风情欧式楼梯亦让人感到历史的凝重。这里曾经居住着拉脱维亚犹太人扎姆埃克·卡甘赞斯，他1934年与妻子、长子来大连，经营吴服店。大连解放后，枫林街40号曾是大连理工大学钱令希院

钱令希旧居

士和林安西的旧居，钱令希曾住在这里的二楼。

1952年1月，钱令希受大连工学院院长屈伯川邀请，来大连工学院任教。1954年，他曾担任武汉长江大桥工程顾问，并参加了1958年南京长江大桥规划工作。他还参加过1959年长江三峡水利枢纽的规划会议。20世纪60年代，为制订我国潜艇结构的强度计算规则，钱令希曾承担了锥柱结合壳在静水压力下的稳定分析的任务。

1974年11月，大连工学院承担我国第一个现代化油港——大连新港主体工程的设计任务。钱令希提出“百米跨度空腹桁架全焊接钢栈桥”方案，负责领导海上栈桥的设计和建造。1978年，该项目荣获两项国家级大奖：中国科学大会奖和70年代优秀设计奖。

钱令希还是我国计算结构力学的开拓者。钱学森曾说：“钱令希教授紧跟时代的步伐，及时更新知识，走到了前面。我表示十分钦佩。”2009年4月20日，钱令希在大连逝世，享年93岁。不过大家依然记着他，很多路过这条老街的人们都来拜望这座普通的老楼。

茅盾与大连

南山宾馆区域曾是大连最好的高级住宅区——共荣住宅，即现在的富丽华南山花园酒店一带。1922年，日本国内实施的住宅组合法适用于关东州。大连共荣组合便从关东州厅租借来南山麓（今风景街一带）2万多坪（1坪≈3.3 平方米）土地，建设了135户住宅。住宅按照面积分为A、B、C三种。这三种住宅仅在居室面积的大小、有无女佣专用房间上有区别，而浴室、厨房、厕所、取暖设备等都设置得一样。在建筑布局上，沿横贯住宅区东西的道路，六七座建筑排成一行，每座建筑的南面都设有庭院。这些建筑的设计多是出自横井谦介等名师之手，即使与英、法等国在上海、天津等地的建筑相比也毫不逊色。

大连解放后，今南山花园酒店位置曾是南山专家招待所，住的多是苏联专家。后来，此处被称作枫林街招待所、南山宾馆。我国文学家茅盾曾两次住到这里。1961年7月25日，时任文化部部长的茅盾乘火车来到大连，在此住了一个多月的时光。时隔一年以后，茅盾又来大连，再次住到枫林街招待所。他这次来是为了参加中国作协主持的农村题材短篇小说创作座谈会，与会的还有周扬、邵荃麟、赵树理、周立波等人。韦韬和陈小曼在《父亲茅盾的晚年》中回忆了当时的细节："作协正要开一个农村题材的创作座谈会，邵荃麟、郭小川来请爸爸参加，听说爸爸要去大连，就决定会议在大连召开。我们于七月三十一日乘船到达大连，住在枫林街的市委招待所。八月一日参加了建军节的庆祝活动，八月二日起，爸爸就天天参加会议，十六日会议结束，十七日我们就启程回北京了。所以，爸爸虽说是去大连休养，其实比在北京还忙。我们只去过一次海滨浴场，因为招待所离浴场甚远；平时我们就带着孩子在附近的鲁迅公园中消磨时光。"

毛岸青与南山宾馆

1959年秋，这里还住进了一位尊贵的客人，他便是毛主席的次子毛岸青。当时，毛岸青正从苏联返回国内，便被秘密地安排到大连疗养。毛岸青很少笑，也不和别人搭腔，但他有时会与小孩游戏逗弄，从不发脾气。

孔从洲中将是孔子七十五代孙，1955年获一级解放勋章。他与毛主席是亲家，他的儿子孔令华娶了李敏为妻。1960年，孔从洲带着家人来大连静养，就住在南山宾馆。说来很巧，毛岸青也住在这里。当时，招待所就住着他们两家，每次到餐厅吃饭都在一起。毛岸青时常到孔家住处与李敏交谈。苏联卫国战争时期，贺子珍带着毛岸青和李敏在那里度过了一段艰苦的岁月，所以兄妹俩的感情很深。兄妹俩用俄语交流，孔家人谁都听不懂。孔家对毛岸青印象非常深刻，觉得他谦和有礼。

毛岸青住进南山宾馆时已是36岁，正值而立之年。没人会想到他的姻缘也是在大连玉成。1960年1月，毛主席的亲家母张文秋来大连疗养，正在北大读书的女儿邵华恰逢寒假，便相陪而来。她们一起到南山宾馆看望毛岸青。未曾想，毛岸青和邵华两人竟相互钟情，此后书信不断，感情渐深。

1960年4月，毛岸青与邵华在大连宾馆客厅举行了结婚典礼，婚礼由当时的中共大连市委第一书记郭述申主持。婚礼结束后，毛岸青与邵华被安排到南山宾馆51号小楼里。两个人在这座普通的二层小楼里生活近一年时光。多年后，他们还曾带着孩子回访过大连。

毛岸青曾来过大连三次，第二次是1964年，夫妻二人住在八七疗养院23

号楼。第三次是1979年，这次带着正处在调皮年龄的毛新宇，一家人住在棒棰岛。

枫林街56号

如今，南山宾馆仅留下了具有西班牙风情的南苑。这座现代主义风格的洋楼建于1938年，宏大的欧式屋顶，鲜明的红瓦砖墙，条理分明的大开窗，侧面还有高高的烟囱矗立，让人流连不已。南苑是枫林街56号，此处是河本大作在大连的第二处旧居。

1935年，河本大作在关东军的支持下，兼任满炭[1]理事长。他扩大满炭经营范围，疯狂掠夺我国东北煤矿资源。履职期间，河本大作大量任用亲信嫡系，如他的亲戚山下太郎、桥元文吉就承包了满炭职工住宅修建工程，他们因此成为腰缠万贯的富翁。为了报答河本大作，山下太郎、桥元文吉出巨资在大连为河本大作修建了欧式豪宅。河本大作的妻女一直住在那里。1945年8月，日本战败投降，她们被遣返回日本。但河本大作并没有回日本，而是留在山西，帮助阎锡山打内战。1949年4月，太原解放后，河本大作被捕。1979年，此处改建为南山宾馆，保留了河本大作旧居（称作南山宾馆7号楼）。20世纪90年代，日本驻沈阳总领事馆常驻大连办事处在此办公。之后作为高档餐馆。2004年，列为大连市第二批重点保护建筑。

[1] 1934年5月，日伪当局成立管理经营东北煤矿的机构满洲炭矿株式会社，简称“满炭”。

风云变幻

南山街

孙传芳旧居

南山街北起柳林街，南至明泽街，日本侵占时期属柳町、樱町、枫町、榊町一带，是条以南山命名的百年老街。南山街1号早已被改作大板楼，板楼间夹杂的小洋楼，依然保存着历史的烙印。南山街6号现居住着平民人家，据主人讲，此处原是日本某商社高管府宅，其孙辈之人曾经到此探望过。

南山街35号是张本政的弟弟张本财的旧居，过去被称为张公馆。与它相对的南山街10号是共青团大连市委。洋楼门口竖立着高大的爱奥尼柱式门柱，庄重而肃穆，绿瓦黄墙显得层次分明，庭院深处一片幽静与恬意。20世纪80年代，楼上曾是市文联和《海燕》编辑部，楼下则是团市委。追溯过往，这里还是北洋24位上将军之一“恪威上将军”孙传芳的旧居。

孙传芳是山东省泰安人，曾经留学日本，是典型的学院派军人。1925年，他被北洋政府授勋“恪威上将军”。孙传芳曾经成立浙、闽、苏、皖、赣五省联军，并自任总司令。北伐战争开始后，孙传芳无法抵挡，只好狼狈地逃到大连寓居。昔日，他在大连置有两处住宅，一处位于南山街上，由二夫人周佩馨居住，还有一处传说是在桃源台（今桃源街一带），归属大夫人张贵馨名下。

孙传芳一直住在南山街。大连虽处北方，却非苦寒之地，夏季凉爽，海鲜肥美，实在是安享天年之地。但是人的欲望总是如影随形，无法割舍。不久，他果然盼来了希望。张学良派人到大连请他出山。这时张作霖刚被日本人谋害，张学良接任东三省保安总司令。张学良不但给孙传芳安排了一个“孙联帅办公室”，还给他加了一个“东三省军务总指挥”的头衔。孙传芳到达沈阳以后，备受张学良礼遇。不过大家各有各的算盘，孙传芳不甘心寄人篱下，张学良也不会轻易放养一只老虎。1929年1月10日，张学良设计在督署老虎厅内将杨宇霆、常荫槐处死，孙传芳惊恐万分逃回了大连。

过了不久，孙传芳府上又来了阎锡山的特使。当时，阎锡山、冯玉祥、李宗仁等不满蒋介石以裁军为名排除异己的行为，便联合到一起成立反蒋联盟，阎锡山被推选为中华民国陆海军总司令。阎锡山与孙传芳是日本陆军士官学校同学，蒋介石军队中有不少是孙传芳的老部下，他便想利用孙传芳的影响来策动这些摇摆不定的墙头草。

孙传芳带着心腹坐上火车，匆匆赶往石家庄。未曾想，1930年9月18日，张学良通电拥蒋。孙传芳不但没召回旧部，联军也很快溃败，他的复兴之梦再次破灭。

过了不多久，阎锡山也跑到大连和他做伴。待到1932年春天，孙传芳带着全家离开大连，移居天津。1940年5月，这座洋楼被日本人作为陆军奉天特务机关大连出张所。

南山街老房子

南山街18号关东州厅税务署署长官邸

南山街47号

南山街18号是座国际风格洋楼，一个梯形与一个圆形错落有致。或许圆形代表着过去，梯形代表着未来，现代和怀旧完美地结合。此处是关东州厅税务署署长官邸旧址，如今是军产用地。

南山街47号是座半圆形的公寓式洋楼，位于望海街、南山街交叉路口。考虑到车马的方便，房子便随着街道的变化成弧形，这种人性的理念是值得思考和借鉴的。南山街51号是老街的终点，里面都住满了外来客，他们享受着往昔只有贵族才可以享用的洋楼。

一树乡愁

朝阳街

朝阳街位于大连东部，是三八广场放射状道路之一，1909年始建，当时叫朝日町，大连解放后改为朝阳街。

三八广场

朝阳街上最值得一提的当是三八广场。

日本侵占大连后，沿袭俄国人的城市规划，于1914年大致完成东部市街建设，设置了8个具有代表性的圆形广场，三八广场是其中之一。俄国人曾在此规划博物馆广场，日本侵略者后来在此建了宣扬侵略战功的表忠碑，故称为表忠碑广场。1925年因开通有轨电车，表忠碑迁至中央公园（今劳动公园）。翌年，广场改名朝日广场。1946年6月1日，朝日广场改名朱德广场。后周恩来到大连视察时，提出毛泽东、朱德等领导人名字不宜用于城市道路，又为了纪念三八国际妇女节，广场因而改叫三八广场。

表忠碑旧照

三八广场的大连友谊医院旧楼原是满铁独身宿舍朝阳寮，建于1935年。苏军进驻大连后于1947年改为医院，称旅大市中苏友谊医院，由苏联专家管理，是当时大连地区拥有一流医疗技术水平和设备的医院。

1950年12月26日，为做好抗美援朝医疗后勤工作，接受伤员治疗任务，卫生局及旅大市中苏友谊医院组成第三战勤医院。许多朝鲜战场上受伤的志愿军战士被运至此处治疗，附近的有轨电车便在夜间担任运送受伤战士的任务。1952年8月，第三战勤医院编号撤销，将在朝阳街42号的旅大市中苏友谊医院全部搬迁到五五路43号，保留了第三战勤医院的部分医务人员，医生、护士主要是苏联人，服务对象以中国人为主。1958年，苏军撤离前将医院移交给中国政府，8月，根据市卫生局指示，旅大市立第一医院并入旅大市中苏友谊医院，合并后名为旅大市中苏友谊医院。

此后，医院先后更名旅大市第一人民医院、中心医院。1968年10月，医院三八广场住院部划归旅大市卫生局，更名为中山区人民医院。1982年，正式定名大连市友谊医院，不过，老大连人还是习惯称其为三八医院。在大连谈及友谊医院不一定都知道，但是一提三八医院，多数人都有印象，已然成为地标性建筑。

日本侵占时期的清水组旧址

大连市友谊医院东面三八广场2号深圳发展银行所在建筑是日本侵占时期出光商会故址。出光商会本店在日本门司，业主叫出光佐三，1940年3月改组为股份有限公司。出光商会大连支店主要经营石油、汽油、润滑油、重油、矿油、沥青、涂料、汽罐、五金机械、锅炉、自动三轮车、电石、火柴、蜡烛、酒精及海上火灾保险等。经理是一个叫山田孝介的日本人。《满洲建筑杂志》记载，大连支店办公楼建于1936年左右。日本投降后，出光商会大连支店关闭，后为苏军接收。深圳发展银行旁边的海军招待所是协和电气故址。三八广场上还有同名的商场，即三八商场，那里原有日本侵占时期的口腔医院岩根齿科。

位于顺阳街口的朝阳街4号日本房是日本占据时期高田写真馆的故址，现为一处公宅，古韵依旧。在其西侧的宏孚·旺苑公寓，公寓销售处是日本侵占时期清水组旧址。林立的高楼之中，它让人尚能记起那些消失的景致。

清冈卓行故宅

清冈卓行是日本当代著名诗人、作家，他在大连出生长大，写过很多回忆大连的文章，第一篇与大连有关的小说是《清晨的悲哀》，写作起因是爱妻的病逝。清冈卓行同妻子在大连相识并结合，对往事充满了眷恋，为此他又一气写下《洋槐树下的大连》，这部自传体小说也

是其作品中最为著名的。

世人想起故居便会感到亲暖，这种纯朴的情感，人皆有之。沐浴着温暖的冬阳，清冈卓行于1982年重返大连，探访儿时故居。故居位于原朝阳街93号。那一带的地理，早已深深铭刻在他的脑海中，一枝一叶，一草一木，是那样引人动情。故居院中有一棵银杏树，老大连人叫白果树，那是清冈卓行读小学三年级时，由他的父亲亲手种下的。洋房门前是人行步道，红色和暗红色的门以前都是白色，唯有窗框和过去一样。

清冈卓行回忆，他的故居位于日本侵占时期共荣住宅的东端。共荣住宅以满铁社员为中心，联合三井物产、三菱商事大连支店的职员们组成。百余座建筑样式基本相同，但又各有特点，绿屋顶，白墙壁，红围墙，建筑用的砖瓦都是西洋式的，颇似第一次世界大战后的风格。房子皆有暖房设备，先进程度甚至超过当时的日本。房屋的排列具有明显的欧陆风情，形形色色高大的石造建筑间，多有高高的英国式、法国式、荷兰式等风格的砖瓦围墙相隔。登上附近的小山远眺，红色、茶色、绿色、灰色等各样的屋顶后，皆有一根高高的四角形状的烟囱，非常壮观。

1948年，清冈卓行离开大连旧居，这里随后住进高大的苏联人。1958年，一个叫林意贵的大连人成为别墅的新主人，他是部队转业干部，1933年在四川省广安县参加红军的老军人，曾任大连市交通公司经理。林意贵非常热情地接待了访问故居的清冈卓行。对于历史的际遇，无须刻意躲避，主人和他唠起了家常，彼此之间没有一点隔阂，林意贵还让儿子拿来三十里堡的苹果给清冈卓行品尝。

2011年8月，林意贵先生的大女儿林乐星告诉我，她家所在的大院有12座别墅，院中间有一个大鱼池，即清冈卓行在《初冬的大连》里描写的那个萦绕在他梦境中的蓝色钓鱼池。当时，每家门前都有高大的白果树和藤树，夏天的晚上，女孩们会聚集在藤树下玩，而男孩们则集中在大鱼池那儿嬉戏……洋楼多年前已拆除。但清冈卓行父亲种下的银杏树还在。风景小学院外靠近朝阳街的最粗壮的白果树就是清冈卓行故居院中的那棵。

归去来兮

寺儿沟

红房子

春港街、春港东一巷、春山街、春海街一带便是当年被称为大连“四大贫民窟”之一的红房子。旧时，日本人将这里称为东山町。1912年，专营码头劳力供应的福昌华工株式会社在此建造华工收容所，称埠头苦力收容所，却美其名曰碧山庄。碧山庄共建有红砖砌成的平房12座、二层楼房 87座，5万多平方米，四周修筑着高大的围墙，墙上还圈着铁丝网，便似牢笼一般。通常，这里住有1.5万人左右，最多时有3.5万人蜗居在一起。住在里面的人多是来自山东的劳工，他们都是纯朴善良的农民，撇家舍业来到这里，仅为养家糊口。多年居于此，便自称海南丢。

他们住的地方被叫作红房子。顾名思义，因房子都是红砖建造，远处遥望一片血红，所以他们便暗自将这周边称为红房子。红房子叫得久了也就成了地理坐标。红房子里设有华工事务所和工头议事堂，皆由福昌华工株式会社管理。福昌华工株式会社又称福昌公司，社长便是相生由太郎。福昌公司不仅承担了大连码头的装卸工作，还为甘井子码头、吾妻驿、小岗子驿（大连西站）、南关岭、旅顺车站提供装卸工人。因为属于重体力工作，相生由太郎特别提出“身体虚弱、视力不合格、不能负担140斤重物者不宜采用”。山东人体格强壮，朴实、吃苦耐劳，相生由太郎特别乐于招募山东人，据1936年福昌华工株式会社统计，在其使用的劳工中，88.7%来自山东。

昔日碧山庄（即红房子）

1919年，因为死了太多人，相生由太郎就让人在红房子南端建起天德寺。寺内建有钟楼，里面放置着一座铁钟，每日清晨便会有和尚击钟鸣时，催促劳工们上工，劳工们称之为“催命钟”。除元旦、端午、中秋等节日外，劳工们根本没有休息日。他们的劳动强度非常大，多是做扛油饼等重体力活。城市每一分繁华的背后都有一个未知的灵魂，他们仅仅在天德寺万灵塔下留下了一个牌位。据1909年至1919年不完全统计，码头工人因工死亡的超过千人。

关于万灵塔，福昌华工株式会社1938年编辑发行的《碧山庄》有记载：“万灵塔塔基石高六尺八寸，塔高二丈一尺。”万灵塔碑高354厘米、横122厘米、厚60厘米，重约10吨。万灵塔存于旅顺博物馆，其碑阳面有“万灵塔”三个大字，阴面是释宗演的题诗：“定里无论恩与冤，四生六道绝迷魂。千秋大连海头水，长净佛光自心痕。”碑身左右两侧刻有泰东日报社社长金子平吉撰书的万灵塔记铭，塔下地穴则装满死难工人的牌位。

每到农历七月十五，相生由太郎会安排盂兰盆会，塔前搭起经棚，摆设香案，灵幡招展，并有和尚道士分列香案前诵经招魂。他还会带领全家及福昌公司所有职员身着黑色服装来到万灵塔前，为死去的劳工献花、祈祷、祭奠。劳工们则把遇难同胞的名字按籍贯分别写在纸上，再用浸过桐油的硬纸折叠成数只大船，船舷上分别写上故土的名谓，然后将写有名字的纸叠好放到纸船里，最后将纸船放到海里，口中念道：“坐船回家了！”他们都没有回到故土，都化作青泥洼的一把青灰。

《穷汉岭》1949年4月由新中国书局出版，大连市寺儿沟区大粪合作社集体创作

相生由太郎来到大连时分文未带，十余年后，其拥有的资产高达数百万日元，成为富豪。1930年，他也死在大连，生未必平等，死都是平等的。在大连已找不到他的坟地，但到处可见写满海南丢的墓碑。寺儿沟台山上有一大片过去战争时候遗留下来的碉堡和防空洞。炮台山也是一个大坟场，埋葬着多少海南丢。如今这千万盏忠魂又将随着城市的前进被迁走，他们也不知该去向何处，但是他们永远不会回到故乡了。

红房子东面不到一平方公里的沟渠地带便

是老人们说的“穷汉岭”，曾住着很多小商小贩和拾荒者。1987年7月，大连市政府决定改造大连最大的棚户区——寺儿沟住宅区，穷汉岭消失了，红房子也消失了，后来便有了华乐小区。

寺儿沟

寺儿沟的名字保留着海洋文明的传承。寺儿沟的“沟”叫大日沟，已经填埋成春海街。寺儿沟的“寺”就是妈祖庙，清末，这里因为有一座庙，叫作东寺。1860年7月1日，盛京将军玉明在给咸丰帝的奏折里就提到了东寺：“该夷（1860年英国海军）登岸，将东寺既购得民房拆毁多间。”日本侵占时期，寺庙被改为天德寺，日本人当时也知道它是祭祀中国海神的道教神庙。清冈卓行在回忆中这样写道：“在这个区域的深处，也就是最靠转山的地方，建起了祭祀天后的道教天德寺。”天德寺的位置就是今天第三十五中学。“寺”与“沟”合在一起是“寺沟”，因为大连话是胶东话转音，“寺沟”发音时成了“刺儿沟”，后来被讹传成“寺儿沟”。

华乐小区西侧的春海小学，是20世纪80年代的老楼，因在春海街上，故名之。春海街北起长江东路，南到春山巷，日本侵占时期属东山町、汐见町一带，1946年分别叫春华街、春生街。1949年合在一起称为春海街。

春海街1号是已经拆迁的大连市第六人民医院（原大连市传染病医院）。医院创建于1950年，是大连地区唯一一所全民所有制传染病医院，2008年12月20日整体搬迁至大连市甘井子区陆港桧柏路269号新址，12月21日正式开诊，旧址废除。旧址地域宽阔又临海，是地产生金的好地方。

20世纪初，日本人在今寺儿沟修建大连港的配套设施，并在此开办高污染企业大和染料株式会社。大和染料株式会社所在位置日本人称作千代田町29番地，建于1918年2月，主要生产黑色硫化染料。

日本侵占时期，大和染料株式会社北侧曾建有海务检疫所。据记载，19世纪末，沙俄殖民统治在青泥洼修建商港时，为防止营口等地鼠疫传入旅大，便分别在旅顺、大连三山岛和普兰店等地建立检疫机构。日本占据大连后，于1905年在大连港设临时检疫机构。1906年，日本殖民统治当局公布《港湾船舶出入取缔规则》，对卫生检疫的项目和标准进一步具体化。1908年，旅大地区霍乱流行，日本统治当局便在寺儿沟修建消毒所。1911年，消毒所被焚毁后，统治当局又于原址建海港检疫所，并设隔离留检、卫生处理、细菌检验和家畜家禽留检等课室，增加了部分检疫设施。旅大解放后，苏军在接管大连港同时，成立检疫局。1950年，苏军将大连港检疫业务交旅大检疫所，改称旅大交通检疫所，办公地搬到了人民路。

1946年，寺儿沟东面一带改名华乐街。华乐街西起春海街，东至海之韵终点。“文革”时期，曾被改叫东升街。大和染料株式会社被接收后改叫大连染料厂，老大连人都把它叫作大染。

1990年，东部棚户区及污染严重企业拆迁改造，东部建成了海之韵广场以及中、高档海景商品房。春海街春海东巷1号原大染的旧址，现在是大连市环保局。2007年，大连市政府决定重新扩建改造海之韵广场。

东关遗梦

华胜街

大连人没有不知道东关街的，但很少有人了解东关街。东关街之名始于日本侵占时期，大连解放后沿用，位于鞍山路与长江路之间，桃林街恰从其中心穿过，形成一个不规则的十字。“文革”期间，东关街还曾被改叫作创新街、革命街。今天大连人所说的东关街，包括东关街、东明街、大龙街、日新街、华胜街（原平和街）、市场街及宏济街一带。当年，中国奥运第一人刘长春住在东关街，徐沛东的旧居在原老边饺子东侧顺利街2号门洞左侧，女排名将赖亚文出生在市场街。

鸟瞰东关街（应旭永/摄）

老街巷往事

东关街北有东明街。东明街15号靠近长江路，是永远春赁铺故址。赁铺是一种特殊的行业。唐代，皇帝特钦赐平民百姓结婚时可享受像君王招驸马一样的排场，名曰小登科，从此，民间便出现了赁铺。过去，不仅红事要找赁铺，白事也离不开赁铺。

买卖聚堆儿，生意兴旺。永远春赁铺旁边东明街13号恰好是天昌棺材铺。凡有白事人家，定完棺材便会到赁铺临时租赁丧事用品。大连解放后，红白喜事从简，赁铺、棺材铺先后停业，逐渐消失。

顺利街位于华胜街东口，中医诊所西侧是废品收购站，其对面原是老边饺子，以前都是饭店。废品收购站位置饭店是由福山人开办，后来回了故乡。老边饺子已经徘徊了多年，且正位于路边，时间久了，周围的人便有了记忆，慢慢地也就成了新的老字号。

东关理发社是20世纪80年代西岗一带最有名的理发馆，每逢过年过节屋里都会坐满了排队的人，西岗一带要出嫁的女孩也多会来此做头。虽然它名

东关理发社旧址

为东关理发社，门牌却是“华胜街14号”。这里原是一家新中国建立前的老理发馆，最早的主人叫秦老四。大连解放后，秦老四搬到了马栏子，理发店便转卖给湖北人向胜春，店名改为中西理发铺。1956年公私合营后，中西理发铺更名为东关理发社，原来的个体私营改为集体国营。

转过东关理发社便是生福街，很短却悠然弯折到宏济街上。听高旭昌老人讲，生福街6号那座三层的高楼便是昔日的高丽窑子，它对面的生福街3号是交通旅馆。

华胜街一带在旧时被称作平和街。华胜街3号就位于街口，原有座老楼，20世纪70年代时拆掉重建，改作了方方正正的大楼。虽经改动，依然透着红砖的底蕴。原先这附近是一家大烟馆，后来迁到兴东旅馆位置。此处当年还有一家华兴成饭店，是老海南丢高文华所开。高家后人讲，华兴成饭店相当于今天的快餐店，附近的打工者、游客都会顺路来此要碗稀饭或来张烧饼。高家的烧饼也很有名，至今流传着“高家的烧饼，栾家的糕点”之说法。现在这里是高旭昌经营的彩票站，刘佳、王策、侯耀华等明星主演的《国家机密》，曾在这里取景拍摄。

西岗街与华胜街交会处的21号是糕点铺成兴和旧址，主人姓栾。所谓“栾家的糕点”便是指这里而言，红砖墙，清灰瓦，隐约中似乎可见昔日的牌匾。

挨着它的23号门洞西侧是四云楼旧址。中国人素有“无鸡不成席”的情结，而这儿的烤鸡也非常独到，老大连人想要吃鸡，首先想到的便是这里。

“东洋的女人西洋的楼，福山的厨子遍天下”，这话一点不假。据1923年《大连市町名番地人名簿》记载，华胜街33号旧为平和街16番地，是杏乐天饭店旧址。杏乐天的堂号是迟乐善堂，掌柜是山东福山人迟元亨、迟元进兄弟。迟乐善堂所行善事并不比宏济善堂少，故深得大连山东同乡会会长迟子祥的器重，他曾亲自登门认宗寻祖，与迟家哥俩称兄道弟，而且交情颇深。当时，业内人士在此还组建了区域性行业协会——小岗子料理店组合。

华胜街35号是老商号西益昌号旧址。今东关小学东北侧前就是老澡堂子双合堂故址（原华胜街44号），由王庆新创办，1928年4月上海商务印书馆出版的《增订中国旅行指南》中便有它的介绍。大连解放后改叫立新浴池。20世纪90年代以前，这里一直是西岗一带居民洗浴之所，特别是过年过节，几乎挤满了人。那时没有淋浴，因为人多，所以要等很长时间才能轮上冲洗用的钢种（20世纪90年代以前，老百姓把铝合金制品称为钢种）盆儿。记忆中，浴池内部是大红色调，楼上楼下有木质楼梯相连，大堂里还有屏风隔断，喜欢泡澡的人常会来此喝茶休息。当时也没有太好的茶杯，都使用中号的白瓷碗，用的时间久了还泛着微黄的茶渍。

著名的三八馄饨馆故址就在华胜街35号的斜对面（华胜街54号），大致位置在东关小学北门外，恰对着平和街。大连解放前，房主是姓梅的人家，开的是一般饭馆。公司合营后，梅家仍然住饭店的二楼。三八馄饨馆是20世纪60年代开办的，彼时，大连市内四区，甘井子区、沙河口区、西岗区各有一家馄饨馆，中山区有两家馄饨馆，西岗饮食总店就将开馄饨馆的任务交给了这个饭店，开始全部是女员工，名曰三八馄饨馆。后来，才有男员工加入。群英楼著名女面点师李伟参加工作时就在三八馄饨馆，后来到群英楼拜师学艺，获得全国第二届鉴定会面点品种的金、银、铜奖牌各一枚的佳绩。20世纪80年代，三八馄饨馆还获得辽宁省“三八红旗手”集体称号。西岗几乎没人不记得三八馄饨馆，几乎都吃过这里的馄饨。

百年老相馆

沿着电车道有条东北—西南向的短街叫结合街。已经空闲的结合街1号原是街道的办公地，日本侵占时期是老字号庄记赁铺。结合街东面不远便能看到西岗街，西岗街31—33号是华春照相馆旧址。

华春照相馆不但是大连目前保留年代最早的照相馆，也是大连华商开办的第一家照相馆，1907年由金州人邱玉阶创办。邱玉阶开照相馆前，曾到日本人开的土田写真馆[1]学习摄影技术。华春照相馆最初开办在金州城南街火神庙弄，内设2个像场，有2部座机，器材均采购自日本。像场内设玻璃棚，借助太阳光拍照，还备有13个外相机。1908年，因生意萧条，华春照相

[1] 土田写真馆就是新新照相馆前身，1945年被苏军接收，改为苏军军需处；之后改为八路军军需处；1965年建大连新新照相馆；“文革”期间更名为东方红摄影社；“文革”结束后改名新新摄影社。2003年迁到中山路9号。

华春照相馆拍摄的老照片

馆从金州迁到小岗子。华春照相馆很快就给这里带来了别样风情。明亮的橱窗里悬贴着电影明星的照片，过往的人流不再匆匆，多了几分张望。华春也慢慢地成了金字招牌。

邱玉阶为了同日本人照相馆竞争，还把儿子邱凤仪送到国外去学习摄影技术。邱凤仪学成回国后，亲自主持店务，扩大规模，生意更为红火。太平洋战争爆发后，日本殖民者颁布“七二五”限令，制定照相业收费标准，并据此判定华春照相馆“故意违法物价罪”，处以巨额罚款。从此，华春照相馆开始没落，昔日的繁华逐渐褪色。

1945年大连解放后，华春照相馆重新迎来春天。据《西岗史话》记述，1956年公私合营，全市照相业清产核资股金总额为11.12万元，华春照相馆的资产为4万多元。

物华照相馆距华春照相馆几步之遥，西岗街41号大门洞位置便是其故址。物华照相馆掌柜蒋德修，也叫蒋叔缘，因为照相技术非常好，许多社会名流都来此留影。大连解放后被定为资本家，1956年病逝。公私合营后，他的子女被分配到新新照相馆、长春路照相馆工作。

百年老市场

市场街起点是长江路，止于长红街，日本侵占时期为花园町、伏见町、财神街一带。1946年时始称市场街。“文革”期间，曾被称作前进街，1973年时恢复原名。老大连人印象中的市场街是指黄河路以北这段。

西岗市场是百年老市场。1905年，日本殖民当局强迫南山区域居住的中国人迁走，并于当年8月开始发放小岗子街基（指把荒地分片划分区域），准许大连人在那里盖房子与经商。街道区巷便慢慢地形成，华商因此组织起来，成立了小岗子公议处，也即后来的小岗子公议会。

1909年冬，小岗子公议会集资兴建小岗子市场（西岗市场的前身）。所谓人多聚福，福多聚财，市场很快繁华起来。1914年秋，为保证商民安全，商会又出资组建了大连民间第一个消防队。因为货运商路在东关街桥洞北，而且海岸滩浅，船舶很难靠岸，不便运输，商会于1915年再次集资修建了小岗子北海岸栈桥。大连商人虽爱财，却更爱民爱国，1917年，直鲁大灾，小岗子公议会又倡导大家一起赈灾。据载，捐款超过万元，而那时的年销售额也不过才20万元。

西岗市场

1920年春节刚过，小岗子市场内部失火，由于正处于节假期间，消防队救火也不及时，整个市场化为灰烬。虽然大家都处于伤痛之中，但是无情的大火并没有摧垮大连人的意志，小岗子公议会再次集资，利用灾后商场外壁修建简易板房，恢复经营。在共同努力下，当年的销售额仍然超过去年，达到28万余元。不久，大家又团结一致，修路架桥，继续发展，以商业富民兴市。北岗桥的开辟既方便了货物运输，也方便了北岗子和香炉礁的居民。不交大街开辟后，更是万家灯火，繁花似锦。1927年黄炎培客居大连，曾多次来这里游逛。

中华老字号康德记

市场街畔是中华老字号康德记遗址。据《中山区志》记载，1885年，康德记西栈药房在青泥洼开业，为附近村民就近求医提供了方便。这是康德记由金州来大连落脚的最早的记录。

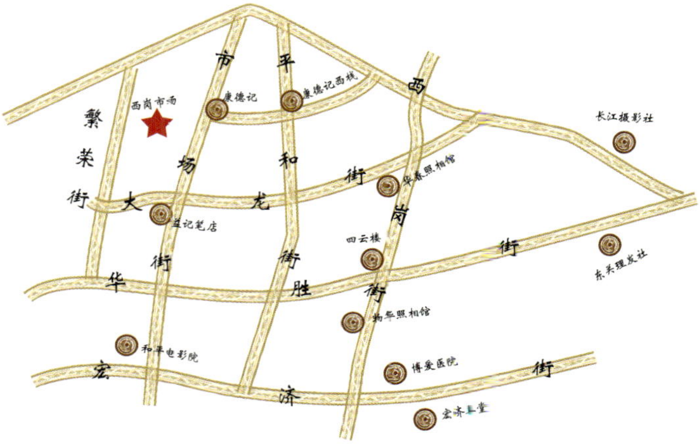

东关街老字号略图

康德记创建于清咸丰二年（1852年），由山东福山县一康姓人在金州开创，时名德

阮玲玉当年为康德记做的广告

记号，后世尊称康德记。1999年，康德记药房被中华人民共和国国内贸易部认定为中华老字号单位。2009年，“德记号中医药文化”被辽宁省人民政府列入非物质文化遗产保护名录，是目前辽宁省唯一一家被列入名录的中华老字号药房。

康姓人名字无存，后世尊为康公，他有五个儿子，分别经营康德记老号或分号：康德方开德记药局，康德富开德记西栈，康德有开德记全栈、普兰店康德记、瓦房店康德记，康德贵开金州康德记、大连德记源栈，康德才开金州德记药房。到康家第三代时，分号遍布金州、大连、普兰店、瓦房店等地，康德记药房共二三十家。据1942年《大连中国人经营的工商业注册名簿》记载，大连市区的康德记主要集中在西岗地区，有康德全、康忠全经营的德记全栈，康从周、康祁氏经营的德记西栈，康忠翰在旧西岗街215号经营的大德记，康忠善经营的德记福栈，康忠国、康忠孝在旧西岗街160号经营的康德记。

德记总栈在金州，曾经为“东北王”张作霖的把兄弟张作相配制过滋补膏药。德记总栈还曾邀请当时红透上海滩的电影明星阮玲玉做过广告，因此在大连地区颇有声望。

据《西岗史料》记载，德记全栈总经理康尧楷曾任大连中药业组合长。1932年，时任德记全栈总经理的康忠全还当选西岗商会33名董事之一。海南丢后人李军回忆说，德记全栈位于西岗市场东门斜对五层高楼的一楼，大连解放前，由康汇源经营，生意非常红火。大连解放后，他将医院捐出，到东关街医院（即第二人民医院）做了皮肤科大夫。

平和街48号与德记全栈一街之隔，相距约10米之遥，那里是德记西栈旧址。德记西栈由康盛亭于1919年创立，资本金5000日元，有伙计20余人。康盛亭在1926年、1929年两度当选小岗子华商公议会（后改为大连西岗商会）董事。1935年，德记西栈的经营者康从周再度出任大连西岗商会董事。后由康祁氏负责德记西栈。德记西栈的二小姐叫康佩光，嫁给了伙计何宏邦。后来，何宏邦做了掌柜。据何宏邦的外甥回忆，大连解放后，德记西栈是平和街中医联合诊所，大连名医如李寿山等皆在这里坐堂看诊。

益记笔店

大龙街起点长江路，终点沈阳路，日本侵占时期始称大龙街，大连解放后沿用。“文革”时期曾叫卫国街，1973年恢复原名。严格意义上说，大龙街被新开路一分为二，应该称作东大龙街与西大龙街。

2009年笔者买了一本《滨城风雷》，看到了马祥麟写的红色故事《益记笔店》，便开始寻找它的旧址。

益记笔店1926年春开始营业，店主人是共产党员牛嗣玉的叔父牛少南。1927年4月下旬，他将益记笔店彻底交给了牛嗣玉，成为地下联络机关。益记笔店的招牌用竹竿挑出，是一块四尺宽、七尺长的白布竖帘，上面写着四个黑字“益记笔店”。店铺面积约15平方米，屋内用货柜间壁成前后屋。前屋货架摆各种各样的毛笔，有大小羊毫、大抓笔、龙虎榜套笔等；后屋是厨房，还有个吊铺。牛嗣玉平时很少来，一切均由邹立孟自行打理。据《大连党史》记载，邓鹤皋、王少波、魏长魁等中共地方党组织和团组织的领导人曾多次在此接头或开会，这里还接待和掩护过途经本地去北京的蔡和森。

1927年7月，大连党组织遭到破坏，牛嗣玉被追逃到沈阳。1927年11

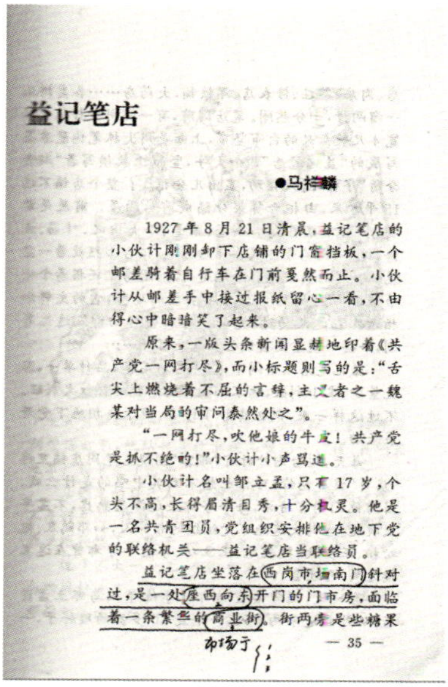
益记笔店

●马祥麟

1927年8月21日清晨，益记笔店的小伙计刚刚卸下店铺的门窗挡板，一个邮差骑着自行车在门前戛然而止。小伙计从邮差手中接过报纸留心一看，不由得心中暗暗笑了起来。

原来，一版头条新闻显赫地印着《共产党一网打尽》，而小标题则写的是：“舌尖上燃烧着不屈的言锋，主义者之一魏某对当局的审问泰然处之”。

“一网打尽，吹他娘的牛皮！共产党是抓不绝的！”小伙计小声骂道。

小伙计名叫邹立孟，只有17岁，个头不高，长得眉清目秀，十分机灵。他是一名共青团员，党组织安排他在地下党的联络机关——益记笔店当联络员。

益记笔店坐落在西岗市场南门斜对过，是一处座西向东开门的门市房，面临着一条繁华的商业街。街两旁是些糖果

— 35 —

《滨城风雷》里记录了益记笔店的位置

月，益记笔店被日寇发现，新任的大连党组织负责人杜继曾当即决定笔店停业，转移到西岗市场后三道街，即今大龙街152号（与小岗子警察署一街之隔）。

1928年1月20日，中共关东县委第一次党代会（中共大连市第一次党代会）在那里召开。1928年3月，新联络站停止使用，党组织安排邹立孟到沈阳“农民运动训练班”学习。一个月后，他被派往沈北、营口等地工作，从此便离开了大连。

最早的益记笔店具体位置在哪儿呢？邹立孟是益记笔店的第一见证者，他在《难忘的大连地下联络站——“益记笔店”》写道：“益记笔店是在西岗菜市场斜对过，坐西向东开门，左邻是一家钱庄和万和肉店，右邻是一家洋铁铺。对门是估衣铺、永康大药房，是一条比较繁华的商业大街。”万和肉店、永康大药房是确定益记笔店原来旧址的证据。万和肉店即万和洋行，曹正礼1913年在大龙街靠近新开路的地方创办了“万和号”。我在1929年大连电话番号簿找到了万和肉店和钱庄的信息：万和洋行，业主曹正礼，电话6869，经营业态牛肉贩卖，地址大龙街20番地；正仁钱庄，业主曹正仁，电话5586和22411，地址大龙街20番地。笔者根据1943年《大连番地入案内》与百度地图考证，大龙街20番现为金宸国际大厦一带。万和洋行右边是大龙街19番地，位置正好既是西岗市场斜对过，也是西岗市场南门斜对过，具体位置在今繁荣街11—19号。益记笔店在20世纪90年代拆除[1]。

[1] 2017年11月17日，大连市文广局文物处组织专家就益记笔店遗址进行确认，笔者有幸参加。

妈祖遗风

宏济街

宏济街是百年老街，起点英华街，终点日新街，日本侵占时期属宏济街、日新街一带。宏济街是广河（今遗留广和一名就源自它）遗址，20世纪30年代后填埋地下，变成了“城市良心”。“文革”期间曾改名新风街，1973年恢复原名。

博爱医院

宏济街29号大连市第二人民医院是博爱医院的旧址。原先此处有两座老楼，一东一西相邻，如今西面的诊所还保留着，而东面的住院部在1987年被拆了重建。要是追究这里的历史必须要提孟天成先生，他是一个台湾人，1911年来到大连。这或许不是台湾同胞最早来大连发展的时间，却足可以证明，早在100多年前大连和台湾之间就有了交往的历史。

孟天成1917年在朋友的帮助下，集资在宏济街上建了博爱医院。医院虽小，却很受大连人欢迎，大家来这里看病多是冲着他的名头。慢慢地，“博爱”便成了品牌。据孟氏亲人记述，当时博爱医院每天的门诊人数高达3000人，是当时大连最大的私人医院。1946年5月25日，孟天成与其日籍妻子日冲希娜在《人民呼声报》发表声明，将其医院全部房地产、仪器、药品、资料和技术，自愿无偿献给大连人民。6月，博爱医院正式改名为大连市公安总局医院。

1955年5月，此处改为旅大市第二医院。“文革”期间，曾改名为西岗区人民医院。1981年，划归市卫生局，改称大连市第二人民医院。无论城市怎样发展，无论东关街怎样改变，大连人还是喜欢把这里叫作东关街医院或博爱医院，叫东关街医院是因为人们都爱东关街的亲暖，叫博爱医院则是人们永远记着孟天成的品格。

宏济善堂

宏济街像一个大写的英文字母“Y”，在高楼上俯瞰则像一个树杈，其分叉处恰也在西岗街处。树杈左边是博爱医院，树杈右边便是宏济善堂旧址即宏济街50号一带。宏济善堂始建于1908年。说起宏济善堂必须得提刘肇亿，他虽是一个商人，却并不贪财，深解孝儒精神，把深厚的齐鲁文化都带到了大连。

1905年11月，大连华商公议会会长刘肇亿在今宏济大舞台附近开办了宏济彩票局。其每月收益在5000元左右，这些钱除去费用之外，基本都用于发展大连的公共事业。1907年，刘肇亿和副会长郭学纯开始筹划建立宏济善堂。次年4月，宏济善堂建立，这也是日本侵占时期中国人经营的第一个慈善机构。宏济善堂主要活动是施给医疗、恤寡、抚孤等，并设有育婴、养老、施棺、殡葬、济困等慈善事业。

宏济善堂部分旧址

1914年，大连华商公议会改选，刘肇亿因年事已高，辞去职务，回烟台安度晚年。而就在同年年底，大连民政署于宏济善堂内设立了戒烟部，名为戒烟，却实为贩卖鸦片。

20世纪20年代，西岗公议会会长庞睦仁与大连华商公议会共同募捐，在宏济善堂前又建筑灵柩祭奠大礼堂一处，为中国各地商民在大连死亡者寄柩祭奠之用。宏济善堂还曾筹款在附近荒地盖了200多间平房，分给贫苦市民居住，不但不收租金，每月还发2块银圆作为生活费。按当时物价，1块银圆大概能买60市斤面粉。

或是因为时间久远的缘故，很多人一提起这里想起的多是张本政（刘肇亿是第一任华商公议会会长，张本政是第四任华商公议会会长）。其实真正不能忘的是刘肇亿，是他领导海南丢建设了早期的大连。青岛有一个刘子山，他在青岛被叫作“刘半城”，而刘肇亿便是大连的“刘半城”[1]。

大连解放后，宏济善堂由大连市政府接管。1946年至1947年分批突击收容流浪街头的鳏寡孤独老人和游民、乞丐3758人。1949年11月1日，在宏济善堂的基础上，成立大连市劝业工厂。1951年2月，劝业工厂改名为旅大市生产教养院。才女关露曾在大连待过一年多。后来，她便以大连劝业工厂附属流浪儿童学校（位于今武昌街）的真实生活为素材创作了短篇小说《苹果园》。

[1] 今旅顺日俄监狱旧址博物馆藏有1928年大连华商公议会为刘肇亿立的“刘肇亿功德碑”。

东关大庙

沿着宏济善堂东去便可寻到东关大庙故址，主庙在今宏济街14号一带。1955年，就是在这座古庙里拍摄了著名反特片《虎穴追踪》。因为潜伏的特务以古庙做据点，所以这里的戏份很多，而且影片高潮即结尾也是发生在古庙里。说来也很巧，这部影片的男一号侦察员李永和的扮演者赵联也是土生土长的大连人。

东关大庙就是天后宫。妈祖信仰起源于宋代福建莆田沿海地区。郑和下西洋时，妈祖曾显灵救助，永乐皇帝便封之为天妃，并曾亲自撰写《御制弘仁普济天妃宫之碑》碑文。到了清朝时晋为天后。

始建于1122年的山东长岛县庙岛显应宫是我国北方建造最早、影响较大的妈祖庙。妈祖在北方被称作海神娘娘，散文家冰心因为祖籍福建，所以亲切地把妈祖叫作妈祖奶奶。如今，妈祖信仰已随着华人的脚印传播到世界各地。全世界有妈祖庙宇5000多座，信众近2亿人，“凡是有海的地方就有妈祖庙”，所以便有“天后宫的建立史就是中国航海史”之说。

妈祖是中华海洋文明的活化石。目前，我国有三个妈祖庙是全国重点文物保护单位，其中之一是烟台天后宫。

大连地区的妈祖信仰也是山东移民带过来的。过去，大连地区有不少天后宫。旅顺天妃庙是大连地区有文字记载最早的妈祖庙，1950年建大连市第五十五中学校园时被拆，仅存一块残碑藏于旅顺博物馆。明万历年间，大连复州娘娘宫也建有妈祖庙，1946年后被拆除。金州天后宫建于清代乾隆五年(1740年)，曾经是我国北方沿海地区最大的海神庙宇。因由山东船商集资建造，又称山东会馆，正门悬挂“山东会馆”四字，上书“光绪六年仲秋谷旦”，落款为“蓬莱会民敬献”。1966年，该庙前戏楼被拆，2003年仅存的前大殿也被拆除。

庄河青堆子镇天后宫建于清乾隆八年（1743年），毁后为民宅，现重修。这座天后宫又叫普化寺，俗称下庙，建于原天后宫（俗称上庙，也称海神娘娘庙）旧址之上。2006年又投资约50万元扩建山门。庄河境内还曾有南尖龙凤阁海神娘娘庙、大圈海神娘娘庙、黑岛西阳宫、石城乡的海丰寺等共12处。

长海县曾有天后宫3座、娘娘庙8座，均建于清代，其中尤以海洋岛海神

宏济街东关大庙旧影

娘娘庙名气最大。海洋岛海神娘娘庙于大连解放后拆除，1992年6月在原址重修。

东关大庙建于1908年，由刘肇亿与郭学纯倡议发起修建，修建庙宇所需钱款多数源自宏济彩票局利金，还有一部分经费是由商会筹支。当年凡到大连港停泊的商船都会按载货量交纳一定数量的“香资”，这些也是建造和维修大庙费用的来源。

东关大庙就像大连话源自烟台一样，很多地方都与烟台福建会馆相似；而且刘肇亿也是烟台籍，所以东关大庙与烟台福建会馆是相同的根脉。东关大庙虽没有烟台天后宫那样雄伟，却也非常有气势，设有天后圣母殿、观音大士殿、龙王殿、财神殿、关帝殿、火种殿、聚仙宫等殿堂。

旧时，每年农历三月二十三海神娘娘生日（圣母诞日），东关大庙会大办庙会。大庙山门前的空场上会高搭席棚为舞台，演戏酬神3天。每年这时都会有游客10万余人前来观看。每年农历七月十五还会举办盂兰盆会，为死者超度亡魂。每年也举行道场，其他活动如初一、十五的香火等。单看文字可能无法想象昔日这里香火的旺盛，若是亲耳聆听老人讲述或许就能体会到。新中国成立后，这里被看作是封建迷信而受到批判。后来，便成了抗大小学（后东关小学）。“文革”时期，古庙里的佛像都被红卫兵砸碎。此后，改建为西岗区青少年宫时，庙宇的钟楼、山门、耳房、过堂等也相继被拆掉，仅留下大雄宝殿。后来，这里与大连市第三十七中学互换，成为学校的一部分。据《半岛晨报》报道，大庙最后的主人是1978年搬到这儿的大连家用电器七厂。2006年11月，东关大庙永远消失。

和平电影院

宏济街59号宏济中医门诊部是大连最早的中国人电影院世界馆故址。西岗一带始建于1905年，是中国人的聚集区，也是一个庞大的市场。精明的日本人自然看得透彻。大连1914年就出现了有声电影。1920年4月20日，由中国人、日本人合资100万日元成立了大连电影株式会社，社长为内村德太郎，理事为朱春山、杨凤鸣等6人，经营出租中日影片，贩卖影片，影片摄制、放映及有关业务。1920年，内村德太郎扮演了第一个吃螃蟹的人，出资在宏济街建造了世界馆。这是大连第一座以中国人为观众的专业电影院。建筑为砖石结构中型剧场，前厅为二层楼房，有一个弧形阳台伸出。观众厅东西宽20米，南北长30米，设厅座、茶楼，可容纳观众800人。座席为长条木椅，椅背有长条木板，供观众品茶使用。厅内分立铁柱10余根，用以支撑二楼观众席。三面敞开式舞台，台深6米，宽8米，两侧无副台，东西各有一间6平方米的耳房，供演员化妆和候场使用。

1921年6月，世界馆因开业以来异常冷清，况且又正逢夏季，坐客稀少，赔累不堪，便宣布临时休业，将馆房出租，开落子园。1922年，富绅陈大有等接手了世界馆，并将这里重新修缮。中国人自然买中国人的账，此后，客流不断，生意更加兴旺。日本商人高桥看到眼里，便记在心头，1927年1月，他组织股东租赁下世界馆。重新转到日本人手里以后，这里再次被修缮，并改名叫新明电影院，开始放映从上海中华公司、天一公司购来的影片。因为新片不断，自然吸引了附近的人们。在任何时候，人们都需要工作，也离不开娱乐。

1928年1月，老影院像变戏法一样又换了新的名字，叫世界大戏院。当年，还曾放映影片《和平之神》。此片中明星汇聚，既有中国电影史上第一位女演员严珊珊，也有著名演员林楚楚，还有后来的中国第一位女飞行家李旦旦，一时间引来无数俊男美女追捧。这年7月，世界大戏院再次易名，称华北大戏院，在播放电影的同时，兼表演戏曲，真可谓一箭双雕。

1934年，老影院又更名新世界有声电影院。次年4月28日，还上映著名导演孙瑜编导的影片《大路》。孙瑜曾经留学美国，被誉为“富有诗人气质的浪漫主义的电影艺术大师”。在电影放映的同时，《泰东日报》还刊登了巨幅广告，称《大路》“声势浩大风云为之变色，气冲牛斗天地为之动摇”，是“开拓新生命的大路”。

1938年4月，新世界有声电影院曾放映过满洲映画处女作品《壮志烛天》。这是传奇影星李香兰主演的影片。1945年10月，旅大市总工会接收这里，改为世界影院，负责人叫耿锡贤。1949年，这里改名为大连店员俱乐部。1952年改叫和平电影院。新中国成立后，人民的娱乐生活更丰富了，这里一直是西岗一带最繁华的影院，周围学校都在这里包场。

电影院最后一次改名是1966年，当时叫前进电影院。此时，影院设施已经非常陈旧，银幕变得灰黄，就连木板椅坐到上面也会吱嘎作响。1969年，老影院废弃，交西岗区房管处管理。1986年，由大连市电影公司收回。2006年拆除重建，开宏济中医大药房。

许多人对老电影院记忆深刻，仿佛印在了心底。从者甲老师回忆起和平电影院，并画了两张草图。1950年至1954年，从者甲住在日新街79号大院。他记得旧宅南边是日新街派出所，再往南就是和平电影院。从者甲小学期间看的电影绝大多数是在这里。有时，因为买不起票，他就和同院的孩子们偷偷从影院东边墙外出口的铁楼梯上二楼，溜进去看电影。一张《和平电影院》旧影让从者甲又重温了旧日时光，从者甲说：“画面很熟悉。”

时代烙印

人民广场

人民广场

远去的斯大林广场

大铜人主创卢鸿基与初步完成的雕像头部（卢家荪提供）

大连市政府所在地人民广场位于城市中心，是典型的东方城市广场格局，老大连人喜欢叫它斯大林广场。名字的变化镌刻着的是时代的烙印。

老大连人心中印象深刻的还有原来位于广场中心的苏军烈士纪念塔（已迁至旅顺）。老大连人将塔上的那尊雕像叫作大铜人。“到大铜人下见”几乎是当年约会的代名词。后来，铜像周围养起了鸽子，又平添了一份风景。每当鸽哨响起，半空里就会迅速排成鸽阵，鸽群在鸽王的带领下绕着大铜人不停地盘旋。象征和平的鸽子与广场、铜像相得益彰，构成了那个年代人们脑海中关于斯大林广场的经典画面。

1999年4月，苏军烈士纪念塔被搬迁到旅顺苏军烈士陵园广场。原址建起现代化的音乐喷泉。

当年斯大林广场全貌

传说，大铜人的原型叫伊凡，是一位神勇的“喀秋莎”炮兵。其实真人叫维克多·列德科祖波夫（Виктор·Редкозубов），是一位苏军上尉。铜像制作时，大文豪郭沫若为此写过一首诗：“巨像巍峨制作中，顶天立地一英雄。人民友谊传千古，解放歌声漾太空。”铜像落成时，郭沫若专程前来，再次为大铜人题诗：“烈士挺身忘自我，中苏友谊永不磨。红旗到处解倒悬，万古云霄唱凯歌。”同一事情先后吟咏两次，在郭沫若的诗词创作中是很少见的。

郭沫若·卢鸿基·大铜人

1954年，郭沫若（第二排右四）在大连苏军烈士纪念塔雕像工作室（位于今劳动公园北门附近的一座三层小楼，已拆）与创作人员合影（卢家荪提供）

人民广场曾经有过两座纪念塔，第一座纪念塔叫胜利纪念塔。1946年1月6日，大连市在人民广场举行苏联战胜日本帝国主义胜利纪念塔揭幕典礼。胜利纪念塔由三层塔基和塔身组成，塔高10米，由花岗石砌筑而成。塔尖为石刻五角星，下方为石刻镰刀斧头。1949年3月30日，旅大中苏友协会决定募捐7亿元关东币重修胜利纪念塔。1953年3月，胜利纪念塔拆运到金州，建金州苏军烈士纪念塔。1955年4月26日，金州苏军烈士纪念塔举行落成典礼，后迁至金州南山。

当时，有关方面准备请雕塑艺术大师刘开渠主持设计制作胜利纪念塔。刘开渠正忙于北京人民英雄纪念碑的浮雕创作，便推荐卢鸿基承担这项工作。卢鸿基很快来到大连，经过现场考察，他认为无论从哪个角度看，广场上都需要有一座纪念塔，不仅可以填补广场南侧的空白，而且能够与北侧三座建筑形成呼应的美学关系。

1951年至1952年进行设计、石材采运及加工等工作，共用去石头1780块。1953年4月14日，苏军烈士纪念塔工程正式开工，并于当年完成建塔工程。纪念塔由花岗岩砌筑，塔身为六角形，高30.8米，建筑面积1028.31平方米。纪念塔塔基东、西两面有台阶，可登塔基台面。塔基南面（即背面）有铁门通塔基内，塔基内有两间大厅，大厅两侧各有两个房间，并附有地下室。

大铜人全貌（卢家荪提供）

1954年，纪念塔周围绿化工程完成，开始制作浮雕，大连造船厂负责整个铸造工作，光制作铜像就用去铜、锡、铅、锌等27吨。1955年，浮雕安装和铸造铜像工程完成。

据卢鸿基的后人卢家荪讲，铜像不是想象出来的人物，是以驻守大连地区苏军战士为原型创作的。当时，大连方面并不同意使用模特儿，卢鸿基请苏军士兵做模特儿的要求却得到苏军的支持。挑选模特儿那天，郭沫若和卢鸿基都到了现场。苏军派出十几名身材挺拔、相貌英俊的苏军战士让卢鸿基挑选。他在队伍前走了几遍，最后停在一名苏军战士前说，就是他了。卢鸿基和助手用了一年多的时间才塑造出苏军战士形象：苏军战士铜像高5米多，头戴钢盔，双手紧握苏式转盘冲锋枪，胸前佩戴着“战胜日本法西斯勋章”、“斯大林格勒战役勋章”和“攻克柏林勋章”三枚勋章。

塔基中心有中俄两国文字的镌刻铭文，其中中文由郭沫若亲笔书写：

“永恒的光荣：1945年，英勇的苏联军队粉碎了德国法西斯军事力量，转向东方，在中国东北境内一举歼灭日本帝国主义的精锐部队——关东军，从而促成中国人民抗日战争的最后胜利，使世界人民的伟大的反法西斯战争得到了胜利结束。苏联军队保卫世界和平，保卫人类自由的丰功伟绩，万古长存！为击败日本帝国主义而英勇牺牲的苏军烈士们永垂不朽！中苏两国人民永久的牢不可破的兄弟般的友谊万岁！1953年。”

1955年5月7日，各界代表1万多人参加铜像落成典礼。铜像落成后，郭

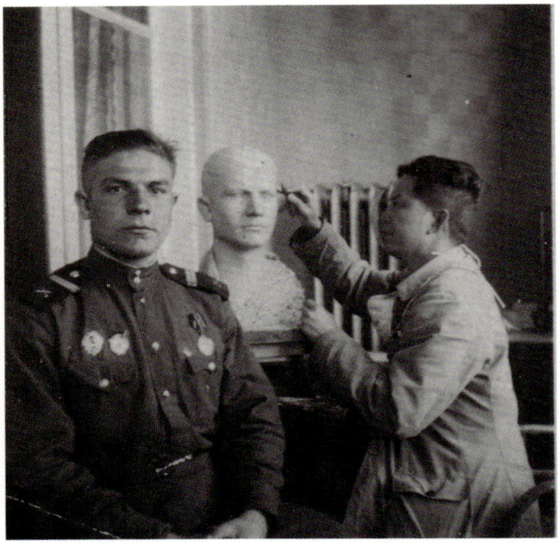
左为大铜人原型——苏军上尉维克多·列德科祖波夫，右为铜像创作者卢鸿基（卢家荪提供）

沫若专程莅临观赏，并和卢鸿基合影留念。大铜人是当时全国最大的青铜雕塑。纪念塔落成后便成为大连的城市地标。其实纪念塔落成之前，就已经投入使用。《旅大人民日报》记载，1955年2月22日，中华人民共和国慰问驻旅顺口地区苏军代表团团长、时任国务院副总理兼国防部部长的彭德怀率领全体慰问团成员向苏军烈士纪念塔敬献了花圈。

1969年发生了这样一件事情。造反派认为不该为“苏修”立碑，就用吊车硬生生把铜像拉倒。铜像的头部连同头盔一起被摔碎，胸前三枚勋章遗失（后有一枚被送回）。铜像被拉倒后，临时放置在造船厂香炉礁工地（原大连造船新厂）。

1970年，周恩来得知此事，立即指示修复铜像。大连红旗造船厂等20多个单位马上行动起来，着手恢复苏军烈士纪念塔原貌。1971年3月5日，铜像在造船厂船体车间修复完成。笔者的父亲当年就参加过修复及重新安放铜像的工作。经此磨难，铜像更受关爱。时间是检验真理的唯一标准，2009年年末，苏军烈士纪念塔荣获新中国城市雕塑建设成就奖。

人民广场的变迁

20世纪初，人民广场属谭家屯，是一片荒坡。据谭成权编撰的《谭氏家谱》记载，300多年前，谭龙和谭虎兄弟从山东省牟平县谭家泊来到大连。其中，一兄弟继续北上，一兄弟扎根大连，建立了谭家屯。城市从东向西拓进过程中，新开路一带建成中国人聚集区，高尔基路一带建成满铁高级职员住宅区，此处却成为隔离带。1919年关东都督府民政部土木课开始规划，命名为长者广场。1924年广场开始建设，1928年有轨电车也咣当咣当从广场穿过。[1]

老法院旧景

广场上先后建起三座建筑。

位于广场西侧的法院大楼是人民广场第一座建筑。大连成为区域经济中心后，关东州厅地方法院于1919年10月向大连市内派出分支机构关东州厅地方法院大连支厅（位于今中山广场2号），其管辖范围为大连、金州两个民政署及普兰店、貔子窝（今皮口）两个民政支署的民事、刑事案件。1923年8月，关东州厅地方法院迁到大连，大连支厅便被废止了。1931年，日本人选在蓬莱町2番地建关东州厅地方法院。建筑由一圆贞设计，像他的名字一样他设计了一个不圆的建筑。2006年收看央视十台播放的《远东审判》时，画面突然闪现出法院的镜头，我脱口而出，大连！那个画面，至今不能忘记，后来才知道那是第二次世界大战时期日本陆军省和参谋本部所在地（今日本防卫省）。

法院建筑始建于1931年3月，1933年8月建成，作为大连地方法院。不久，关东州厅高等法院和关东州厅地方法院改名关东高等法院和关东地方法院。1940年6月，关东州厅警察部破获抗日放火团组织，放火团主要成员在这里遭受了残酷的审判。

1946年1月30日，大连地方法院成立，于会川任首任院长。审判张本政、迟子祥等人也是在这里进行的。1947年4月3日，在旅顺成立关东高等法院。12月中旬，关东高等法院迁至大连，与大连地方法院合署办公。1949年4月27日，关东公署改名旅大行政公署，关东高等法院随之更名旅大高等法院。同年12月10日，改称旅大高等人民法院，大连地方法院改名大连市人民法院。1950年12月1日，旅大行政公署改为旅大市人民政府，旅大高等人民法院改称旅大市人民法院，大连市人民法院撤销。1955年，再度易名旅大市中级人民法院。1981年3月5日，旅大市改名为大连市，法院随之更名为大连市中级人民法院。

[1] 20世纪70年代，这条有轨电车线被拆除。

大连市中级人民法院

人民广场第二座建筑是建于1936年的关东州厅警察部特等刑事课办公楼（时为长者町10号）。当时，大连虽然设有市制，有市民政署办公，但其管辖范围与职权较小，管理上存有诸多不便，因此关东州厅警察部特等刑事课、经济警察课、外事课等迁入大连，同在一座楼里办公。关东州厅迁至大连后，警察部本部随之迁到关东州厅办公楼内办公，原特等刑事课因战时需要改为特别高等警察课（简称特高课）。1934年12月，关东军设立关东局[1]，关东局分馆便在这里办公。大连解放后，此处由大连市公安局接收，沿用至今。

广场上的第三座建筑便是今天的市政府大楼。1935年大连成为中心区域，日本人决定迁往大连，关东州厅地方法院与关东州厅警察部特等刑事课办公楼之间长者町50番地关东州厅土木课材料置场被选定建造关东州厅行政大楼。1936年春动工，1937年5月竣工，1937年6月1日举行落成典礼。

1945年11月8日，大连市民主政府在中山广场5号成立，这个大连市政府管辖区域仅限今中山区、西岗区、沙河口区、甘井子区。

1946年6月1日，长者广场改名为政府广场。1946年10月23日，旅大金行政联合办事处成立，为大连地区临时最高权力机关，下辖大连市、旅顺市、金县、大连县，办公地位于今市政府大楼，即今人民广场1号。

1947年4月3日至4日，旅大地区首届各界人民代表大会在旅顺市召开，成立关东公署。同年12月，迁至今人民广场1号。1947年，政府广场改名斯大林广场，并于1949年重新修整了斯大林广场。

1949年4月27日，关东公署改称旅大行政公署。1950年12月1日，旅大

[1] 1934年12月26日，日本在伪满洲国首都新京(今长春市)设立关东局，在日本内阁总理大臣的监督下，由日本驻“满洲国”特命全权大使掌理关东局事务。其职权是监督关东州厅(今大连)并管理满铁沿线各附属地的行政，监督满铁和满洲电信电话株式会社的业务，发布行政命令或请求用兵。1937年12月1日，日本撤废在伪满洲国的治外法权并让渡满铁附属地的行政权，关东局的行政范围只限于关东州。

行政公署改称旅大市人民政府，位于中山广场5号的大连市人民政府并入，韩光任新中国成立后第一任旅大市市长。1994年，斯大林广场更名为人民广场。

人民广场一直是大连重要的集会场所。1976年毛主席逝世，十几万人冒雨站在这里缅怀开国领袖。1995年9月5日，30万大连人在此聚集，欢庆大连解放50周年。

昔日的关东州厅行政大楼（今大连市政府办公楼）

梧桐古韵

高尔基路

漫步高尔基路

大连虽然年轻，但是发展很快，1903年，大连已经建设成为一个约4.25平方公里的现代化都市。那时的地图上还没有高尔基路。

高尔基路始建于1909年，先有路后有房子。1910年9月，大连补充规划伏见台地区，市区建设迅速推进到这里。高尔基路的起点是中山路路口，原来可以一眼望到老电车。20世纪20年代初，东部中山广场区域完成了建设，建设目标便由东面转向西面。1924年，谭家屯被划入大连市域，开始了城市化的进程。

日本侵占时期，这里的地名皆与花草有关。从花园町开始往东，水仙町、堇（堇是指紫丁花）町、山吹町、菖蒲町、桔梗町、白菊町、千草町、早苗町、若菜町、芝生（芝生是绿草坪的意思）町、芙蓉町、茑（茑是指爬山虎的红叶）町、薄荷町，接着分为上藤町和下藤町、上葦町和下葦町、上萩（萩是胡枝子，秋季七草之一）町和下萩町、上葵町和下葵町。20世纪20年代末期，国际建筑风格开始流行，这里逐渐形成了一个特殊建筑风格的区域。1946年6月1日去殖民化地名，高尔基路的名字便诞生了。

高尔基路东路口有一座改造过的老房子，没有门牌号码，高尔基路1号早已找不到了。高尔基路27号在2007年时就已经拆掉，但是它的院墙还残存着，两个青灰色的大门柱还没有被推倒，左面的门柱上嵌刻着“高尔基路27号”。老屋被拆以前，曾是海南石油公司大连分公司。它旁边是一条叫作茂田巷的小巷，依次排列着两座欧式民居，门牌早已经锈黄，依稀还可以看到都挂着“文明家庭”的铁牌。

路南侧已于20世纪改造，路北侧也有一大片地被圈了起来。茂田巷和花园街老房子连绵在一起，大都住着拾荒者和外来务工人员。也许他们没有意识到，他们住着的曾经是这座城市最好的房子。

高尔基路35号是大连建筑设计院研究有限公司后勤管理部。它的西面还有一座老屋，典型的国际风格，简约明了，四四方方。小院里还有几株树，树上常有麻雀停落，春意浓浓之间啁啾之声，煞是惬意。

路西的老房子是从纪念街开始的。高尔基路71号是中山区高校毕业生就业实习基地——创意71号兵站。这座简化的欧式建筑，六边形的造型，比较注重线条的变化，有点像是西班牙风格，但是那个半圆窗又不像。因为融合了多种风格，这座建筑最大的风格就是没有风格。因为房子下面留有约一米的空间，所以这种民间俗称为日本房的老屋具有冬暖夏凉的特点。

高尔基路35号

其旁边的老建筑基本都是典型的日本近代过渡时期的风格，在保留东方文化的同时融入了西洋古典建筑的元素，但是由于融合的技艺并不高超，所以造成了这种不东不西的奇异建筑。这些建筑很像日本漫画中的别墅。

高尔基路71号

走过北京街，可以看到两个日本寮，“寮”相当于我国的集体宿舍。和我国20世纪七八十年代的单身宿舍一样，未婚的日本男子，一般都住在这样的单身宿舍里。据曾在大连生活过的日本人记忆，高尔基路的老屋多是三井株式会社的宿舍，三井株式会社是一家大公司，所以建造这些房子也花了血本。

过了沈阳路，可以看见一座具有西班牙建筑风格的欧式餐厅——枫丹法餐厅（高尔基路81号）。西班牙建筑以坡屋顶为主，采用干净整洁的立面，多用白色或浅黄色，为的是反射地中海炙热的阳光。离它不远的高尔基路87号是红旗飘飘中餐厅，一中一洋，比邻为伴。

在长春路边还有一座古雅的书吧（高尔基路91号），名字叫作尚书苑。书吧开在这条百年老街，既符合历史，也符合时代。这是座典型的欧式建筑，不过它的大门采用的却是典型的中国园林常用的亭台或长廊处理形式，显然是后天改造的。即使是这样依然没有改掉建筑的神韵，似乎可以看到它的灵魂。

长春路与大同街之间老房子大多被染成了灰色，其中也不乏亮丽的老建筑。日本是一个善于学习的民族，所以他们的建筑中经常出现几种不同风格。这些建筑很像西伯利亚的民居，应该这么说，有几座房子是俄式建筑，但融入了日本的建筑理念。日式建筑的特点是木构、庭院，讲究与自然相结合。当初从西方学成归来的日本年轻建筑师，把大连当成了试验田，留下了很多东西合璧的老建筑，即便在日本本土也少见。

走过对山街、民运街，在东北路西侧的高尔基路上便可以看到方盒子。方盒子是新建筑思维的代表模式，因为在这之前的建筑设计日趋繁复，装饰日趋华丽，功能日趋单一，造价和工程量都很大，所以有人提出了一种适合大规模建筑和满足需求的简约风格。此时正值世界经济危机，所以小洋楼逐渐消失了。这些国际风格的建筑被形象地称作“火柴盒”。不过这些建筑还是考虑了一定的审美要求的，依靠几个方形、圆形的堆砌和颜色的点缀，通过对比来体现变化的美。

高尔基路老建筑之所以美，就在于变化。这里实在是不可多得的影视基地，电视剧《常回家看看》、时尚爱情片《我的美女老板》就曾在高尔基路取过外景。

高尔基路171号是老街上的第一个方盒子。从它开始依次排列着10个方盒子。高尔基路193/195号并不是高尔基路的终点，却是重点。高尔基路的终点在中山路。

浪漫的法国梧桐

高尔基路是目前国内唯一一条主干道老建筑存留区。这里最值得称道的除了老房子就是那参天的法国梧桐。夏天，高尔基路两旁一片深绿，巨大的树冠手拉手般交织在一起，形成

方盒子

夏日的高尔基路是一条林荫覆盖的长廊（郭朝晖/摄）

初雪的冬日，高尔基路的老街老楼有着别样的风情（隋生/摄）

一条林荫覆盖的长廊；秋天，树叶枯黄落下，堆满路街，叶茎又成了周边孩子们的玩具，他们会撸去叶片只留叶茎用来“拉根”。那曾是大连民间最草根的游戏。

一直以来很多人都把梧桐和法国梧桐混淆。梧桐和法国梧桐根本不是一回事。梧桐，又名青桐，原产于中国和日本，据报道，真正的梧桐，大连只有三棵；而法国梧桐原产于欧洲、印度和小亚细亚。法国梧桐有三个品种：一球悬铃木，原产北美；二球悬铃木，是杂交种，原产欧洲，在英国育成；三球悬铃木，原产欧洲东南部与亚洲西部。大连的法国梧桐以二球悬铃木居多，本该叫作英国梧桐，却被称为法国梧桐（20世纪一二十年代，法国人种植于上海的法租界内，故称之为法国梧桐）。

高尔基路旁最初种植的并不是法国梧桐 ，而是洋槐。洋槐不耐涝，一到雨季就容易倒塌，就连几十年的老树也不例外。1964年，高尔基路上的槐树被更植为法国梧桐。高大青葱的法国梧桐矗立在高尔基路上极具古韵，透出一种历史的厚重感，让你可以感觉到它们的灵魂与生息。

沈其震、苏子蘅旧居

虽然许许多多的老屋消失了，但还是留下了很多故事。高尔基路也是一条藏着故事的老街。

高尔基路189号是中国医学院院长沈其震的旧居（据《怀念沈其震同志》记述，凤鸣街160号是沈其震旧居，此为另一说法）。沈其震是原新四军卫生部部长，1947年，他向中央建议在大连创办大学。大学筹备期间，沈其震正在香港。中央电报通知他到大连大学工作，任命他为大连大学医学院首任院长，并让他设法聘请知名学者来任教。沈其震便在香港雪厂街建立联络站，秘密联系南京、上海、杭州等地的进步学者，并通过各种关系聘请到很多身在国外的知名爱国专家。那些身在国外的专家大都是在没有任何准备的情况下，突然乘船回国的。到达香港以后，沈其震又带领他们分乘外国轮船从朝鲜、丹东绕道来到大连。在沈其震的领导下，大连医学院建立了当时国内相当完备的图书馆，购置了各种教学仪器，不论是硬件设施还是师资力量都具有相当规模和实力。当年的《旅大人民日报》还为此专门发表社论：“大连大学的创立是旅大人民难忘的大事，标志着旅大新民主主义建设事业的迅猛前进，象征着旅大地区学术发展的开始。”沈其震后来曾多次回访大连，1985年夏天，他曾到大连医学院视察，并与叶行杰、吴襄等教授一起座谈。1992年，已是86岁高龄的沈其震携夫人王务安再次视察大连医学院。

苏子蘅旧居

紧挨着沈其震旧居的方盒子是原台盟名誉主席苏子蘅的旧居。1948年11月初，苏子蘅一行20多人，从山东俚岛乘船来到大连。他们要北上到哈尔滨东北局报到，便住在联络点聚兴公司里等待上级的指示。

在俚岛时，苏子蘅的旧病肺结核复发，咳了很多血，身体比较虚弱。旅大市领导考虑到苏子蘅的身体不能适应哈尔滨的严寒，而旅大市正在筹建大连大学，急需用人，就请示东北局，把苏子蘅留在了大连，把他一家安排到高尔基路191号居住。那时，大连的日本人刚刚被遣返，整条街都非常空。因为正处于解放战争期间，条件比较艰苦，一切物资都实行供给制，工作也没有工资，所以一切生活需求都由人民政府来安排。苏子蘅家的锅碗瓢盆都是从街对面的仓库里取来的。

初期，苏子蘅参加了大连大学筹建工作。后来，被安排在大连大学科学研究所当研究员、研究室主任。抗战胜利时，满铁中央试验所由中苏合办的中国长春铁路公司接收，仍有一批留下的技术人员在研究所工作。苏联将满铁中央试验所移交给中方以后，这里成为建立大连大学科学研究所的基础。因为苏子蘅早年曾留学日本，他受命担任大连大学工学院院长兼科学研究所所长，负责管理这些日籍科研人员。

当时，大连市内还有70多位台湾人，虽然原来的同乡会已经解散，但是同乡们常有来往。1949年8月，苏子蘅先后走访了简仁南、许义松、苏戊寅、蔡行铸、黄清琴、李辰、陈文、周辉等人。在征得他们的意见后，便向中共旅大区党委报告建议成立台盟旅大特别支部。在人民政府的支持下，很快成立了筹备会，苏子蘅被推选为主任，简仁南被推选为副主任。经过几个月的准备，台盟旅大特别支部于1950年4月正式成立。

1952年10月，苏子蘅被调到了北京的中国科学院计划局。苏子蘅离开以后，这里又住进了一位英雄人物——李诚。据考证，他是《平原游击队》中李向阳的原型之一。

郭安娜的故事

高尔基路193/195号曾经住着两个家喻户晓的风云人物：一个是我国著名文豪郭沫若的夫人郭安娜，一个是我国奥运第一人刘长春。这座小楼原是砖红色，多年来一直在不停地改变颜色，房子造型虽然简单，却始终有一种说不清的气质。

郭安娜是日本人，原名叫作佐藤富子 ，是一个非常虔诚的基督教徒。1916年，她与父母决裂，和一见钟情的郭沫若同居。当时两个人并没有其他生活来源，仅仅依靠郭沫若每月领取的32元的官费助学金度日。1917年12月12日，他们的孩子郭和夫出生，一家人虽然过得艰苦，但也其乐融融。

两个人毕竟是异国夫妻，一个要革命，一个要相夫教子，聚聚离离，在所难免。1937年“七七事变”以后，郭沫若又一次不辞而别。他走了以后，日本当局曾逮捕过郭安娜，甚至想让郭和夫加入日本籍。郭安娜坚决不同意自己的儿子改变国籍，因为她不想因战争让父子在战场上相见。

战争结束后，郭安娜带着孩子来到中国寻找到郭沫若，那时郭沫若已经和于立群重新组建了家庭。面对郭安娜的质问，郭沫若无言以对。最终由周恩来总理出面，安抚了郭安娜，并让当时大连大学校长李一氓把郭和夫安排到大连大学科学研究所工作。后来，郭安娜的二儿子郭博也回到中国，被安排在上海工作。

郭安娜跟随郭和夫来到大连，居住在高尔基路。他们住的房子原是大连大学讲师黄大能居住的。黄大能是黄炎培的儿子，是我国著名水泥混凝土技术专家，他调走后该屋便拨给郭安娜母子居住。郭安娜居所室内陈设极为普通，因为感激周恩来的缘故，墙上挂有他的肖像。

郭和夫一直从事有机化学、石油化学的研究。20世纪50年代，他在国内化学界首次开展了页岩油的成分分析工作，为我国页岩油的综合利用提供了重要的科学依据。20世纪80年代的时候，他还提出研制甲氰菊酯新农药的想法，并向当时的大连市市长推荐甲氰菊酯项目。

郭和夫的容貌酷似郭沫若，为人传统，温和孝顺，对母亲总是百依百顺，凡事都让母亲高兴。郭和夫晚婚，直到1953年才结婚，他的妻子也是一位日本女子，叫上田喜代子，婚后改名为郭喜代。郭喜代是传统的日本女性，非常低调，处处以夫君为荣。

1994年8月15日，郭安娜在上海去世。去世前，她留有积蓄457万日元，按照她的遗愿全部捐献给国家。母子情深，至孝至哀，相隔不到一个月，郭和夫也悄然去世，高尔基路的老屋里只留下了郭喜代一个人。

如今，郭喜代也去了日本，和他的儿子郭昂住在一起。郭昂的妻子也是一个日本人，或是冥冥中的注定，郭家三代人的妻子都是贤淑善良的日本女人。

刘长春故居

高尔基路195号是刘长春的故居，他不仅是我国奥运第一人，也是我国的民族英雄，是这座城市的精神象征。1932年洛杉矶奥运会前，伪满洲国原打算派足球队参加比赛，因为当时的中国足球称雄远东地区。但是这届奥运会上没有设置足球比赛的项目，旧中国政府遂于1932年5月底宣布不参加奥运会。日本人抓着这个时机，以伪满洲国的名义宣布："'满洲国'决定派遣于希渭和刘长春两位选手参加奥运会。"

此时，刘长春已离开了大连，摆脱了日本人的控制，他遂在《大公报》上发表声明："我是中华民族黄帝子孙，是中国人，绝不代表伪满洲国参加第十届奥运会。" 1932年7月，刘长春一行自上海乘邮轮，前往美国洛杉矶参加奥运会。途经神户时，有一个日本

刘长春、郭安娜故居（右侧为刘长春家）

记者上船采访，询问道："你是否代表'满洲国'参加奥运会？"刘长春回答道："我是中国人，当然代表中国。"刘长春的这次奥运之旅，终因旅途劳累，体力未恢复，功亏一篑。不过刘长春参加奥运会的意义却极为深远，既粉碎了日本人为伪满洲国做国际宣传的阴谋，也开启了中国体育出席奥运会的新纪元。

在郭安娜搬来不久，刘长春也住进了高尔基路这座小楼。远亲不如近邻，两家人处得非常好。郭安娜虽很少与外界接触，却经常和刘长春的夫人姜秀珍在一起聊天，她讲得最多的话题便是自己的儿子。郭和夫喜欢钓鱼，每当钓到黄鱼和梭鱼的时候，郭安娜都让他给刘长春家送几条来。郭安娜喜欢吃饺子，每当姜秀珍包饺子的时候，也会送些过来。1978年8月，刘长春的小孙女出生，起名为刘樱。樱花是日本的国花，这个名字是希望世人维护来之不易的和平，中日人民世世代代友好下去。

刘长春去世不久，许海峰同样在洛杉矶圆了中国人的奥运梦。1987年，上海电视台拍摄了三集连续剧《刘长春》。1989年，大连理工大学还为他雕塑了一尊铜像，荣高棠为此亲笔题字"体育先驱刘长春教授"。郭氏后人去日本以后，二楼的房子便一直空着，刘长春后人刘鸿图及家人却一直住在楼下。刘鸿图说："在这里已经住了很久了，确实产生了一种感情。最主要的是我父母都是在这里去世的，这所房子有着我们全家人太多的记忆，住在这里就觉得离父母很近，很亲切。岁数大了更容易怀旧，所以我不想离开这里。"

补遗

看过高尔基路的国人都说，没想到大连有这么深的历史内涵。日本的市川市把郭沫若和郭安娜住过的故居称为"郭沫若纪念馆"保护起来。实际上，高尔基路的这座房子应该叫作"郭安娜纪念馆"，郭安娜是真正意义上的大连人，是中日友好的象征。2000年以后，苏子蘅的儿子苏正民曾来过这条老街，寻找自己儿时的老屋。70多年过去了，老屋尚在，这实在是幸福的事情。一个人最宝贵的莫过于可以找到自己的童年，哪怕是一丝印记。

槐香深韵

凤鸣街

凤鸣老街的灵魂

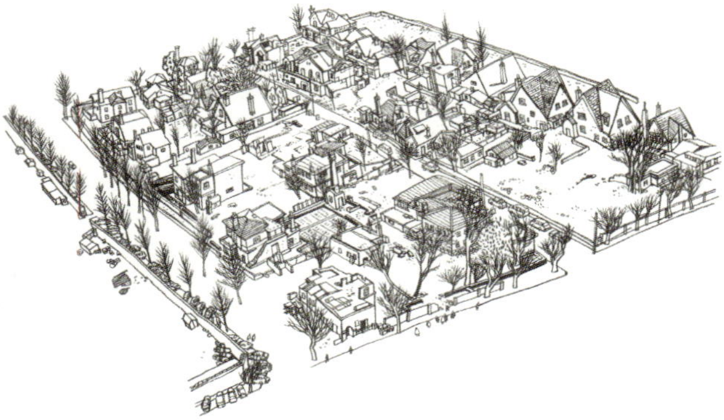

鸟瞰凤鸣街（孙群萃/作）

高尔基路因为有洋楼和蔽日的法国梧桐，所以别具风情。这道唯美的风景线也是国内少有的，虽说车流不断，却异样恬静，仿佛世外桃源。与之相邻的凤鸣街亦是这市井中的方化之地。每年初夏，槐花绽放，香飘长街，蝉鸣鸟唱，情侣相随，正是人在画中，画在城中一般。

凤鸣街也是大连的一条百年老街。日本侵占时期，这一带属山吹町、菖蒲町、桔梗町、白菊町、千草町、早苗町一带。“凤鸣”一词出自《诗经·大雅·卷阿》的“凤凰鸣矣，于彼高岗。梧桐生矣，于彼朝阳”。凤鸣街的名字源于1946年6月1日，取意正是凤鸣吉祥。“文革”时，这里一度改叫新华南一街，1973年恢复原名。

市井中的方化之地凤鸣街（李向明/摄）

凤鸣街上的老建筑，充分体现了当时日本建筑设计师们向西方学习的成果，处处有当时西方流行的工艺美术运动和新艺术运动的痕迹。当时一些从欧美学成归来的日本青年建筑设计师在本土因为受到压制，无法实现梦想，所以纷纷跑到大连，把大连变成了他们设计的舞台，而这些建筑的设计又不失日本的传统。“和魂洋才”[1]的理念是当时很多房子设计的基础，“和洋折中”则是设计的最终表现。看凤鸣街的这些老建筑，就像是在欣赏一部“图文并茂的建筑史书”。

凤鸣街的美还体现在老街上各式各样的窗户上。设计师把窗户设计成各种形状，不同大小，不仅仅是为了体现视觉上的美观，真正的目的只有一个，就是让房子里射进充足的阳光。

大连解放后，凤鸣街最东面的一些房子的产权单位归大连铁路分局（现大连铁路分局已撤销）管。这些房子在日本侵占时期是满铁社宅，满铁的福利待遇在当时的日本公司中是数一数二的，相当于最大的国企，最鼎盛的时期有30万社员。

原先的凤鸣街与纪念街是十字交叉的，现在，凤鸣街没有1号，它的起点是15号；本来凤鸣街西端路口在联合路上，如今凤鸣街终点止于拥警街，按照大连老话的说法，属于“掐头去尾”。

凤鸣街15号建筑样式简单，平顶加斜坡，粉墙黛瓦，小巧的半圆窗，风格比较随意。这种随意风格恰是来自欧洲的工艺美术运动风格，还有些折中主义的简化特色。

凤鸣街44号这座红砖小楼建于1965年，是原大连医学院教授老师的宿舍。凤鸣街46号是原大连医学院学生宿舍。恰是书香巷深，宁静致远。

柳运光与康敏庄

沈阳路与长春路间凤鸣街巷短而幽静，东首处是凤鸣街37号。这座建筑现代中夹杂着传统，横平竖直的白条装饰有柱子和梁的感觉，特别是配上红褐色的底墙。通过现代的窗框与梁柱协调搭配，给人平和端正、典雅幽静的感觉。凤鸣街上曾住过很多大大小小的名人，此处便是一个红色故居，是大连市委原副书记柳运光旧居。

[1]“和魂洋才”是日本明治维新时期福泽谕吉提出的思想。

后排左一为柳运光

柳运光原名柳云光，1918年生于烟台，1936年加入中国共产党，任中共胶东特委巡视员。1945年4月参加出席“七大”会议，奉命参与组织胶东八路军东北先遣队，渡海到辽东半岛。1945年12月担任中共大连市委副书记兼大连工会副主席。1947年11月担任中共旅大地委副书记。1947年初至11月任旅大地委书记、关东（旅大）职工总会副主席。在大连期间，柳运光曾参与过中共旅大地委出版的秘密机关刊物《斗争》的编辑工作。1949年6月调到山东工作，离开大连。

短巷末处凤鸣街47号属现代主义风格建筑，受到了装饰艺术运动的影响，采用大开窗和几何构成装饰。这里是原大连广播电台台长康敏庄的旧居。康敏庄1937年7月参加革命工作，历任胶东招远地方游击队指导员、中共胶东区党委宣传部宣传科科长等职务。抗日战争胜利后，康敏庄调到大连工作。1945年12月19日，他受中共大连市委指派，在苏军代表李必斯少校陪同下，以大连市政府名义接收了日伪控制的大连中央放送局。1946年1月16日，大连广播电台正式播音。1947年1月16日，康敏庄在《实话报》发表总结文章《一年来的大连广播电台》：“敌人把广播电台作为它侵略奴役我们同胞的工具，我们则是在祖国的土地上，为祖国的独立繁荣而工作。”

柳运光旧居

1947年6月，旅大建立关东文协，康敏庄和柳青一道成为理事。1949年11月，他又受命进京，专程给毛主席送去一封由52万旅大市民联名签署的致敬信。这封信充分表达了回归祖国怀抱后的旅大人民对中央政府的感激与忠诚。1949年11月17日，《东北日报》专门刊载了毛主席给旅大人民的函复：“旅大区党委同志们并转旅大区人民，由康敏庄同志带来的签名书及礼品，均已收到，谢谢你们和旅大的人民，希望你们在生产建设上更加努力，创造更大的成绩。”如今这封信被保存在大连市档案馆。

“文革”期间，康敏庄曾遭受迫害，但他没有动摇。“文革”结束后，康敏庄仍然忠贞为党，积极献计献策。1998年11月30日，他在大连逝世。

康敏庄旧居

老市委书记韩光故居

凤鸣街很多老建筑的门外侧还保留着当年的“郵便新聞受”，即邮件和报纸的投递口，这在当时是每家门上不可缺少的，因为信件是当时最主要的联系方式，而报纸又是最主要的消息来源。“郵便新聞受”的内面，还有一个门链的凹槽，无论是晚上，还是白天家里有人的时候都不用锁门，只要挂上门链就行。凤鸣街87号的小院里还有一口老井，井水至今可以饮用，清澈甘甜。凤鸣街97号稍显怪异，是西方独立式住宅基础上的一种简化风格，包括窗的处理都没有线脚，体现着日式风情，也掩藏着中国传统建筑的精髓。凤鸣街101号是一座折中主义风格建筑，不对称在这个建筑上体现得非常明显。设计师通过不对称的变化来表现建筑的美。

凤鸣街104号的弧形门窗很有特点，这是罗马式风格的代表。两个天窗是起通风隔热用的，简约而又典雅。凤鸣街106号是座不对称建筑，不对称既是巴洛克的特点，也是后现代的特点。设计师通过高高的烟囱改变视线上不平衡的感觉，对比之中体现着变化的美。一层房顶设置成阳台，满足了人们的需要，实现了人与自然的和谐。门口还有折中主义风格的雕花，不乏玲珑与花哨。

这条老街上有两座三层楼，凤鸣街118号是第二座，矗立在民运街口，显得与众不同。

凤鸣街133号完美地体现着国际风格，墙分为几段，颜色做得恰如其分，对比之间可以感受到历史的凝重。欧式的入口雨棚最具特色，变化中蕴

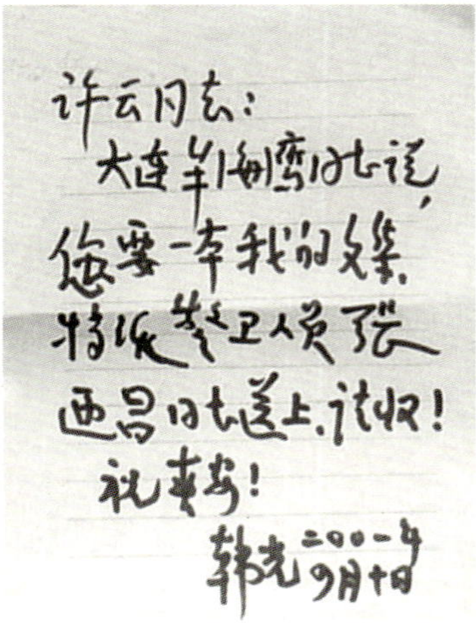
许云同志：
[illegible]，
您要一本我的文集，
特派警卫人员张
西昌同志送上，请收！
祝[illegible]安！
韩光 2001年9月十日

韩光手迹

落有致。这里就是老市委书记韩光的故居。

韩光1931年加入中国共产党，1942年起主持中共中央东北工作委员会。1945年，苏军出兵东北，击败日本关东军，对大连实行军管。因为当时大连没有中国人自己的政权，所以国共两党在大连政权的接管上展开了特殊的较量。10月，韩光按照彭真的指示“抢形势，搭架子”，成立了日本投降后的第一届中共大连市委，粉碎了国民党企图接收大连的各种阴谋活动。解放战争爆发后，大连成为新中国解放的最大后勤基地，从1947年到1949年，生产炮弹50余万发，引信80余万枚，弹体中碳钢300万吨，无烟火药450余吨，迫击炮1430门及其他军工产品，有力地支援了前线。粟裕将军曾说：“华东的解放，特别是淮海战役的胜利，离不开山东的小推车和大连生产的大炮弹。”

在韩光的领导下，大连先后创建了旅大建国学院、大连工业学校、关

韩光旧居

东电气工程学校、关东医学院和关东俄语专门学校。1949年4月15日，这几所学校合并，建立了人民政权第一所新型理工科大学——大连大学（后来改成大连工学院、大连医学院、大连俄语专科学校），为新中国培养了许多人才。韩光离开大连后，这里又住进了一位市委书记杜李[1]。因为时间隔得太久，周围的人记住了杜李，而忘却了韩光。

老街飘槐香

风鸣街上居住最多的还是大连工学院和大连医学院的教授和老师们。如我国微生态学的奠基人魏曦、著名药理学家张毅、新中国人类古生物学的奠基人吴汝康、著名生理学家吴襄、我国最早从事色谱理论研究的彭少逸院士等。

魏曦于1949年来到大连，担任大连医学院微生物学教研室主任兼大连生物制品研究所副所长。抗美援朝期间，他参加美军细菌战争罪行调查团，从美军投掷的细菌武器中分离出鼠疫和霍乱菌，并向以英国李约瑟博士为首的国际科学委员会提供了科学证据，发表了《美国在朝鲜和中国东北进行细菌战的事实》的调查报告，向全世界揭露了美帝国主义的罪恶。因此，朝鲜民主主义人民共和国授予他二级国旗勋章。1956年2月6日，毛泽东主席在中南海招待会上还与魏曦教授共同进餐。

张毅在大连生活了20多年，是医学界的学术泰斗，为大连培养了众多优秀的医学人才。1958年，他还兼任旅大市副市长。他的学生，原大连医科大学教授李淑媛想起老师仍充满了感激："能从师于德高望重的张毅教授，是我一生最大的幸福！"

风鸣街143号是座美国草原式风格建筑，很像柯布西耶风格，转角窗、竖向长条窗、凸窗、八角窗都极漂亮，又实用。这里曾是物理学家齐友征的旧居，他是放射性同位素方面的专家，曾自编《放射物理学》教材。"文革"时期，齐友征被下放到普兰店，这里的主人换成了当时的公安局局长张广信[2]。

风鸣街145号是典型的折中主义风格，屋顶坡度很大，有北欧建筑的特

[1] 杜李，又名杜志良，河南济源人，1977年4月—1982年9月，任中共大连市委书记。

[2] 张广信（1918—1989年），老红军，北京大兴人，曾任八路军总政治部党校训练班指导员。新中国成立后任沈阳市公安局副局长，后调任大连公安局局长。"文革"时期遭受迫害，被关押六年之久。1972年任旅大市纺织局副局长，后任中共旅大市委纪律检查委员会副书记，1989年病逝于大连。

点，又有点青年风格派的感觉。三个小窗小巧玲珑，点缀下不显得愣，有一丝异域风情的感觉。这里是大连市原副市长康积惠的旧居。康积惠是土生土长的大连人，曾担任碧流河水库工程会战指挥部总指挥。那是大连水利建设史上规模最大、线路最长的工程。真正让他名震大连的却是足球。他不仅是副市长，还是一个彻头彻尾的球迷。1983年3月，他担任市政府秘书长，在起草年度工作重点时，他针对全国多支甲级球队中都有大连人，而大连却没有一支甲级队的情况，做出了“大连足球队奋战三年晋升甲级队”的决定。当年11月17日，大连足球队如愿地升入甲级队，结束了“全国足球甲级队中有大连人没大连队”的尴尬历史，为大连足球的发展奠定了坚实的基础。

凤鸣街149号是座简约实用、凝重素雅的东方建筑。此处是外科学家、遵义医学院院长陈荣殿的旧居。陈荣殿出自医学世家，1945年曾到美国波士顿麻省总医院进修麻醉学。大连解放后，陈荣殿响应沈其震的召唤，来到大连医学院担任外科副教授。大连医学院的麻醉室便是由他在1953年领导创建的。

凤鸣街158号是水利学家李士豪旧居 （刘新杉/摄）

陈荣殿和齐友征两家相临不远，关系处得非常好。陈荣殿的夫人叫张孝莹，是医学界名家张孝乾的妹妹。他们的儿子也不简单，曾是海政歌舞团的小提琴手。

齐友征全家下乡以后，陈荣殿一家跟随着大连医学院南迁遵义。这一走，他再未回过大连。1983年，陈荣殿在遵义病逝。1991年，张孝莹女士终因思念大连，特地返回凤鸣街寻找齐氏故人。“淡云孤雁远，寒日暮天红”，凤鸣老街留下了居客无限的情怀。

偶然看到凤鸣街158号，为它的美丽所吸引，不免拍摄起来。叩门打听，才从邻人口中得知这里是水利学家李士豪的故居。李士豪是大连理工大学土木工程系的创建者。年轻时，他留学美国，1939年回国在重庆中央大学水利系任教授。1946年5月，九三学社在重庆正式成立，李士豪便是其创始人之一。这年7月，李士豪到南京政府水利部工作。1948年年底，人民解放军兵临长江，为支援人民解放军渡江，他把长江水文地图秘密交给了地下党。翌年1月，李士豪辞去了水利部的职务。在他辞职之时，一位地下党员问他："老解放区大连正创办一所新型大学，很需要人，您是否愿意去？"他便欣然答应。从此，他便成为大连人，为新中国的建设和发展付出了毕生的心血。"人到无求品自高"，这是他一生的写照。

最后的遗产

凤鸣街160号（一说沈其震旧居）是座浪漫的法式风格建筑，坡屋顶造型是分段式的，属于典型的功能主义，从烟囱可以想象到里面的功能分布。一层的坡屋顶和第二层坡屋顶错落分开，烟囱的样子非常经典，坡屋顶通过烟囱连接在一起，建筑通过烟囱冲击人们的视觉，这既是一种表现手法，也是它的一个特点。这里是原旅大市副市长宋志新旧居。大连解放后，他调到大连工作，曾任大连市合作总社主任，是旅大供销合作商业创办人之一。宋志新主抓的站前储蓄所全心全意为人民服务的先进经验，被当时的旅大市委树为各行各业学习的榜样。

"文革"结束后，他担任主管财贸工作的旅大市副市长。为满足城市居民细粮、菜、肉、蛋的供应，他积极组织在城乡建立集贸市场，发展个体经济。他首先提出大连市商业现代化，并策划了富丽华、九州等一批现代化酒店和商场的建设工作。

凤鸣街160号宋志新旧居

凤鸣街162号多少有点法国的浪漫，传统坡屋顶加烟囱，窗户又有些现代主义。双屋顶是连接在一起的，采用六边形与三角形的连接方式，连接的部分虽然有排水的渠道，但错落分开、和谐有序。为了更好地采光，窗户开得较多，方形的门和拱形的窗形成了一定的对比。建筑前面呈90度拐弯，造型很美。这里曾是《旅大日报》原总编辑、科委主任曹林的旧居。今天的《大连日报》报头字的由来也留有他的一段佳话。

郭沫若题写的《大连日报》报头

凤鸣街164号许西旧居（陈亮/摄）

1966年春节刚过，中国科学院院长郭沫若来大连考察，住在棒棰岛。听到消息后，担任《旅大日报》总编辑的曹林立即带着编辑部主任洛鹏来到棒棰岛，请郭沫若为《旅大日报》题写一幅字。因为历史的原因，郭沫若曾多次来过大连，对大连一直情有独钟，所以不假思索地答应下来。这时，恰闻北京下了一场大雪。“瑞雪兆丰年”，他不禁喜出望外，挥笔一气呵成：

“电自北京至，喜从天外来，报道京区大雪，尺厚积长街。万水千山皆白，蜡象银蛇竞舞，玉宇绝纤埃。满地琼花放，旭日唤颜开。驱旱魃，除虫害，登春台。丰年在望，公社人人喜满怀。料想内蒙古三晋，莽莽黄河一带，农事好安排。身在大连港，高唱凯声回。

“一九六六年二月二十一日夜，得北京来电，报知北京大雪积厚盈尺，同人闻之莫不皆大欢喜。因成水调歌头一首，书奉旅大日报社，请用以补壁。”

大连召开常委会议时，胡明便曾让曹林当众朗读郭沫若题写的词章。郭沫若逝世后，《旅大日报》报头字正式启用郭沫若题词中的“旅大日报”字样。1981年2月，国务院批准旅大市改称大连市，《旅大日报》随之改名为《大连日报》。改名后的《大连日报》报头字取用郭沫若题字“身在大连港，高唱凯声回”中的“大连”二字，再加上原来的“日报”两字。这就是《大连日报》报头字的由来。

凤鸣街164号的窗户非常独特，山墙处理成三角形和六角形，细节表现得更为用心，如屋檐下的装饰，楼顶的烟囱。这里曾住着声名显赫的人物，就是原旅大市市长许西。许西1938年参加革命，并加入中国共产党，曾任新四军三师保卫部副部长，负责陈毅的警卫工作。1961年当选旅大市市长，还做过旅大市市委书记。他做市长的时候，曾经接待过很多中外名流，如李宗仁、尼泊尔王子沙阿等。

凤鸣街166号比较独特，材质是裸露的，未加装饰，多边形的平面组合丰富了它的立面，老虎窗很有特点，阳台像古城堡一样。凤鸣街尾151号的二层方楼，日本侵占时期是邮局，大连解放后成为中国人的住宅。凤鸣街168号，民间称作“将军楼”，或许这里就曾经住过陈毅的夫人张茜和粟裕的夫人楚青。

补遗

老房子、老街还有老人，是这座城市的记忆，是不该被遗忘的。没有任何事物比它们更适合担当大连城市文化根脉的代言者。凤鸣街在2010年11月高尔基路沿线拆迁改造覆盖范围之内。

凤鸣街（朱爱华/摄）

百年老街凤鸣街同高尔基路一样，有一种别样的风情，恬淡、静谧，仿佛世外桃源（隋生/摄）

岁月留痕

北京街

北京街北起鞍山路，南至胜利路，日本侵占时期属堇町一带。因为这一带地形多是山冈，昔日闯关东的海南丢形象地把这里称为“小岗子”。1946年5月，大连市地方法院第一任院长和首席检察官于会川病逝，为了纪念他，将此街命名为会川街。1946年6月1日大连统一地名，会川街改为一心街。1949年，一心街改称北平街，新中国成立后改为北京街。传统意义上的北京街是指黄河路以北那段，这既是历史原因造成的，也是一种习惯。

小岗子老照片

北京街最北的北关街15号，是20世纪70年代建造的板楼。北关街起点九三街，终点博爱街，日本侵占时期因其在小岗子以北，故名之。“文革”时，北关街曾改名为红光北三街，1973年恢复原名。

北京街教堂后身遗存的两个大院；更生街8号与更生街10号

北京街上还有很多横贯的老街：丰登街、庆贺街、泰公街、更生街、大龙街、福德街、民权街、丰满街、新起街、新春街、大胜街、黄河路、黄河街、中山路、五四路、水仙街、建民街、德太巷、新华街、凤鸣街、高尔基路。如今，北京街头已是新建楼盘北京公园，北京街街尾也因扩路需要而被拆除。

关于西岗街道的介绍，《大连要览》里有这样的记载：“大连市东南背丘陵，西北面向大连湾，为一大都市，距离门司港640海里，距离上海530海里，其街道袭用俄治时期之设计，命名仍依当时俄国都市名称；放射形之大街有大山通、监部通、寺内通等，依我国将军名字或官衔而命名；其他街道有自其本国国名而来，如支那街；北岗子、西岗等依小岗子，其命名仿中国街道，使用吉祥如意名词，如得胜街、久寿街、永乐街。”

丰登街取意五谷丰登，日本侵占时期属财神街一带，1946年改为现名，“文革”时期曾叫红光北二街。老街虽还存在，已不是当初的样子。庆贺街在日本侵占时期属德政街一带，1946年始名，“文革”时期曾被叫红光北一街。以前，庆贺街还有一个43号大院，里面住着三教九流各样人等，其中就有大仁堂的赵春亭和老朱大夫。

“泰公街”一名源自我国文化习惯，泰公是中国旧时赏善罚恶十王之一泰山王。今天的泰公街与日本侵占时期的泰公街有区别。日本侵占时期的泰公街是今天的九三街，今日的泰公街从长途汽车站开始，一直到沈阳路。更生街在北京街教堂后面，现在还遗存两个大院：更生街8号与更生街10号，因为多年的雨水冲刷朱红色的大门已经残破，大门砍掉了门槛，是为了方便推车。

北京街教堂

外德劳

民间一直把北京街基督教承恩堂（长江路605号）简称北京街教堂。教堂是由丹麦传教士外德劳筹款建造的。外德劳于1896年来大连，1906年，他在中国街上租借的三间小板房里传授教义。小板房比较简陋，大风一吹就不住地晃动，大家把它称作摇动房。1911年，外德劳决心在大连建造一座宏伟的基督教堂，遂返回丹麦募捐。1914年，他的梦想得以实现。这座教堂就位于中国街的最高处，昔日可以一览众山。绿瓦青砖凝结着庄重，八角塔楼上耸立着十字架，既有哥特风情也有巴洛克特点，还展现着浓浓的罗马风韵。

昔日的北京街教堂

在外德劳的努力下，大连的基督教徒在1920年时发展到300多人。当时，大连基督教会不仅仅是一个宗教组织，辖下大龙街（久寿

北京街教堂

街）福音堂还曾经涌现出孙文凯和洪文德两位爱国牧师。这两位牧师都参加了抗日地下组织大连放火团，经常利用便利条件到小岗子站放火烧毁日军军需。

1940年夏，日本殖民者开始严密搜捕大连放火团成员，孙文凯牧师不幸被日本警察抓获。孙文凯当时只有20多岁，还没结婚，但有一个女朋友。他本不至于死，敌人审问他："你一个牧师，不老老实实传教，怎么放起火来了？"孙文凯回答说："我是中国人，放火是我的责任。"结果他遭受各种酷刑折磨并被处以绞刑。40多岁的洪文德牧师，有幸逃脱了日本人布下的魔网。

此处曾被称作大连西岗基督教信义会，1945年后为大连市中华基督教联合会驻地。"文革"时期，这里被关闭。1981年才得以恢复，重新叫北京街礼拜堂。后来，又改叫大连市基督教承恩堂。

杨凤鸣与岐山医院

北京街37号大连工商行政管理局西岗分局是岐山医院旧址。岐山医院的创始人叫杨凤鸣，是旅顺人，用大连话讲是“此地巴子”。1916年，年满24岁的杨凤鸣考入奉天南满洲医学堂。苦读三年后，来到满铁大连病院就职，因为表现出色，第二年就被医院推荐到日本帝国大学医学部进修。两年后，杨凤鸣回国，满铁大连病院把他分配到同寿医院（旧址在今五一广场大世界位置）任内科主任。1931年，杨凤鸣辞去公职，在繁华的北京街开设了岐山医院。岐山医院一名源于杨凤鸣的字。“凤鸣岐山”是一个流传3000多年的典故，传说周朝兴盛前，岐山有凤凰栖息鸣叫，世人便认为凤凰是因为文王的德政才来的，把这看作周朝兴盛的吉兆。

医者道也，自古医师多是风流儒雅，杨凤鸣也不例外，他不仅是大连中华青年会副会长，也是嘤鸣社成员。嘤鸣社是一个民间诗友会。1935年春，杨凤鸣曾与嘤鸣社社友在登瀛阁（今裕景大厦位置）赋诗雅集。杨凤鸣擅长古诗，造诣极深，曾写过很多赞美家乡的诗篇，其中一首《响水寺》读来颇有韵味：“翠霭凝空不可攀，通幽端赖画桥弯。寺名何待山僧说，悬瀑投溪响漩澴。”

杨凤鸣还精通日、英、德三国语言，博学多才，要说更为人乐道的便是他的医学造诣。大连解放后，杨凤鸣携简仁南等组成大连医师公会，并被推举为会长。1947年4月关东公署成立，杨凤鸣受命担任卫生厅厅长，并积极组织医疗队开赴东北，支持解放战争。同时，他也不忘治学钻研，开始编写《英汉辞集》等。他还撰写过《中华民族血型之研究》《人种血型研究》等多篇论文。

岐山医院旧址

“文革”中杨凤鸣遭到残酷迫害。1966年9月3日，他不甘忍受，投井辞世。

一中往事

走不远便可看见北京街57号大连消防队第九中队，此处原先是小岗子望火楼。最初，中国人街区并没有望火楼，附近的消防工作由小岗子公议会负责。1914年，小岗子公议会拨会款购置水车、水袋并招募10名消防员成立消防会，公议会副会长徐瑞兰负责管理。

随着城市扩张，日本人的势力自然蔓延过来。1927年，大连建立消防署，各个区域如今鲁迅路、松云街、岭前、西安路、甘井子、北京街相继建立消防所。小岗子（北京街）消防所建立以后，民办的消防会自然被取消，日本关东州厅警保局长、西岗警署署长石井亲自到小岗子公议会邀请徐瑞兰等人，并摆宴致谢。如今，这座望火楼已经不是原来的模样。

北京街71号大连第一中学是日本侵占时期西岗公学堂与大连商业学堂旧址，始建于1922年。整座建筑平实整齐像道地平线，点缀着两个尖尖的北欧风格陡坡屋顶，和风中混搭着哥特风情。斜屋顶上凸出的老虎窗既是为了方便采光，也是为了让这座建筑避免过于单调而缺少风韵。

大连商业学堂在当时就相当于今日的名牌大学，大连很多名人出自这里。新中国成立以后，很多刚毕业的商业学堂学生响应号召，参加革命，被分配到缺乏人才的解放区。老电影《平原游击队》中鬼子大队长松井的扮演者——著名演员方化也是当年大连商业学堂的学生。曾经创作出《采蘑菇的小姑娘》《妈妈的吻》等歌曲的著名作曲家谷建芬，也在这里度过了自己的青少年时光。

大连第一中学

北京街清真寺

大连第一中学对面便是96号北京街清真寺。20世纪初，就有回族穆斯林来大连定居。1922年，他们集资在此处筹建清真寺，1925年竣工。“文革”期间，清真寺被关闭，“文革”后被重新修复。1989年4月，在大连市伊斯兰教协会哈吉·白云阿訇的主持下，大连新寺工程破土动工，1990年10月28日正式落成。

新清真寺外观壮丽，造型美观，典型的阿拉伯建筑风格。门厅的顶部中间是绿色的大穹顶，穹顶上端装饰有一颗象征伊斯兰教特征的月牙；两则另有两个小圆顶陪衬。寺为三层建筑，四角各有一座高大的顶塔，屋顶中间也装有一弯新月标志；粉面绿顶，具有浓郁而典雅的伊斯兰特色。

周家炉故事

北京街与新开路间有同仁街、久寿街和九三街。日本侵占时期便有同仁街，“文革”时期曾被称作文革反帝街。久寿街也是沿用日本侵占时期的名字，“文革”时期也有一个响亮的名字，叫文革备战街。

日本侵占时期的地图上，同仁街、久寿街、泰公街以电车道为界有南北之分，大连解放后合二为一。如今北同仁街、北久寿街一带皆被建成高楼大厦，称为北京公园。南同仁街、南久寿街一带于20世纪90年代被改建为高楼。北泰公街早已改样儿，南泰公街大致是今天的九三街。

著名的周家炉旧址就在这附近的白云物业大厦（原南泰公街45番地，今长江路588号）位置。1907年，旅顺周文富、周文贵兄弟仅凭89元资本起家，在南泰公街45番地创办了制造马掌和钉马掌的铁匠炉，即周家炉。当时，马车是大连的主要交通工具，周家炉抓住机会，迅速赚取了第一桶金。

1910年，周家兄弟将铁匠炉改名为顺兴铁工厂，潜心研制和生产油坊器械。因为日本人对技术严格控制，虽然周家炉先后制造出人力螺旋式榨油机和机械动力火油机等设备，但是出油率始终赶不上日资三泰油坊生产的榨油机。

不过日本人也有求助于中国人的时候。一次，日资三泰油坊的榨油机出现故障，找遍大连无人能修，便来周家炉请人修理。周家炉的技师利用维修机会，看懂了工艺构造，很快研制出冷气榨油机（液压机）。当时大连、营口、沈阳、开原、长春、四平、吉林、哈尔滨、齐齐哈尔及青岛、海州等地，凡设机器油坊或改建油坊者，绝大部分都向顺兴铁工厂订购机器。

1911年冬，顺兴铁工厂购置各种机床130台，雇有1300余名工人，成为现代机械化的大工厂，与日资满铁沙河口工场、川崎造船所形成鼎足之势。20世纪20年代，周家炉发展为跨区域的大企业，有员工4000余人，不仅拥有大连顺兴铁工厂，还有哈尔滨的滨江振兴铁工厂、营口大兴铁工厂、大连复州湾煤矿、抚顺阿金沟煤矿、大连复州陶土矿、瓦房店裕和煤矿等众多企业，在运输方面已经拥有海轮、火车、船坞、汽车，固定资产逾百万。

国难之际，周氏兄弟不忘报国。北洋政府对日签署卖国的“二十一条”后，全国掀起爱国储金运动。1916年，周文贵亲赴哈尔滨，参加爱国储金运动大会，并登台演讲。他讲到慷慨激昂处，当场用刀砍断左手无名指，血书“储金救国，勿忘国耻”八个大字，当众捐款3万元。他的爱国壮举引起民众共鸣，大家纷纷解囊捐献。

周氏兄弟在大富大贵之时，也不忘出身贫寒，时常接济穷人。周文贵是大连、旅顺乃至东三省有名的慈善家，民间一直把他称作“周善人”。每年冬天，周家都会在西岗开设庇寒所，供从山东来大连逃荒的难民居住。1918年，旅大地区连年灾害，周氏兄弟捐大洋10万元，从东北腹地购来28节车厢苞米、高粱等粮食，赈济灾民。

1919年，周氏兄弟在南久寿街购得土地3.6万平方米，并在福德街（今九三小学校园东墙外位置）上盖起了周家大院。福德街“文革”时期曾叫作卫国三街。当时，周家大院堪称大连的大宅门，大门正对着东面，外宅有花园和停车场，内宅的正面、左右两面各有三趟厢房，正厢房便由周文贵和周文富兄弟居住。

周氏兄弟曾建造了1.5万平方米的厂房，打算制造汽车和轮船。自周文贵砍指捐款之后，日本殖民者就开始绞尽脑汁，打压周氏兄弟。日本殖民者无故吊销了顺兴铁工厂制造汽车和轮船的执照，使周家企业蒙受了巨额损失。1928年10月9日，周文贵乘船偶逢风暴落水遇难。周文贵死后，周文富势单力孤，生意随之一落千丈。最终，周文富在抚顺被日本人毒死。过了不久，周家炉也败落了。

1933年，日本殖民当局伙同日本商人将周家大院拍卖。周文贵之子周武福听到消息后，立即从抚顺赶回大连，用一箱金子赎回了最后的四分之一院落和房子。经此变故，周家大院只能将东向的大门改为南向，面临永乐街。当时，永乐街上有很多妓院，一直绵延到福兴里，一片灯红酒绿。

“文革”时期，永乐街改名叫作卫国中街，如今这条老街已随着城市化的进程消失了。由于旧城区拆迁改造，位于原大连市西岗区福德街35号的周家大院在20世纪90年代也被拆掉了。

大连通背武馆

今日之福德街附近原有两条老街，一条叫平顺街，一条叫德胜街。平顺街取意平安顺利，日本侵占时期便有，民间印象中是条半截腰子街，从司仁街通到博爱街，“文革”时期曾叫卫国二街。日本侵占时期，老街曾有双台浴池，即后来的北京街浴池。老街上最有名的莫过于已经消失的大连通背武馆。

大连通背武馆由修剑痴所创。修剑痴原名修明，曾在民国总统曹锟府下任武术教官，因为迷恋剑术，自号“剑痴”。1919年，修剑痴来大连游览，流连忘返，便在原平顺街56号位置租了6间房子，挂起了武馆招牌。

修剑痴

“九一八事变”后，修剑痴与徒弟韩鹏尧在东关街桥洞，发现有四个日本兵调戏中国妇女，便上前制止。师徒俩把日本兵打得连滚带爬。日本人把此事立为反日事件，修剑痴被迫逃到湖南。躲过风头后，修剑痴于1937年8月折返大连，继续经营武馆。

大连解放后，修剑痴的才华得到充分施展。1953年，他被邀请为全国民族运动会散打、短兵项目裁判员。他撰写的《通背拳谱》在大会期间得到贺龙元帅高度评价，并与他合影留念。1954年，贺龙元帅特地派国家体委武术处处长毛伯浩来大连看望修剑痴，恳请他协助编排国家比赛统一套路。1959年，修剑痴在大连病逝。人虽故去，武韵却永远长存滨城。

一代名医孔杼堂

孔家后人整理的《孔杼堂先生医案》

老街上不但有民族实业家、武术家，还有一位德高望重的名医孔杼堂。孔杼堂自幼熟读四书五经，曾教过书。1918年，孔杼堂来大连，受聘于某商家担任家庭教师。其间，他与义举和药房一李姓老中医结识，相互间经常切磋医术，受益颇多。不久，孔杼堂便辞去家庭教师工作，来到平和街康德记西栈药房挂牌行医。后来，他还曾在天和药房和大仁堂药房当过坐堂大夫。

孔杼堂谙熟内经、张仲景及近贤锡钝之说，颇有名家风度。1941年，他在西岗德胜街开设益民药房诊病售药。德胜街便在今天西大龙街一带，从日新街至沈阳路，“文革”时期被改叫卫国一街。日本侵占时期，孔杼堂曾自发组织西岗汉医自治研究会讲授中医。1945年，大连市国医公会成立后，孔杼堂出任副会长、会长之职。1950年，他前往北京挂牌行医。1957年8月，孔杼堂病逝于大连，仅存一册《经验记录》。后人据此整理出《孔杼堂先生医案》，此书至今仍是医家学习的范本。

永藏心间

新开大街

庞睦堂与新开大街

新开路原是条狭窄小路，始建于1911年。因为历史的缘故，民间一直都把这里叫作新开大街。传统意识上的新开大街是指黄河路以北，这一带原本是小村落，仅有十几户人家，1905年后逐渐发展起来。日本侵占时期，新开路北段是中国人的乐园，南段却是日本人的天地；北段是中国的名字，南段则是日本的名字（指惠比须町、长者町、花园町和三室町）。

主持这里商民事务的是成立于1906的小岗子华商公议会。1924年，福顺义油坊经理庞睦堂当选小岗子华商公议会会长。

庞睦堂是大连湾柳树屯人，因为视力不好，民间把他叫作“庞瞎子”。早年，庞睦堂与郭学纯合资经营柳树屯杂货铺。1919年，他独资在大连创设福顺义商号。由于经营有方，且为人讲信义，庞睦堂在华商中威信极高，逐渐成为华商“八大家”之一。1924年，他还被推选为大连市役所（市政府）议员。

小岗子虽然发展很快，不过直到20世纪30年代初也没有一条柏油马路。当时，东大连有浪速町夜市，西大连有大正通夜市，小岗子华商公议会便打算在大龙街开办夜市。日本殖民当局以大龙街道路狭窄为由，不予批准。1928年，会长庞睦堂代表小岗子商民请求殖民当局拨款修建道路，并要求在小岗子中心地段开辟一条大街，殖民当局仍不加理睬。小岗子华商公议会便决定自行集资开辟新商业街，但是殖民当局还不允许。直到1931年春，通过张本政协调，殖民者才允许自行筹款修建道路。

规划中的大街恰好选在南起长者广场（今人民广场）、北至北岗子铁路沿线间，即小岗子最热闹的中心地段。两年后，一条崭新的柏油大马路出现在人们的眼前。殖民者竟下通知新马路起名明治通、新京大街。明治通即是纪念日本明治天皇，新京大街则是为纪念“满洲国”建国。

早在这路开建之初，庞睦堂等人就想好了名字，叫中华大街，因此小岗子华商公议会对殖民者命名置之不理。殖民当局便现场召集公议会，重申明治通、新京大街的重要性。庞睦堂说：“这条路是小岗子商民集资所建，起名中华大街是表示此为华人出资，现在要改名为明治、新京大街，那就由日本政府或长春方面付全部建筑款。”日本人当然不愿出钱，便提出名字可以由小岗子商民自定，但是不允许叫中华大街。庞睦堂便说，这条大街是新开辟的，就叫新开大街。从此，新开大街便叫开了。

老街的变迁

大连人执意叫新开大街，日本人当然不同意，便在《大连番地入案内》把它记为新大街。不过，这并不能改变大连人的习惯，大家依然故我。

建设新开大街的第二年，小岗子华商公议会便代表全区商民要求更名。通过努力，殖民当局批准小岗子华商公议会改名为大连西岗商会。从此，小岗子正式改名为西岗，但是老大连人还是习惯把这里称为小岗子。

1934年，大连西岗商会与南满洲电气株式会社商定开始在小岗子一带树立电线杆通电，为新开大街的繁华奠定了基础条件。新开大街开通后，两侧高楼林立，华商大户亨大钟表眼镜店、义隆号、志祥茶庄、玉生银号、丽华金店、裕成号绸缎庄、广盛福绸缎庄、玉成百货店、公和昌百货店、东聚成杂货店、大仁堂药房等纷纷迁来。街周边还有很多烟馆、赌场、妓院，无论是富人穷人皆有各自的去处，市面的繁华堪比浪速町。

太平洋战争后，华商货物难以运进，货源奇缺，物资匮乏。1942年，大连的日用物品也开始实行定量配给、定点凭票供应，很多的商铺处于半停业状态。

大连解放后，新开大街改名为新开路。1948年，道路再次扩宽。“文革”时期，又先后易名东风路、北京路。但是无论名字怎样改变，老百姓还是喜欢把这里叫作新开大街。

如今，新开路变化巨大，只有新开路8号胜利旅社还是原装。在一张20世纪80年代初《大连旅游图》上还可以找到胜利旅社。

新开路8号胜利旅社还是原装

《关东报》与和顺铁工所

新开路上有泰公街穿过，这也是一条有些年头的老街。20世纪20年代，在十字交叉路口附近（新开路全聚德身后位置）曾有一家颇具声誉的报馆关东报 。关东报创建于1920年9月，位于泰公街28番地，社长是日本人永田善三郎。《关东报》是大连的第二份中文报纸，看惯了《泰东日报》的市民又多了一个选择，不免产生了新奇感觉。它就像今日大连有《大连晚报》《半岛晨报》一般，读者在枯燥乏味时，便时常会换张报纸看看。1931年，大连西岗商会两位副会长刘先鸿、刘召卿等人筹资改组了关东报。20世纪30年代，该报被日本殖民当局控制，为了便于管理，1937年停刊，将其并入到泰东日报。

报馆停了，生活依然继续。1937年3月，一个叫李季芝的人在此创立和顺铁工所。和顺铁工所主要从事各种医疗器械、理化学器械制作以及各种铁制品加工。和顺铁工所并不是一个小作坊，它在沈阳和长春都设立了分厂，产品销往东北及华北地区。本厂主管也姓李，叫李培之。处在繁华的大街，人多自然生意兴隆。不过它也很快凋落，太平洋战争之后，大连几乎成了空港，所以许多工厂都慢慢地倒闭。日本投降后，和顺铁工所关上了大门。这里重现繁华是在20世纪80年代后期，一个叫作全聚德的烤鸭店落户于此，慢慢地成了新开大街特有的地标。

高楼林立的新开路

新开路65号上岛咖啡位置是原西岗法院所在地。新开路69号位置是老字号大仁堂药房故址。大仁堂为京帮药商刘恕庵所创，全名叫作京都大仁堂参茸药店。刘恕庵是河北安国人，最早在寺儿沟开办同仁堂，依靠贩卖日本人参起家。新开大街一开市，他把生意也做到了这里。京都大仁堂参茸药店的名字不但说起来绕嘴，而且写起来也不方便。1933年，刘恕庵采纳同乡赵春亭的建议，改名为大仁堂。

刘恕庵不但精通医药，而且善于经营，请来孔杼堂、朱金畔等很多医术高明的坐堂大夫。民间一直称作“老朱大夫”的坐堂医生就是朱金畔。很多人光顾大仁堂，往往就是冲着这金字招牌。

大连解放后，不少商人视国民党为正统，纷纷逃离大连。刘恕庵在离开以前，便把药房托付给赵春亭。后来，大仁堂走上合作化道路。“文革”期间，大仁堂改名东方红医药门市。20世纪80年代末，刘恕庵后人曾来大连寻找赵春亭，可惜当年坐堂的赵春亭之幼子对往事没有太多记忆，错过了故人相识。积金累玉，1993年10月大仁堂被国内贸易部认定为中华老字号。如今，大仁堂已搬到了车水马龙的长江路上。

大仁堂对面新开路56号天和玉大酒店处是西岗百货商店旧址。商店成立于1949年，“文革”期间，改叫红卫兵百货商店，1978年，恢复原名。1988年后，“公司”一词开始流行，商店遂改名为西岗百货公司。20世纪90年代，新开大街改造，西岗百货公司搬到了长江路上。1998年，天和玉大酒店开业，不过真没想到如今亦是人去楼空。

金福星大厦位置原是西岗区图书馆。图书馆成立于1956年，原叫西岗文化馆图书室，1979年独立为西岗区图书馆。20世纪90年代，因为新开大街改造，搬迁到鞍山路。后又迁到南石道街。

润德广场位置曾是立本大旅社故址。在《大连番地入案内》里可以看到有关于这个旅馆的广告：“客室宽阔，安全舒适，清洁卫生，招待殷勤，西式脸盆，电灯电扇，温凉水道，电铃暖气。大连西岗新大街南首，电话35317、33106。”广告正中间还有建筑的画图，仔细端量建筑，是一座四层高的大楼。大连解放后，此处作为西岗区人民政府招待所。这座欧式大楼建于1930年，属钢筋混凝土结构。

立本大旅社早年的广告

20世纪80年代时，新开大街最热闹的地方便是长江路南与黄河路北之间。每年元宵节，西岗区图书馆外都会挂满贴满灯谜的灯笼，附近站满了大人和孩子。图书馆对面还会搭起一个临时舞台，京剧票友轮番登台献艺，锣鼓声、喧闹声汇成一片。欣赏完京剧，观众还可以继续观看舞龙和舞狮。每逢夏天亦是人山人海，大家皆坐在木制的小板凳上观看露天电影。

生活底色

埋立地和北岗子

杀猪场

埋立地就是今天双兴街一带。埋立地日语的意思是填海的地方，这既是它真实的含义，也隐藏着历史——从1928年填海到1938年。大连解放后，埋立地改叫双兴街，不过民间却一直把这里叫作杀猪场或大菜市。“大菜市”一语源于批发市场，大连人不喜欢很拽的文言文，更喜欢简单朴实的大白话。杀猪场的含意则是源于屠宰场，学名叫作肉联厂。1986年，迁到了五一路227号（那里俗称台山）。

双兴街一带因为改造得早些，所以今天看来有点落伍了，不如北岗街。双兴街25号西岗区365社会组织服务园原是第七十四中学校舍，如今，它已经与第七十一中学合并。街上幸存的老房子是双兴街27号和29号。双兴街29号或许是大连街烟囱最多的房子，约有33个烟囱。

1953年，中山区第一刺绣生产合作社在双兴街32号成立，1969年改名为大连工艺绣品厂。30多年前，第二代海南丢多回老家找媳妇儿，也有很多山东大嫚儿（女孩）跑来大连街寻婆家，所以处处可听到浓郁的山东口音。因

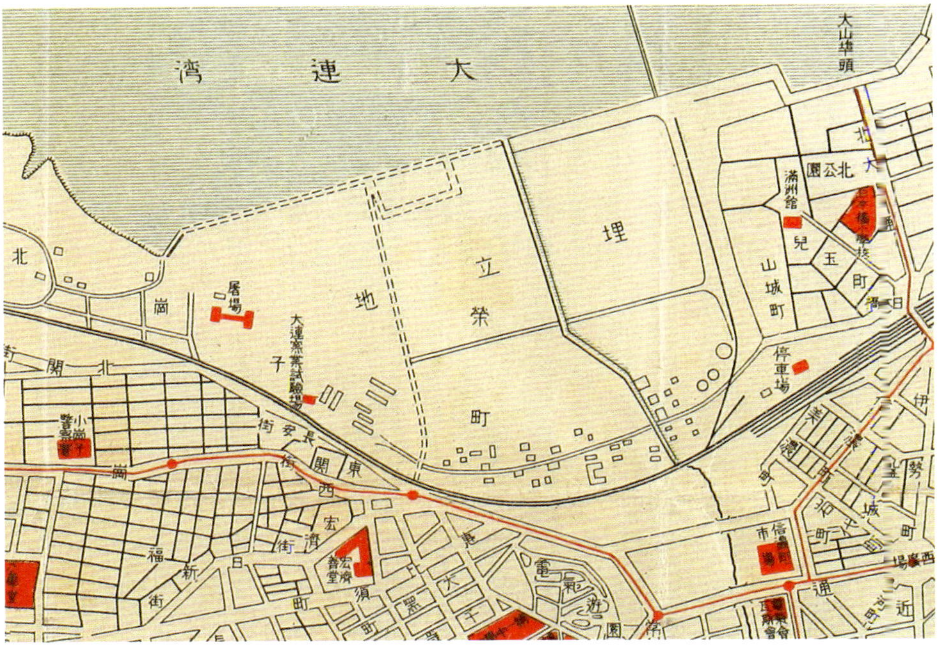

大连老地图中的埋立地一带

为她们多是农村户口，所以很难找到工作，但勤劳善良的她们依然能够自食其力。齐鲁大地自古就传有鲁绣，绵远悠长的齐鲁文化赋予了鲁绣浓郁的地方特色和丰富的人文内涵。那时，工艺绣品厂常将绣工外包，这些山东媳妇儿又是天生的手巧，所以她们都成了工艺绣品厂不记名的工人。人是最智慧的动物，不仅能够发明，而且精于创造，机器化终于取代了手工。

双兴街到北岗桥拐弯处有条短街，叫作昌乐街。昌乐街34号是棒棰岛集团办公楼和厂房，占地面积约2万平方米。老厂房始建于1907年，称作屠宰场。1941年版《大连市街图》上便可以看到清楚的字样——屠兽场。日本侵占时期，老大连人把这里称作杀猪场、杀牛房或屠宰场。

大连解放后，这里被苏军接收。1954年7月，旅大市食品公司成立，先后接收大连屠宰场，市农林局、市供销联社管辖的金县、旅顺屠宰场，市消费合作社的甘井子屠宰场等。大连屠宰场改称大连熟肉制品厂，该厂生产有“益”字牌火腿系列酒香肠、干肠、里道斯肠、枣肠、熟火腿、各种酱制品等系列产品。后改名为大连肉类联合加工厂，人们习惯称之为大连肉联厂。

大连熟肉制品厂对面是大连弹簧厂，20世纪70年代的老地图上还能找到它。昌乐街拐弯尽头（昌乐街24号）是已经拆掉的大龙鞋业。大龙鞋业就是原大连皮革厂。1927年，日本人在这里创立了大连畜产株式会社。日本发动侵华战争后，此处成为日军军需生产工厂。1946年年初，被人民政府接收，后来演变成大连皮革厂。改制前，大连皮革厂年生产能力54万双皮鞋，其生产的双鹅牌女式皮鞋、双鹿牌男式皮鞋曾经获得过省优产品奖称号，远销日本、美国、加拿大等34个国家和地区。随着经济大潮的冲击，很多老厂子都消失了，大连皮革厂也不例外。不过有心的人仍记得当年大连电视台曾为大连皮革厂的皮鞋做过广告。

电瓷厂

北岗一带原有三个名字，一是北岗子町（北岗街上东关桥洞至北岗桥段属荣町），一是朱家屯，还有一个便是泛泛而言的北岗子。朱家屯源自清乾隆末年，当时朱敬章、朱敬福、朱敬礼、朱敬信、朱敬仁兄弟从烟台牟平县杏林堡闯关东，在大连落脚，遂有了朱家屯。大连解放后，这里被改为新康巷与民意巷（民和巷），但是大连人大多习惯把这里叫作朱家屯或大粪厂。

大连电瓷厂石头楼

达里尼铸铁工厂旧影

北岗街名源自1946年，因为在北岗桥的某个地方是一个隆起的小山包，而且在小岗子以北，故名。它东起兴业街东关桥洞处，西至东北路，新康巷则通到东北路香炉礁路口。

大连不仅是一个有文化的城市，也是一个有历史的城市。申办历史文化名城，离不开历史文化的积淀。大连自建市以来，就是我国重要的工业城市，拥有完备的中国近代工业文明遗产。原北岗街大连电瓷厂区域就隐藏着一座石头楼（北岗街3号，原大连玻璃仪器厂），恍若罗马风格，沧峻挺拔，可与中山广场附近建筑媲美。它是达里尼铁工厂旧址。

1901年，俄国人在这里创办了达里尼铸铁工厂，也称达里尼铁工厂。达里尼铁工厂分工较细，有铸铁车间、铸型仓库、材料场、锅炉房等，主要生产各种铸铁管、气罐、铁栅等。日俄战争后被满铁接收，在1906年《大连市街图》上称之旧铸铁所。

1912年，满铁中央试验所在今电瓷厂石头楼创办了窑业实验厂。1913年10月，又在今电瓷厂区域建立了大华窑业株式会社（大连电瓷厂前身）。1917年6月，南满洲硝子株式会社（大连玻璃厂前身）在

达里尼铁工厂（申大鹏/作）

石头楼建立。1918年4月，大华电气冶金株式会社（大连钢厂前身，由日本人上岛庆笃与李鸿章后人李直之合作创立）也来今电瓷厂区域建厂。

电瓷厂面积很大，除东面办公楼是20世纪80年代建造之外，多是20世纪初的旧物，红砖里凝聚着岁月的陈韵。2013年11月4日，石头房被拆除。2014年按照原样重建，用作悦泰福里销售中心。

大沟底和大粪厂

双兴街街口华淳饭店位置原是粮店，它对面桥头附近是北岗桥合作社。秋去冬来，每年冬天这附近都会像今日之“大菜市”一样堆满白菜或萝卜。时常看到一群人攥着各样票证排队抢购冬菜。

“四建”家属楼是20世纪80年代建造的，旁边北岗街21号厂房原是调料厂。从这儿走过常可以闻到豆腐之类发酵的味道，浓郁而逼人。旁边岔道便是新开巷，也是北岗新居。以前这里是铁路煤场，周边人把这里叫作大沟底。

北岗街27号逅库创意产业园，20世纪80年代是大连泥瓦工具厂。新康巷10号位置曾有叫马铁丁的工厂，它是铝制品厂的一部分，铝制品厂便在新康巷38号附近。马铁丁周围被称作玻璃窑子，是大连玻璃厂职工聚集区。

新康巷27号附近（造船厂家属楼）就是原闻名全城的大粪厂。当时，这里曾有大院，院里种有很多大树，树边停着十多辆大粪车。很多从山东跑来讨生计的人，多在此工作，民间虽有歧视，但也属于事业单位，归卫生局管辖。新康巷68号附近，就是当初大粪厂卖粪的地方，当时很多装有铁罐的马车或拖拉机从农村开来这里装粪。

北岗街上绿灯酒楼周边是当初的卫生局辖区。20世纪90年代以前，大连平房多，所以旱厕也多，经常可以看到街巷附近停着大粪车。如今都住上了楼房，大粪厂在1995年动迁之后就永远消失了。

香炉礁家具市场位置原是铁路煤场，通有铁路，昔日常见火车开来卸煤。没有机器卸煤时，便会有一些海南丢把这活儿包下来，用铁锹来卸。卸完之后不仅可以拿到干干净净的力气钱，还可背走一袋大烟煤。只要吹风，疏港路和东北路上一片煤尘，实在是影响市容，所以就规划改造成了现在的样子。

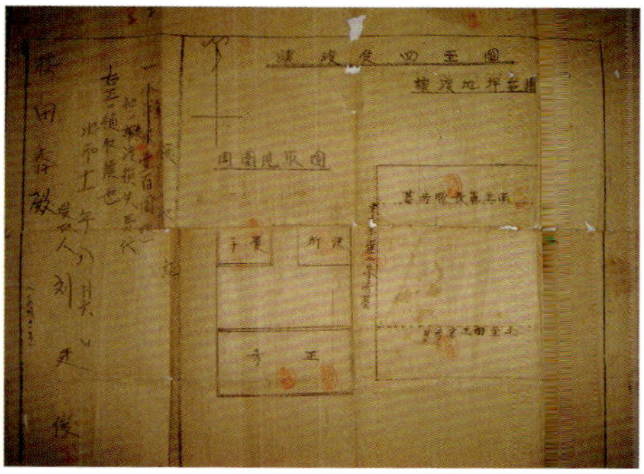

稽田春1936年8月6日购买北岗子町784番地（大连解放后民意巷58号）

北岗子一带很多老住户已经在这里居住过几代了。比如今天的新康巷32号附近原有一座始建于1922年的草屋——北岗子町784番地，主人叫刘廷俊。1935年，他家住进了一户姓嵇的人家。1937年8月，嵇氏人家以小银洋100元买下草屋。大连解放后，门牌号改为民意巷58号（后改为民和巷58号）。从1937年到1995年，这里先后生活过嵇氏一门三代海南丢，他们见证了这座城市的变迁。

深巷往事

一二九街

昔日的一二九街

习惯上，大连人把一二九街、保健街、三元街一带统称为一二九街。提起一二九街，人们首先想起的是化物所，许多年来它一直是这里的地标式建筑。翻阅典籍会发现，百年前的一二九街还有很多地标建筑。

大鼻子兵营

1906年绘制的《大连市街图》上把这一带的俄国兵营称为旧兵营，大连人习惯之为大鼻子兵营。“大鼻子”是相对于日本人而言，大连解放前，大连人习惯把日本人称为“小鼻子”，俄国人的鼻子大，自然是当之无愧的大鼻子了。今三元街65号居民楼附近（三十四中学东墙外）就遗存着一个俄军兵营。

三元街65—69号之间的俄国兵营旧址

沙俄强租时期，一二九街一带仍是山丘，密密麻麻皆是丛林，今日的道路在当时顶多算林间小路或者土路。虽然距离欧罗巴市区

（商业街）很近，但大鼻子规划图上属于中国人街区，在他们眼里其实是市郊。1902年，他们在此区域中山路北侧建筑兵营，将东西伯利亚步兵第十二联队官兵816人调到这里驻守，团长叫拉泽多尔斯基。大连人又把俄国人叫作“老毛子”，兵营亦习惯称为“老毛子兵营”。

日俄战争爆发后，这里的俄国兵逃走了。明治天皇的弟弟伏见宫亲王的部队驻扎这里，所以日本人把一二九街一带统称为伏见台。大鼻子兵营恍然间变成了小鼻子兵营。

1907年满铁本社迁到大连，其职员高达3000余人，除此之外，还有10000多名被称作佣人的作业工人。解决数量巨大的职工住宅迫在眉睫。满铁接收大鼻子兵营后，改为满铁从事员养成所及宿舍，故称之为南满铁道株式会社，在1915年绘制的地图上有清楚标示。其实，这里就是“最下等的客舱”。

大连解放后，成为军队用地。1985年后，大鼻子兵营陆续被拆除。如今仅存一座，成了拾荒者的乐园。

三十六中记忆

保健街起自中山路，止于胜利东路，日本侵占时期属红叶町，1946年才改叫现在的名字。

笔者的母校大连市第三十六中学[1]就位于保健街。三十六中前身是建于1912年的大连商业学校，追溯历史最早是1906年9月1日设立的大连基督教青年会附设商业学校。1910年9月15日，更名为私立大连商业补习学校。1912年2月，升格为5年制甲种大连商业学校，迁入新校舍（今中山区中心小学）。1924年，大连商业学校迁移到红叶町新校舍（今保健街42号第三十六中学）。日本推理小说作家石泽英太郎就曾在此读书。石泽英太郎因为出生在大连，始终把大连当作心底的故乡。1947年，石泽英太郎返回日本。后来，写下了小说集《别了，大连》。“我生长在旧殖民地大连，因为我与中

[1] 1946年8月30日，旅大公安总局警察学校在此成立。1950年1月，更名为旅大公安干部学校，后改为旅大市警备区（3280部队）招待所。1962年春，大连市西岗区成立三所民办中学，一是西岗区半工半读第一中学，原址在茂田巷，后为第三十五中学；一是西岗区半工半读第二中学，后为第三十六中学；另一个是西岗区半工半读第三中学，联合支部设在三中，原址在东关街，后为第三十七中学。1969年秋，第三十五中学与第三十六中学同时迁入新校址。1970年3月，第三十五中学与第三十六中学合并为大连市第三十六中学，隶属西岗区文教办公室（后为西岗区教育局）。“文革”时曾由大连水产制品厂接管学校。现为大连市第二批重点保护建筑。

国人长期共同生活，所以没有民族偏见。”这是石泽英太郎的原话。

三十六中校门前有两条路：一条是保健街，一条是一二九街，连在一起便似“人”字。日本侵占时期，一二九街属三室町一带，1946年改叫一二九街，起自中山路，止于保健街。

保健街42号就是三十六中所在。虽然已经走出校门多年，依然记得校院里那棵参天的古树，草丛里跳跃的蚂蚱和黄土路上匆匆忙忙的山蚂蚁。那时，顽皮的同学们常会在午后课间随手捕捉两只大蚂蚁放在石台上嬉逗。陈年往事，点滴美好在心头。

1991年秋，一些日本老校友回访母校。我们这些少年学友便在寂寥的雨中为他们表演广播体操，年过花甲的老人们拿着相机不停地拍照。见面会刚结束，这些老者就急不可耐地寻找自己年少时的教室和座位。虽然时光故去多年，学校保持着原貌，每周都打蜡的教室地板，走在上面仍然会发出嘎吱的响声。这群花白头发的老者每走一步便停下来低头细看，有的人站在教室门前竟哽咽不能自已。

童年的美好没有意识形态和民族差别，也不是一代人或某一些人的专利，它是几辈人珍贵的财富。夕阳下，孤望中，枫叶飘落下来，一如从前那般美丽。虽然时光已去，老街老屋依旧，世间无论怎样变化，唯一不变的就是大连的心。拾起一枚枫叶放到鼻前，植物的芬芳慢慢渗入肺腑，便感觉到自己的青春年华。

保健街追忆

昔日的保健街，高楼少，车也少，空气要比现在好很多。

保健街很狭窄，显得拥挤，却并不妨碍行人的脚步。它最美的季节是冬日，每遇大雪，许多男孩在街上疯闹。打雪仗是常见的游戏，温顺的女孩也会被欢乐感染参与进来。这样的日子，这样的快乐一年一年延续。

记忆中的通山街口仍未变，保健街16号与通山街1号是同一座楼，西面是日新街派出所，北面是洗浴中心，对面通山街2号如今已成为拾荒者的乐园。2011年时，保健街还零星保存着几座老房子：保健街10—12号、保健街6—8号和保健街4号，皆是和式洋风的建筑，错落之间，非常雅致。2011年，保健街许多洋楼因儿童医院建新楼拆迁。

城市味道

解放路

解放路北起中山路，南至中南路，始建于1899年，当时叫军医院大街。日本侵占时期称西公园町、春日町，是指中山路至武昌街段。起初是土路，1907年时铺设柏油马路，1909年开通有轨电车至武昌街。其发展之快，异乎寻常。

今日解放路一角

1917年至1918年，日本人的住宅区由于住宅供求矛盾紧张而引起房租暴涨，于是成立大连郊外土地株式会社。其开发范围主要在岭前解放路两侧。这一带原是中国人租种的耕地，该组织通过私下转让手段取得开发权。当时平整土地150多万平方米，计划10年内新建住宅3000套，可供10万人居住，从而使这一带变成日本人的主要居住区之一。1924年，原为市郊的岭前会划为市区，城市继续南扩，依次有向阳台、松风台、樱花台、青云台、初音町、若松町、文化台、光凤台、晴朗台、桃源台、卧龙台、鸣鹤台、平和台、秀月台、春阳台、清见町、小波町、静浦町、见晴台等。1925年，有轨电车通到老虎滩。

昔日的解放路

1946年，为了纪念大连解放，这条路被命名为解放路。1964年开通青泥洼桥至桃源街无轨电车。1976年至1979年，有轨电车拆除，全部改为102路无轨电车。“文革”期间，曾改称太阳升大街，1973年恢复原名。

青泥洼河畔旧影

漫步于解放路路口可以到天安国际大厦（解放路2号），这里是天满屋旅馆的故址。天满屋旅馆始建于1922年，大连解放后改为大连第一旅社，后改为人民旅社。1988年7月5日，人民旅社与人民饭店合并，改叫大连荟翠大酒店，2003年动迁。

大约在100年前，这里皆是青泥洼河畔，碧草丛生，峻石错落。就在这样的景致里瞬间盖满了欧陆风情的洋楼。在这些洋楼之中还有一座教堂——卫斯理教会，位置在电业局大楼的南侧。卫斯理教是目前世界上最有影响的新教主要教派之一，约有4000万信徒，亦译卫理宗或循道宗，其创始人是英国神学家约翰·卫斯理。

据《大连番地入案内》记录，当年中原街上还有一家加藤内科，如今这里是大商男店店址。路口荒废的大厦，门前已被用作临时停车场。查阅地图发现，这里原有大塚耳鼻喉科。距之不远龙潭大厦位置有满铁社员消费组合，所谓组合便是各种行业有组织的团体。满铁消费组合的正门并不在解放路上。看过央视播放的《车轮碾过的历史》，我感慨不已，在大连不仅遗存有满铁总部、满铁调查部、满铁俱乐部，还有满铁图书馆、满铁医院、满铁中央试验所、满铁沙河口工场等，这些都是满铁最核心的遗址。很遗憾，纪录片里没有一位来自大连的专家。

龙潭大厦附近还有双叶洋行故址，那是一个经营农具的商行，它旁边是河岛小儿科。对面百年城（解放路1号）位置即是昔日的青泥洼桥小学，前身是始建于1912年的常盘寻常小学。那原是一片红楼，有一个宽敞的校院，1915年9月，这所学校改叫大连市第三寻常高等小学校，1925年4月才易名为常盘寻常小学。大连解放后，这里成为中国人的学校，改叫大连市第七完全小学，此后多次改名，先后被称为中心小学、大连市第十五中学、红港小学。要说这所学校最出名的应该是足球了，著名球星张恩华、魏意民等人都出自这里。

位于玉光街、武汉街之间的大都会快速时尚中心位置，过去曾有日本人的常盘旅馆、鹤见齿科、平山齿科、日本馆旅馆、齐藤印刷所和中村商会等。在凯宾斯大酒店处曾有售卖点心的出云屋和成野玻璃店。

过了华昌街便是城市广场，这里曾有今井内科、桥井小儿科。在盛京银行位置曾有中央国旗店、今泉齿科、八木吴服店和茶道店松笑堂。

联通大厦的位置曾有伊藤商会，火车头体育场曾是满铁俱乐部体育场，在其南侧还有满铁俱乐部宿舍。九中教学楼处曾有小泽内科。在自卫街街口则是小野内科、汲谷内科，这些皆已销亡。不过还有很多古迹依然存留，大连第二十四中学便是其中之一。

在二十四中校园里还有一块石碑写着学校的变迁。建筑建于1920年，初名为大连第五寻常小学校。因这一带原属日本侵占时期春日町，所以在1925年改叫春日町小学校。1941年再次易名为春日国民学校。1946年，因为大连解放，此处又改名为大连日侨初等学校第七学校。

二十四中成立于1949年9月，初称大连育才学校。1956年与第四初级中学合并改叫大连市二十四初级中学，1960年改为完全中学。大连育才学校专门接收烈士子女、志愿军干部子女和地方干部子女，杨开慧的堂妹杨开英曾任育才学校教务主任。

老明信片上的二十四中校舍

昔日红灯区

昔日日本人经营的妓院就在武昌街。旧时，武昌街又称逢坂町，从解放路起至气象街。1946年，改叫真理街，1949年改称武昌街。日俄战争结束后，日本殖民者为了整顿世风，决定将西通（即中山广场至青泥洼桥间）的日本妓院统一迁到逢坂町，并于1909年完成搬迁。至1930年，该处共有日本人经营的妓院55家，朝鲜人经营的妓院15家，妓女和女招待约800人。日本作家竹中宪一在《大连历史散步》里记述了武昌街，那篇文章名字叫作《大连的青楼——逢坂町》。日本人把这里叫作欢乐街，还在武昌街街口矗立着霓虹灯大门。

昔日红灯区只剩下武昌街南的一面街。过去，一面街被叫作朝鲜大院，

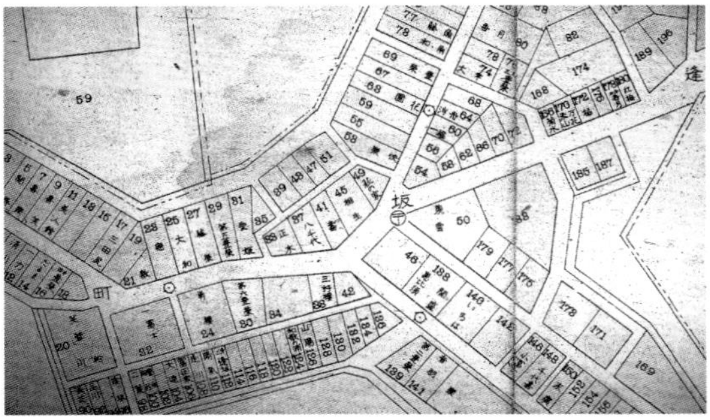

武昌街老地图

也有人把这一带叫高丽窑子。说来很奇怪，一面街上门牌号皆显示着武昌街旧门牌号。一面街我猜测是因一面有房子，而一面没有房子，故名之。

一面街起自解放路，止于武昌街南巷，从武昌街29号开始至武昌街67号（其中武昌街31号、33号是大连解放后的民宅），约十几座二三层洋楼。武昌街29号是昔年的“满花”故址，其旁还有“品川”“逢坂”“二叶”“大连”“富田家”“逢川”“阳气”“和歌之浦”“山阳”等。有的早已被改建，有的依然存在。洋楼皆是方方正正，简约朴素，时而掺杂着欧式雕花和廊柱，有的还嵌着精致的阳台。

武昌街旧影

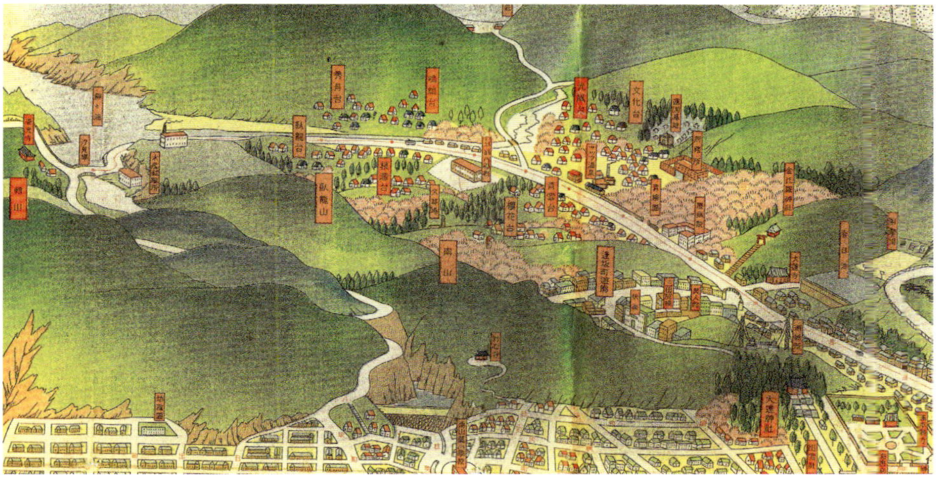

1930年手绘地图上的解放路沿线

消逝的樱花台

大连没有菊花台，却曾经有樱花台，即今日的智仁街一带。智仁街始称于1946年，起自葵英街，止于同福巷，“文革”期间曾改称武街北一巷，1973年恢复现在的称谓。

因为想到了樱花台，我便想起了儿时的“撒库拉”游戏。“さくら”是樱花的日文写法，“撒库拉”则是樱花日语的发音。当年玩这种游戏的多是乖巧的女孩子，一般由六七个以上小朋友一起玩。其中，有两个人面对面站着，相互牵着双手高举过头顶搭成一拱形的桥，呈一个通道，其他人则是一个牵一个依次穿过通道。游戏的时候，大家还一起唱着欢快的儿歌：“撒库拉，撒库拉，大家一起小喇叭，一炒呀，两炒呀，美丽的姑娘就是她。”唱到最后一句结束时，两个搭桥的人会将高举的双手向下一放，套住一个人，这个人就得上来替换一个搭桥的人。

向阳书院落槐香

日本侵占时期，樱花台对面叫向阳台，即今日向阳街及中医院、石葵桥一带。向阳街1946年始名，从解放路开始，止于海昌华城小区。沿坡而上到宪立巷附近便可见到向阳小学。沿宪立巷穿梭可走到解放路上，回首看时恰似老街那般蜿蜒盘曲，自然和谐。在路旁正可以看到大连中医院（解放路321号），这里曾是日本侵占时期的向阳台疗养院，大连解放后为旅大市医管处第十医院，先后更名东北军区后勤部第六医管局第一后方医院、辽宁省第一康复医院、旅大市岭前医院。1961年，在此创建中医院，四大名医李寿山、顾铭山都是这所医院的“元勋”。

与中医院相邻的大连市第二高级中学，“文革”期间是大连“老六中”，1981年曾改为大连师范学校的校舍。1995年后，大连师范学校又迁回夏家河，这里便成为大连第二高级中学校舍。如若追溯，这里是日本侵占时期的向阳台小学校址。当年，曾有许多出生在大连的日本人回到大连探访，他们找到了向阳台小学故址，不少人坐到自己儿时的座位回忆童年。许多美好的事物是人类共有的，所以今日的人们更应珍惜和平。

二中虽普通，却是桃李满天下，著名曲作家徐沛东，著名演员、柏林金熊奖影后余男都是二中的骄子。1995年，正高三备考的余男打算报考外语学院，但北京电影学院在大连的招生却改变了她的人生。当时，负责招生的是在北影执教的著名演员谢园。余男和同班同学原本只是凑热闹，没想到无心插柳柳成荫。想来这便是美丽老街注定的缘分，也是这座美丽城市注定的因果。世人都说大连女孩美，绝不是虚传。

葵英青云的幽深狭巷

电视剧《别和陌生人跳舞》曾在葵英街拍摄过外景。葵英街起自葵东街，止于群峰街，日本侵占时期属初音町一带，1946年改叫葵英街。“文革”时期称创新街，1973年恢复原名。葵英街里有清泉街穿过，其路口在解放路上。清泉街27号位于青云街山坡之上，是一个非常大的宅子，约有400平方米。看了房子便觉得非常震撼，以前住的一定是非同寻常的人家。可惜还未来得及发掘这里面的故事。

葵英街里有很多幽深狭巷，顺石葵桥旁进入便有复新巷，在半坡处可见东明巷，前行几许还有青春巷、诚意巷、连通巷等。2010年10月，葵英街开始动迁，仔细端量，葵英街日本房里依然有我国唐朝文明的影子，依然有中华文化的烙印。“日本房”只不过是约定俗成的称谓，虽然它们是殖民者留下的，但这一砖一瓦，一草一木，皆流淌着我们祖先的血汗。青山之上浸着他们的魂魄，老街巷里印着他们的足迹，瓦房洋楼铭刻着他们的掌纹。老房子是历史的见证，我们应像善待老人一样善待老房子。

乘坐2路汽车过了葵英街，便是青云街车站。在这路上你还可以见到其东侧路边依稀散落三座破旧的洋楼，它们便是2006年拆迁遗落的种子。

青云街起自中青街南山坡，止于群峰街，日本侵占时期，东面是青云台一带，西面是初音町一带。1946年，始称青云街，“文革”时期改称青松街，1973年恢复现称。

青云街，民间俗称的青云沟。大连解放前，青云街一带解放路道东居民区叫东河沿，大连人的方言叫东河嘢。这里改造成青云林海，如今，在小区的门口有新修的小街，叫青云58街。

如今，我们所讲的青云街却是多指解放路西，大致与葵英街错落平行，与文化街相间交叉。大连解放前，青云街有サツマ温泉（音撒刺马温泉），サツマ是“萨摩”之意，既是日本幕府时代的一个大名，也是地名，在今日本鹿儿岛大分一带，那里有很多温泉。日本侵占时期，サツマ温泉是日本人办的澡堂子，地处旧初音町，在原青云商店附近。当时还实行殖民等级规定，上午日本人专用，下午才由中国人使用。我在《大连番地入案内》看到大致方位，王永保先生讲，他家当时就在初音町326番地，与之相距很近。サツマ温泉相当有名，当时还有同名的电车站，就是今青云街站。旧时，它对面的樱花台（今智仁街）附近统称大岑路东，有牛奶糖厂台湾新高制果商会（位于今中青街2号上海浦东发展银行一带），生产品牌新高饴（指台湾新高山地区出产的蔗糖）；路南有日本人墓地、露西亚学校、滨田工业所，还有一家生产“茗兰”牌清酒的日本酒厂。解放路路西サツマ温泉向南有较繁华的商铺面食店、四层居民楼、配给组合“万合兴”、车铺、钟表铺、宝聚园饭店、小衙门、清酱园。西沟里有俄式教堂和墓区，西沟即我们今天所说的青云街苏军墓地一带。

大连最美丽的烟囱

要说青云街最美的地方应是青云小学附近的丰源巷4号，那里曾有被拍客称作“大连最美丽的烟囱”之景致。这些房子顺坡而上，逐渐抬高，而烟囱也一样，便似堆砌积木一般。地基皆是就地取材，用黄石青砖筑垒，还有透气孔，春天时节，地气上升，冬日之际，又可取暖。

将军出处

沿着青云街在解放路前行，不远有奋斗巷、华山巷，还有光风街。光风街起自解放路，止于西山顶，日租借时期属光风台，1946年改叫现名。一路弯弯曲曲，盘坡而上。在这街上时常可以看到拍客与画者，还有许多孩子，各种景象各种人物聚在一起，颇有怡然的田园之风。

桃源桥口西侧可以看到弧形洋楼，其对面白云街旁是桃源街望火楼。这些分裂的点缀依然不失旧日的风采。过了于家巷，便是昔日的军队卫校大院，现已建成舒适的小区。解放路606号东面还整齐地排列着一面洋楼，止于景山街路口。在这些洋楼之中还有“赖永初茅台”商店。这老街老屋，老巷老酒，别有情味。

海军大院114号——张学思旧居

白云街前面便见小龙街，日本侵占时期称作小波町。解放路700号大连报关学校及解放军康复培训基地是静浦国民学校故址。这里还是中国第一所坦克学校故址。坦克学校对外称摩托学校，1947年6月开学，第一批学员在同年11月结业，被输送到部队。第二期开始，摩托学校改称为汽车学校，并开始在大连本地招收学员。1948年12月，第三批学员入学。坦克学校总共举办了三期，培养了900多名驾驶、修理坦克、驾驶摩托和汽车的技术人员。第一期、第二期学员被分配到东北民主联军，都参加了解放战争。韩光回忆说："坦克学校培养的学员很多都成了我军第一代坦克手。在装甲部队里，有相当一部分领导干部都出自我们大连的坦克学校。"对于城市来说，这是无上的光荣。在某种意义上，这是中国第一所驾驶培训学校，当时大连也是全中国会开车的人最多的城市。

无独有偶，坦克学校旧址对面就是新中国第一所正规海军学校——大连海军舰艇学院。1949年年初，年仅33岁的张学思在中南海被周恩来召见。周恩来说，新中国不仅需要陆军，还要组建空军和海军，历来建军要建校，你去办一所人民海军的"黄埔军校"。张学思欣然受命。

1929年，13岁的张学思曾在大连观看过日本联合舰队的演习，并深受其影响，知道海军对一个主权国家的重要性。当时，国内均倾向在安东海校的基础上建立新军校，安东即今日丹东。张学思否决了这个建议，因为丹东过于远离出海口。于是，他在苏联专家的陪同下考察了长江以北的大连、烟台、青岛等城市，最终决定把海军舰艇学校建在大连老虎滩附近。原址曾是日本侵占时期的静浦町，那里有当时的大连第三中学旧址和数百座欧式洋楼，附近还有码头和很多空地。第二次世界大战结束后，这里是苏联炮兵基地，张学思通过外交部协调，如愿以偿地争取到了这块得天独厚的宝地。1949年11月22日，中央军委正式下达命令"学习苏联经验，办正规海军学校"，萧劲光担任首任校长兼政委，张学思为副校长兼副政委。1950年2月1日，大连海军学校正式开学。建校以来，共和国十大元帅除林彪外皆来此视察过，周恩来总理也多次来这里。大连海军学校果然不负众望，60年来共为新中国海军培养了3万多名优秀指挥官，有约150位学员成长为将军，其中有3位舰队司令、基地司令员和"辽宁舰"首任舰长。

海军大院148号——刘华清旧居

解放路773-114号楼是张学思将军旧居。解放路773-148号楼曾是刘华清将军旧居，后为冯玉祥将军之子冯宏达少将旧居。

虎滩涛声依旧在

昔日老虎滩桥

老虎滩旧影

老虎滩公园始建于1904年，一直是大连著名的旅游休闲区，如今已改叫大连老虎滩海洋世界。中国近现代史上的许多知名人士都曾经来此旅游和消夏。据《蒋介石日记》记录："1922年12月10日到大连，逛老虎滩。"张大千、郭沫若、茅盾、沈从文、丁玲、吴宓等大家也都曾是这里的游客。今人游走老虎滩的时候，或许就会重叠着他们的脚印，这感觉颇奇妙。

1961年8月至9月，傅抱石来大连写生，还创作了以老虎滩为题材的作品。为了表现虎滩海滨浩瀚之美，他别出心裁，采用了擦染手法。2008年，国内某次拍卖会上便出现了一幅由傅抱石创作的《大连老虎滩》。

2000年9月，被誉为"中国当代恐怖小说先驱"的《一只绣花鞋》在书商的大肆炒作下出版，著名诗人汪国真还专门为该书写了序言。《一只绣花鞋》讲述的是发生在大连的故事，开篇便描写老虎滩："老虎滩公园里，死一般的沉寂……因为这公园的东面便是一望无际的大海，海边有一怪石仿佛一只猛虎，跃跃欲试，故称为老虎滩公园。"该书作者张宝瑞在接受记者采访时曾说他是大连人，老虎滩在他心目中有着深刻的印象。据他介绍，他的父母都出生在大连，是大连财会学校的同学。张宝瑞的母亲叫王桂英，其祖父曾是大连商会会长，家业传到她父亲时开始败落。王桂英是典型的大连人，不仅热情大方，而且正直善良，长得也非常美丽。后来，王桂英与张宝瑞的父亲结合，并在北京落户谋生。她总是无法忘怀故乡大连，有了孩子后，便常常给他讲大连的点点滴滴。大连，特别是充满传奇色彩的老虎滩在张宝瑞的意识里凝成深刻的烙印。老虎滩原本就名声在外，电视剧《梅花档案》播出后，又引来更多人前来游览、猎奇。

新中国成立后，一些工厂的先进工作者常常有到疗养院休养的待遇。大连的疗养院最有名的要算是老虎滩工人疗养院，始建于1932年，原是日本侵占时期高级官员的娱乐场所一方亭。大连解放后，于1948年改建为中苏远东电业公司工人休养所。1951年移交给中国，更名为旅大工人疗养院。1958年12月，又改名为旅大市老虎滩职工疗养院。周恩来总理、朱德委员长等国家领导人都曾来这里视察。老虎滩工人疗养院还住过共和国元勋陈赓大将。

1951年6月中旬，陈赓被任命为中国人民志愿军副司令员兼第三兵团司令员、政委。偏在这时，他在援战越南期间落下的伤病突然发作。夫人傅涯便陪同陈赓来到滨城疗伤养病，住进了老虎滩工人疗养院。疗养院依山而建，环境幽静，陈赓夫妇在此时常凭栏眺望，临风品海，领略别样的风情。医生们采用俄罗斯的泥疗法为他治疗，效果非常显著。此时，恰逢周恩来携邓颖超到大连视察，他们便在旅大地委书记欧阳钦的陪同下，特地来看望陈赓夫妇。几个人谈得兴起，就让人帮着合照留念，这段佳话便铭刻在记忆的瞬间。

朝鲜战争爆发后，毛主席让陈赓创办一所培养现代化军队的军事工程学院。苏联政府也选派库图佐夫勋章荣获者、军事教育家奥列霍夫来华援助，与之随行共5人，包括

傅抱石《老虎滩渔港》

《一只绣花鞋》的故事就是从老虎滩开篇的

炮兵少将、内燃机专家、海军上校和一名翻译。他们一起到各地考察确定校址。在考察了南京和上海无果后，奥列霍夫便推荐考察滨城大连。欧阳钦、韩光等大连市党政领导及苏联驻军司令亲自迎接他们。陈赓一行重点考察了大连海军舰艇学院，当时，海军司令员萧劲光任大连海军学校校长兼政委，张学思任副校长兼副政委，刘华清任副政委。大连海军学校是共和国第一所正规海军院校，仅仅经过70多天的准备便创办起来。对大连海军学校的考察，让陈赓、奥列霍夫等人深受启发。陈赓对奥列霍夫说："海校的经验对我们筹建军事工程学院有很多可借鉴之处。"陈赓和奥列霍夫虽然都十分喜欢大连，但是终因临近朝鲜战场，保密与安全问题是个障碍，所以他们便继续北行，最终选择了靠近苏联的哈尔滨。

方化之地

文化街

悠扬古朴的文化街

文化街51号（中图）是个阔气的庭院，门（下图）很宽很大气

文化街起自解放路，止于八一路，日本侵占时期属光风台、文化台一带。1946年改名文化街，“文革”时期称文武街，1973年恢复原名。

文化街很美，悠扬古朴，宛若世外方化之地。每次来都有不同的发现，亦有不同的感觉。我最喜欢文化街上的洋楼，不仅造型奇特、样式精美，而且多是依山势错落排列，小巷相间变化，既得自然天成之美，又别具异国风情。若不说在大连，游人过客多以为是欧洲的古城。比如位于青云街文化街交会的文化街40号，这里曾是旅顺工科大学一教授住宅。再如奋斗巷的文化街51号，就是一个阔气的庭院。那门很宽也很大气，两侧门柱青石堆成皆有马灯，左侧有信札（指刻着主人的姓氏的“名牌”），右侧是门牌。那个院落依山坡地势循循渐高形成直角拐弯，地面铺着青色碎石，两旁还有几株巨树和灌木。一座漂亮的洋楼便藏于这树后坡台之上。那是座罗马风格的建筑，沧凌挺拔又不失典雅，高高的烟囱立于其侧，恰似手中紧握的权杖。这里曾是日本侵占时期关东州厅高等刑事官邸。大连解放后，这里曾住过市公安局局长张克，后来又住了安全局领导胡济。

文化街65号是著名文人傅立鱼的旧居。这座洋楼建于1923年，傅立鱼命名为“读秋楼”。喜爱大连的周学熙、黄炎培、胡适、吴宓都曾在此小憩。

文化街74号也是一座美丽的洋楼。其欧式的院墙最上方原本是一列镂空的小石柱，现在被用红砖堵实。或因多年雨水冲刷的缘故，原色原貌有一些显露了出来。

洋楼依山而建，西高东低，所以东面皆是条石堆砌，做成古堡的样式。建筑二层四面都是浑厚的欧式廊柱，可惜被人用砖改作了居室。细看这洋楼，感觉最美之处便是那屋顶和方形的阳台。

傅立鱼旧居

徐海东故居

我最喜欢位于八七大院附近的民主街处。阶梯式的院墙非常漂亮，上面还有一排椭圆形的小孔，街巷狭长，悠扬浪漫，情侣携手走过，便是不醉亦多情。

文化街穿过捷山街、奋斗巷、光风街、民主街、群英巷。民主街西是朴素巷，在捷山街和朴素巷交叉路口还有一座非常精美的石头房子，就像到了欧洲一样。此处是捷山街66号，建筑属明显的北欧建筑风格，注重与环境自然融合，沿地势铺开，采用了非常明显的不对称造型，简约随意而又不显俗套。同时又糅合了地中海风格，如圆窗和拱形门。院子非常宽阔，有非常考究的大门，一边是马灯，另一边则是信札。这里曾在20世纪20年代住着一家姓世良的日本人。

文化街73号（上图）是徐海东办公地，而75号（下图）是其旧日居所

这附近还有一位大名鼎鼎的人物住过，他就是开国十大将“常胜将军”徐海东。文化街73号（原大连海伦外语学校）是徐海东在连疗养期间的办公室，捷山街66号是警卫员的住处；夹在捷山街66号与文化街73号中间的文化

街75号就是徐海东的居所。

徐海东于1947年9月来大连养病。养病期间，周恩来曾先后三次专程探望他。1955年年初，人民解放军开始实行军衔制，中央决定授予徐海东大将军衔。徐海东知道以后，十分不安。正巧，周恩来总理来大连，前来看望他。徐海东对周总理说，我长期养病，为党做的工作太少，授我大将军衔太高，受之有愧啊！周总理紧握着他的手讲，毛主席说了，你是对中国革命有大功的人啊！授予你大将军衔，是根据你对革命的贡献决定的，我看不高也不低，恰当！[1]

徐海东对子女非常严格，不搞特殊化。他的子女都在育才小学（今大连市第二十四中学）读书。周边的孩子非常顽皮，常从捷山街后墙翻进去玩。将军非常平易近人，并不在意被人打扰，反而允许警卫员们陪孩子们在院子里的球台上打乒乓球。这样的日子持续了很久。徐海东在大连住了将近8年，1956年9月因为工作原因才迁往北京居住。

英国领事馆和毛岸青楼

八七疗养院38号楼前洪学智将军选址留影处

群英巷畔有东北军区大连疗养院桃源疗养区，此处形成于1924年以后，日本侵占时期叫文化台，为日本关东军高级军官住宅区，兼有富商、政客别墅。38号楼建于1928年，在其门前立有一块黄石，上面红字书写："1952年洪学智将军为筹建疗养院（东北军区大连疗养院，又称八七疗养院）在此留影。" 当时，这里叫东北军区大连疗养院，后先后更名为中国人民志愿军大连疗养院、中国人民解放军第87疗养院、沈阳军区大连第一疗养院。2004年12月，又改为沈阳军区大连疗养院，对外称解放军大连八七医院，不过大连人还是把这里叫作八七疗养院。

23号楼建于1927年，斜斜的坡屋顶别有风韵，映着折射的夕阳，穿过掩映的松枝孤傲地立在台坡之

[1] 出自《周恩来和大将徐海东的真挚友谊》，《党史文苑》2001年第1期，作者剑钧。

上，让人感觉一丝孤独。这里是毛岸青楼。1964年，毛岸青和邵华夫妻住在这里。当时，毛岸青很少出门，偶然会在房间的阳台上转悠转悠。

48号楼门前有镀铜牌匾，上书"省级文物保护单位英国领事馆"，并标明建于1925年，第二年英国在此设立领事馆。1955年10月，辽东半岛举行军事演习，贺龙元帅曾在这里短暂居住。

18号洋楼就像一本活的教科书一般，出檐较深，墙面有竖向木构架装饰，日本风格明显。日本不仅继承发扬东方文化，也学习吸收了西方精华，所以这座洋楼欧风亦十分明显。有人根据《郑孝胥日记》记载的"文化台95号"考证，认定这里是郑孝胥旧居。但笔者据《郑孝胥日记》及《大连番地入案内》（1943年大连门牌号地图）考证，文化台95番地位于青云街，早在2010年已拆除。

婉容楼和姊妹楼

3号楼是王季烈私宅，建于1927年，也被称作婉容楼。王季烈出生于江浙名门，自幼熟读典籍。1904年，他考中进士，任官学部郎中。1927年，王季烈由北京迁居大连文化台。1931年1月，末代皇后婉容被川岛芳子用一口棺材偷偷运到大连，便住到了这座洋楼之中。虽说她只在这里住了八天，这座房子却因为她来过而倍受世人关注。

婉容楼旁边是文化街103号姊妹楼。这是两座样式一模一样的房子，建于1930年，正好位于疗养院南门口。据大连人贺明琦先生回忆，姊妹楼是李氏兄弟的房产。李氏兄弟是指李永和、李永清、李永达兄弟三人。姊妹楼南边是老大李永和的住宅，北边是老三李永达的住宅。李氏兄弟是做木材生意发家的。《西岗文史资料》记载，李永和是"长兴和"商号掌柜，1932年与1935年两次当选西岗华商公议会董事。李家是当年大连的名门望族，当时民间还有一顺口溜："看看你家看看咱，看看西沟李永达，吃的啥，穿的啥，文明棍儿手中拿……"日本投降前，还是顽童的贺明琦还和李家的小孩一起钻过他家门前挖的防空洞。

苏联驻军期间，著名的第二次世界大战功勋朱可夫元帅曾在此下榻。刘少奇、周恩来、朱德、邓小平等党和国家领导人也曾在此居住。

峻青写《大连，你好》

八七疗养院的老房子里有很多鲜为人知的故事。1984年9月，著名作家峻青就在八七疗养院住了10天。那时，这里还叫八七疗养院。峻青对大连充满了好感和期望，他在离开之前的9月25日，深情地写下了《大连，你好》。文章的最后这样写道："七月间，我曾到过深圳，看到过那儿的开发和建设的速度，繁华兴旺的景象。这深圳的今天，不就是大连的明天吗？为此，我满怀喜悦地相信：当我下次再来大连的时候，我将高兴地看到，大连，这座美丽的海滨城市，一定会更加美丽，更加繁荣，更加兴旺！"

王蒙写《活动变人形》

新中国国庆70周年获得"人民艺术家"国家荣誉称号的王蒙也曾在八七疗养院采风写作。王蒙于1980年、1985年、1990年三次来大连。1985年夏，他第二次来大连，并在大连完成了长篇小说《活动变人形》的定稿工作。那年，他在大连住了好些地方，包括老干部休养所、煤矿工人疗养院和棒棰岛。但是他印象最深刻的还是八七疗养院。他说："那是日本的和式房屋，大房子套小房子，门窗因为年久都已对不上槽。起风的时候，一扇门吱扭一声开了，一扇窗吱扭一声又关上了，树影晃动，忽然停了电忽然又来了电，到处都有美丽的花圃，到处都有垃圾，它给我一种奇异的、久远的、神秘的感觉。不知道当年是日本的什么人在这里住过。沧桑变迁，遗留下一些难以捉摸的征兆。"

文化街上的洋楼少有重样，尖屋顶、几何形窗、漂亮装饰，让游人过客赞叹不已，置身其中，就像走进了万国建筑博览会。老街因为有了老房子和发生在老房子里的故事，而具有一种不能复原的魅力。

时光流转

岭前会

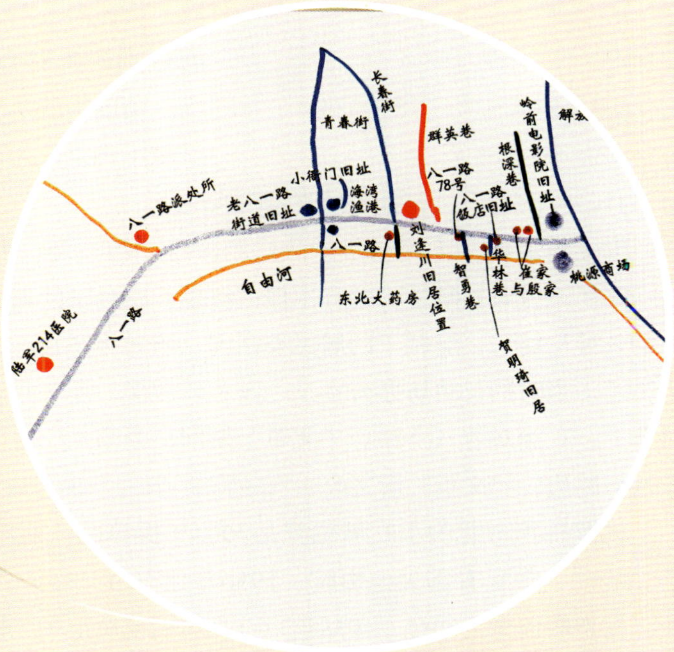

长春街
青春街
群英巷
岭前电影院旧址
解
根深巷
八一路派处所
老八一路街道旧址
海湾渔港
八一路78号
八一路饭店旧址
八一路
刘逢川旧居位置
自由河
东北大药房
智勇巷
华林巷
崔家与殷家
桃源商场
贺明琦旧居
陆军214医院
八一路

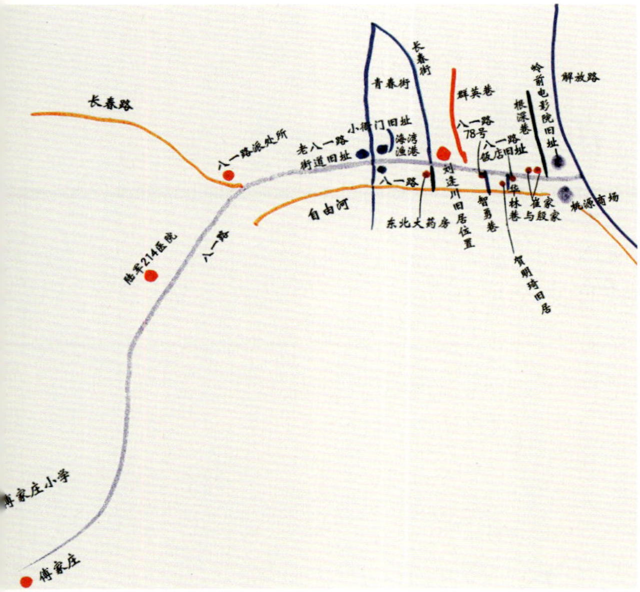

八一路街区示意图

1924年，将大连南郊即岭前会纳入市域。当时的岭前会包括岭前屯、石道街和傅家庄，这是广义上的岭前。狭义上的岭前指今解放路沿线的葵英街、青云街、八一路、桃源街一带，所谓的“岭”就是指山路环绕的捷山。

日本侵占时期，八一路属岭前屯，1921年始建，起自解放路，止于傅家庄，并开通电车，1955年拆除轨道，改为公共汽车，全线铺设柏油马路。大连解放前，八一路东段两旁坡台分别叫长春台、晴朗台，今长春街、晴朗街就是故名的修正版，当然区域不再是片儿而是一条街。1946年6月1日，岭前屯、长春台同时改名叫八一路。

大连解放初，大连基层行政建制流行“坊”制，大致与今街道相同。八一路街道曾叫长晴坊，取日本侵占时期长春台、晴朗台首字组合。当时，坊的领导称坊长，坊辖下的居民委叫闾，领导称闾长。20世纪50年代初改制为街道。当时的长晴坊办公室是一座和风洋楼，在老八一路派出所西面街道路台上，正面对着八一路。“文革”期间，改叫八一路公社，后迁至群英巷东八一路边，“文革”后又改叫八一路街道。

桃源桥拐弯北侧小吃城位置是2004年拆掉的岭前电影院。新中国成立后，岭前一带只有露天电影院。1956年建军节，露天式岭前电影院建成开业。据贺明琦老人回忆，1958年1月1日转到桃源市场二楼室内。1966年，岭前电影院改名向阳影院。

为了解决岭前地区群众看电影问题，市电影公司曾与440俱乐部合办白云俱乐部。1981年，改建为二层楼式影院，1982年4月10日开业（白云俱乐部停止营业）。岭前人自然买账，红红火火的日子一直持续到20世纪90年代末，1997年曾更名影娱大世界。

与岭前电影院隔街相望的八一路10号岭前商场前身是20世纪30年代日本

人建的桃源台菜市，大连解放后收为国有，先后更名桃源市场、岭前菜市场、桃源商店等。20世纪60年代，著名史学家顾颉刚偶居鸣鹤街，时常来此购物。1980年，改叫岭前商场。

岭前电影院、岭前商场曾一起构成当年的区域性商业中心，一度成为岭前的代名词。

八一路4路公交车站附近自由河畔荣信巷1—5号大板楼位置是岭前农场场部旧址。岭前农场成立于1957年，初名曙光农业生产合作社，1959年改叫岭前农场，地域包括转山屯、老虎滩、石槽、棒棰岛、秀月街、八一路、傅家庄、石道街及白云山庄，有蔬菜队、果树队、海洋大队、养牛场、养鸡场、养猪场、养貂场、稻田地，后建有修船厂、通风设备厂等很多工厂。岭前农场的场部旧址在20世纪80年代末拆迁，建成普通居民住宅楼。原场部迁到新起屯半岛晨报社斜对面位置，1992年，大连岭前农场与大连华侨果树农场、大连奶牛场、大连农工商联合总公司等几家合并，成立大连三寰集团。后来，岭前农场场部拆除，建成乐购超市。

八一路英雄

当年，八一路畔还有一个鲜为人知的旅大八一火柴厂，是大连历史上第二个火柴厂。旅大八一火柴厂建于1972年，由八一路公社创办，位置在今八一路派出所南面山坡上，厂房面积约300平方米。最初，工厂生产盒式火柴，火柴盒上的图案都是用木刻版手工印刷。后改为生产书本式火柴，因为销售不景气，维系了一年半左右便退出历史。

长春街东八一路临街曾有长春台57番地，是抗战时期大连情报工作人员刘逢川旧居。刘逢川是山东牟平人，1938年10月参加革命。1941年1月，他参加苏联红军远东军区参谋部在延安开办的特工训练班受训，因为成绩优秀被授予苏联红军大尉军衔，并与无线电训练班毕业的何汉清组成大连情报组，准备潜入大连执行情报工作任务。

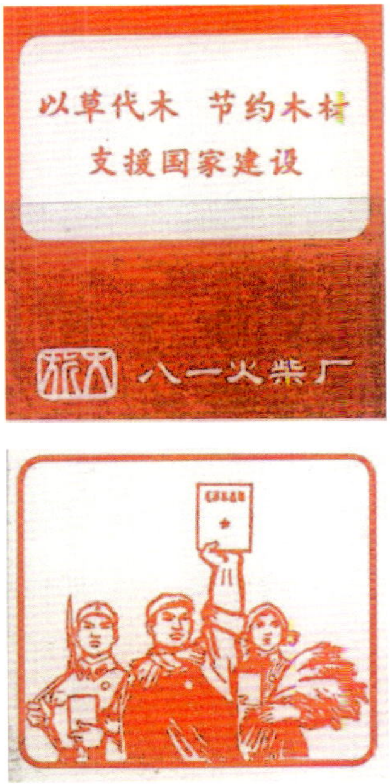

八一火柴

何汉清是南方人，湖北口音很重，他们结伴而行很容易引起敌人怀疑，刘逢川决定先行到大连接头，何汉清留在烟台等待机会。1942年6月15日，刘逢川由烟台乘船顺利到达大连，按照指示与苏联驻大连领事馆正式接头。刘逢川与苏联驻大连领事彼德·塞米约诺维奇·彼德洛夫接上头以后，遂于8月借外甥回山东之机，托他将妻子雷玉莲、儿子刘庆杰与何汉清带到大连。刘逢川与何汉清并不住在一起，何汉清住在黑石礁杨树沟。

刘逢川画像

刘逢川、何汉清一直接受彼德洛夫的领导，短时间内为苏军对日作战提供了大量军事、经济和政治方面的情报。他们搜集到的情报主要有：满洲石油株式会社生产储存情况；大连船渠工厂的从业人员情况，执勤队数量；大连船渠工厂的船舶建造能力；甘井子地区各工厂经营情况；甘井子地区略图；寺儿沟地区内高射炮的架设位置；关东军实行非常物资回收情况；大连船渠工厂日本职工应征入伍进海军的情况；大连码头出入船只及货物装卸情况；大连船渠工厂新建船只的船种、吨位、下水情况；大连市内物资不足和黑市情况；驻扎在熊岳城附近的日本军队的宿营情况等。

1944年9月24日，何汉清秘密进入苏联领事馆中拿到电台，准备进行发报工作。10月15日起，他先后进行了9次收发报实习。不幸，他第一次进行无线电联络试验就被伪关东州厅大连递信局监听小组截获电波。伪关东州厅警察部长潮海辰亥亲自组织搜查工作，并担任抓捕行动总指挥。12月3日，何汉清在家中被捕，次日凌晨刘逢川在长春台家中被捕。刘逢川、何汉清都被关押在岭前大狱。1945年8月16日，他们被押送至旅顺刑务所绞刑室秘密杀害。

傅家庄的人与事

傅家庄是大连四大滨海浴场之一，茅盾、沈从文等名流都曾在此消夏戏水。相传，300年前有傅姓人家从山东渡海过来安家落户，几经繁衍形成村庄，以姓为名叫傅家庄。

大连傅姓源自烟台福山傅家庄，据烟台龙口市《楼子庄傅氏总谱》考，是明朝开国将军傅友德的后裔。今山东龙口楼子庄、芦头镇、福山区黄务镇傅家村（位于今烟台富甲小区，这支傅姓被称为“烟台山前傅家”）仍有傅姓后裔。

傅家庄过去是一个小渔村，一般人家都有舢板，俗话叫“小脚（胶东音juě）子”，家境稍好的人家养着帆船，不仅可以出海打鱼，还能贩运货物。傅家庄大致范围东至大连嘉汇阳光学校，西至中国煤矿工人大连疗养院以西，现傅家庄车站往党校方向的路右侧都是傅家庄的居住区。当时约有几百村民，林姓是第一大姓，此外还有郭姓、尚姓等。林姓几个有实力的人家都以居住地称呼，如上台子、瓦房子、东甸子。上台子林家大约在华能酒店（滨海西路4号青旅假日酒店）后，瓦房子林家在今大海螺旁边，原是一片湿地，长满了红色的碱蓬草，涨潮时海水就漫上来。海边多是海草苫顶的房子，那户林姓人家是瓦房，因此得名。东甸子林家在通往今小傅家庄的路左侧，苏军曾征用过那家大院，后做过傅家庄供销社。

郭姓的大家住在西碾子。林姓、郭姓祖辈都是山东人，林姓人主要以打鱼为生，郭姓人则以种地为生。林姓中最富的是上台子林家哥俩儿，老大林继业（字善斋），是万义长油坊的大掌柜。万义长油坊建于1922年10月，是一家油脂加工厂，位于香取町3番地（今学士街155号一带）。日本侵占后期，油坊加入本地帮组成的协和制油株式会社。老二林继万精于渔业，家境也颇为殷实。

要说傅家庄最富者却是出自郭氏人家的郭精义。他的府宅位于傅家庄车站北面大约50米处，是个面南背北的中式大四合院。郭精义曾为商店学徒，通过不断努力，逐渐掌握了经商之道。发达之人必有贵人相助，他的贵人就是大连首富刘肇亿。刘肇亿不但信任他，而且处处提携。经过十余年的积累，郭精义不仅开设有福顺厚代理店，还拥有油坊、钱庄等许多产业。郭精义宅心仁厚，干练务实，担任大连华商公议会协理时，曾协助刘肇亿兴办过慈善机构宏济善堂、娱乐设施永善茶园，修建妈祖庙，修复松山寺，深得华商拥戴。1914年，郭精义担任第二任华商公议会会长。1920年，大连评选华商八大富翁，郭精义位居第二。

1922年11月13日，郭精义病故，张作霖派特使来连致祭，民国政府特颁“义声载道”匾额一方以示表彰。就连日本殖民政府关东州厅长官儿玉秀雄也破例提议为其立碑，并亲自题写碑名“郭君精义纪念碑记”。此碑现藏于旅顺日俄监狱旧址博物馆中。

沙俄强租时期，曾规划在傅家庄修筑陆军疗养院和达里尼市疗养院，梦想还未实现就被赶出了大连。1924年，岭前划为市区，日本人在今傅家庄海边附近设置官吏派出所。傅家庄派出所那有一口深井，打上来的水特凉，洗完海澡，游人常去那里喝凉水。附近海边还有几户渔民的住房。

当时，傅家庄街一带设置普通学堂，大家都叫公学堂（大连解放后为傅家庄小学，现为滨海小学）。公学堂是四年制初级小学，要读高小（相当于今初中）的话就要到石道街（现二十六中）去。

傅家庄虽属市区，实际上仍是市郊，还没有开通公交车，仅有一条简易的轨道，用骡马牵引车厢，老百姓称作“轱辘马”。虽然条件简陋，却吸引着日本人，每年都会有许多人来这儿消夏。著名教育家黄炎培先生就坐过这种车。他在日记中写道：“5月29日（1927年），午至伯文叔所。餐后同游傅家庄，自桃源台坐铁道骡车（人一角五分）至海滨。”

傅家庄还有日本人建的疗病院旧址（今陆军二一四医院）。疗病院主要是对传染病患者进行收容和治疗，1910年始建，位于向阳台畔（今中医院）。1940年10月，迁至傅家庄建疗病院。因为主要收治患结核病的日本军人，民间误传“疗兵院”。日本投降后，傅家庄自然成为苏联人的乐园，疗病院被苏军通讯部队接管。每到夏天，苏联官兵和他们的家属就会组团游泳。苏联人的幸福生活维系了大约10年，他们撤离后，这里便成为大连人的乐园。傅家庄一度改名叫兴海屯（今大连滨海医院一带仍叫兴海屯），空军疗养院、八二疗养院、造船疗养院[1]、中国煤矿工人大连疗养院、空军疗养院、民航疗养院、沈阳军区疗养院、六机部疗养院、市委党校、市工人疗养院陆续在此建成。

1980年，建成傅家庄公园。后来，又出现了小傅家庄，西大滩（日本人叫大沙滩）也改叫了银沙滩。很多俄罗斯游客喜欢来此消夏。

[1] 记忆中，造船疗养院在仲夏花园后面的沟里，傅家庄的造船疗养院是原六机部疗养院。

白云落处

桃源台

桃源街旧影

20世纪80年代，蒋大为以一曲《在那桃花盛开的地方》红遍了大江南北。这首歌的曲作者铁源恰恰就是大连人。铁源本名叫石铁源，是我国一级作曲家。铁源回忆说，这首歌描述的就是故乡大连。在大连也有一处以“桃”命名的老街——桃源街。日本侵占大连早期这里辖属于岭前会，“会”相当于我国的乡镇。1924年，岭前划为市区。由于这里远离繁华喧闹的商业区，依山傍水，自是世外方化之地，逐渐成为显贵名人云集之地。日本人把坡称为台，那时，这附近的老街巷共有一个名字，叫桃源台。

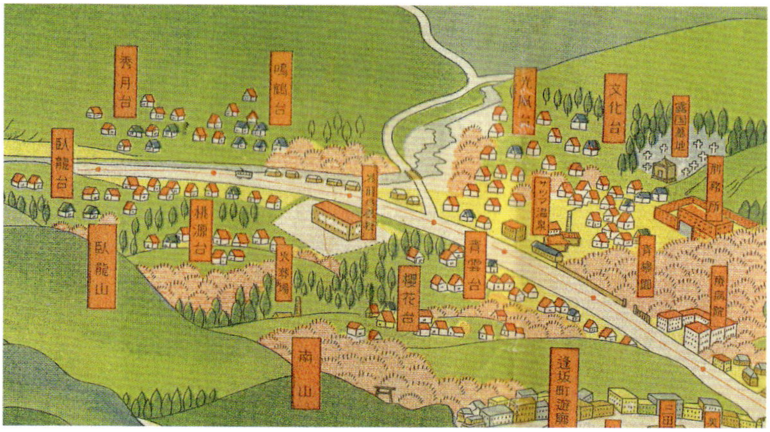

1930年手绘地图上的桃源台一带

桃源台的旁边是卧龙台和若松町。这一带的小洋房大多是依山而建，造型独特，很多房子的墙面上装饰着雕花图案，门把手也多是铜质的。洋房大都有自己的院子，院子里种着樱树、杏树、桃树等很多树，有的院子里还有石头砌成用来养鱼的水池，绿荫蔽日，碧草丛生。弯弯曲曲的羊肠小路与依山排列的欧式房子相依，一派田园风光。从山坡上远眺，桃源街一带尽收眼底，极目东望，依稀可以看到雾霭茫茫的老虎滩。被老大连人称作“会跑的木头房子”的有轨电车也从青泥洼桥延伸到这里。

裘昌运寓居

“九一八事变”以前，桃源街是军阀、名流寓居之地。民国政府驻德国汉堡副领事裘昌运就曾在此避暑。裘昌运是第一次“庚子赔款”[1]的留美学生，曾在威斯康星大学、普渡大学、哥伦比亚大学学习农业和经济。因为学习刻苦，受到梁启超的称赞。1925年，他担任驻德国汉堡副领事，1926年因病回国。

1927年7月6日，裘昌运接受寓居大连的教育家黄炎培的建议，来滨城静养。其间，裘昌运游老虎滩，望星海湾，逛天津街，饮泰华楼，至龙王塘观水库，游旅顺博物馆看木乃伊，登东鸡冠山寻北堡垒，驻黄金山浴场戏水，日子过得非常滋润。当时，裘昌运还打算在大连置办产业。7月10日，他在黄炎培的陪同下来桃源街观看待售的洋房。8月7日，裘昌运入住了在桃源街新租赁的洋楼[2]。

桃源街往事

大连解放初期，整个城市基本在苏军控制之下，桃源台、卧龙台一带很

[1] 1901年9月，中国和11个国家达成了屈辱的《解决1900年动乱最后议定书》，即《辛丑条约》。条约规定，中国从海关银等关税中拿出4亿5千万两白银赔偿各国，并以各国货币汇率结算，按4%的年息，分39年还清。这笔钱史称“庚子赔款”。从1909年起，美国将所摊浮溢部分连本带利退回，用于清政府公派留学生留学美国的基金。5年之后，美国退回了1206万美元，但这笔资金只能作为专项教育资金使用。

[2] 1927年8月24日，裘昌运忽然染病，被查出染上痢疾，9月3日病故。按照当时的规定，传染病必须立即火化掩埋，黄炎培帮着裘家料理后事，将裘昌运葬于大连老麻沟。

多房子被苏联军官占据作为宿舍。当时，大连的总人口80多万，其中日本人约有21万人。在大连过着富裕生活的日本人一夜之间变成了战败国的国民。为了生活，很多人不得不依靠变卖家产来维持生活。

1946年日本人被遣返以后，桃源街一带成片的小洋楼都空着，一些建造比较好的小洋楼被人民政府接收公用。人民政府还发布公告，欢迎老百姓搬进去住，并于1946年6月，将桃源台、卧龙台、若松町一带改为桃源街、卧龙街、岭前街、白云街。起初，老大连人不敢搬进日本人留下的空房里去住。1949年夏季，大连暴雨不断，寺儿沟一带很多地方被淹没。听说政府动员老百姓搬进小洋房里去住，很多寺儿沟的市民都跑过来看房子。谁先占了就是谁的，很快这里就住满了人。

丁玲和袁牧之在大连

轮回六十年，转眼一甲子。2009年，桃源街、卧龙街、白云街一带的老建筑几乎都化为废墟，这里面有很多小洋房是有理由保留下来的。民间传说这里面有孙传芳的别墅，而卧龙街22号曾经是我国著名作家丁玲曾经下榻的地方。毛泽东一生只给一位作家写过诗词，有幸获得这个殊荣的就是丁玲。那是一首词《临江仙》，其中一句“纤笔一枝谁与似，三千毛瑟精兵”至今仍是文学界的美谈。

1952年10月22日，为了治疗腰椎增生，丁玲在丈夫陈明的陪同下来大连静养。当时，这里不仅绿树成荫，空气清新，而且到处都是漂亮的别墅和小洋楼，恍如欧洲古城，是修身养性的世外之地。10月24日，丁玲特意去看望对面山坡上养病的徐海东将军。不巧的是，由于徐海东病重，二人并没有相见。礼尚往来，10月27日，徐海东的夫人周东平跑过马路来丁玲的住处回访。

丁玲第一次与大连结缘是在1948年7月。她的成名作《太阳照在桑干河上》就是在大连完成最后的修改，并由大连光华书店于那年8月首版发行的。《太阳照在桑干河上》是丁玲一生文学创作的高峰，荣获了1951年科学和文学艺术斯大林奖二等奖，这是新中国的文学作品第一次在国外获奖。《太阳照在桑干河上》不仅给丁玲带来了殊荣，也给她带来了巨大的声望。

丁玲在大连疗养期间，完全处于放松的状态，经常与住在隔壁卧龙街23号[1]的袁牧之等老朋友会面聊天。为了便于她欣赏音乐，旅大文联特意送来一台留声机和一些唱片。闲暇之余，丁玲在屋子里一边听音乐，一边读苏联小说《旅顺口》。

袁牧之是新中国文化部电影局第一任局长，他不仅是《风云儿女》的主演，还是演唱国歌第一人；他编导拍摄的《马路天使》，是中国电影史上的经典之作。袁牧之1952年3月来大连养病，当时陪伴他一起来的汪岁寒一身兼三职，既是警卫员，又是通讯员，有时还要帮袁牧之做写信、寄信等勤杂事务。袁牧之到大连养病之日，也是创作之日，他来的时候带来了满满的一箱书。袁牧之最后一部作品是童话儿歌《小小环球》。1953年4月12日，袁牧之在大连完成《创作意图》作为纪念："远古的连锁神话原是人类童年时代的童话，值此人类返老还童之际，以献于不绝加入人类行伍的儿童——人类的未来。"

[1] 笔者依据《大连番地入案内》（1943年）考证，卧龙街22号和23号位于今桃源名居，具体位置是今桃源街派出所一带。

电影《虎穴追踪》里曾经出现的老楼

1953年2月至3月，袁牧之曾返回北京参加电影局第一次电影剧本创作会议和电影艺术工作会议。1954年，袁牧之离开了大连。

解放路旁有岭前街，就在青云街至白云街间，日殖时期属桃源台、若松町一带。1946年，以王若飞之名命名为若飞街，1949年以古朴的岭前命名。岭前泛指桃源街、八一路一带，日本侵占时期还包括南北石道街一带。

友谊美邻商场南面的长街是白云街，从解放路消防队一直绵延到秀月桥头。白云街东面路口尚遗留一座依山势而建的老楼。日本侵占时期，这里是日本军商的住所。1956年长春电影制片厂拍摄的《虎穴追踪》曾在这里取景，虽然只有短暂的十几秒钟，却让很多人永远记在心间。无独有偶，1981年上映的电影《水晶心》也曾在岭前一带拍摄。

“文革”期间，卧龙街曾改为保国街，不过这个名字随着历史的改变而消逝。桃源街的确曾是世外桃源，卧龙街也的确曾经藏龙卧虎，就像梧桐引凤、青松伴鹤一样，如是这般的通灵。

工人天地

香炉礁和工人村

如果今日香炉礁礁石仍立于海边，香炉礁应不会输于老虎滩。浑然天成的美才是绝世之美，不可复制。

大连街上有一群人被称作香炉礁人，这名称源于香炉礁。但是在老香炉礁人相继离去之后，已少有人知道这其中的故事。

香炉礁包括很多条街，如香一街、香二街、香三街、香荣街、香枫街、香河街、香川街、香锦街、香园街、香新街、香秀街等，大连人习惯把这一带统称为香炉礁。

香炉礁礁石在何处

香炉礁名称源于大连造船新厂（现大连船舶重工）海边一大一小两块礁石，因大礁石形状像香炉而得名。1973年，船厂修建船坞时，这两块礁石被炸掉。

香炉礁一带原是个小渔村，后成为筑路工人的居所。历史记载，建市之初，需要大量民工筑铁路建海港，俄国人便委托刘肇亿帮助寻找劳动力。刘肇亿就从山东、河北等地招来大批民工，因为殖民者不允许这些人住在市内，他便选在香炉礁盖了一批简易房供民工居住，每月收取少量房租。

日本侵占大连后，沙河口铁道工场、大连船渠工场等工人都居住在香炉礁。也有些工人自己动手，建造了一些油毡纸棚厦子。当时，这里没有柏油马路，遇到刮风天气，尘土飞扬，遮天蔽日。若是赶上雨天，到处都是积水，坑坑洼洼，寸步难行。这里是有名的三不管地区，即警察不管，殖民者不管，政府也不管。甚至有人戏谑地污蔑这里是“臭鱼烂虾香炉礁”。1945年，香炉礁人口过万，是“大连四大贫民窟”之一。

大连解放后，此处分成4个坊，仍属三不管地区，没有自来水。居民每天都要去担水，2分钱一担，若是开水则需1分钱一壶。我的伯父和父亲也是这老街的卖水人。那时，我家里养着毛驴，每天父亲都会跟着伯父到大菜市附近水站拉水，然后折回北岗子、香炉礁一带售卖[1]。

香炉礁港始建于1938年，日本人把它称作大连西港，原计划建设4座突堤码头，但在1940年仅完成了第三码头（即现在的香炉礁码头）的建设后便

[1] 日本侵占时期，关东州厅民政署下辖水道事务所管理城市用水。1906年于大广场和菜市街等地设置供水站向市民售水。

今日香炉礁码头

开始使用。苏联军管时期，香炉礁码头一直弃而未用。1959年11月21日，经国务院批准，大连港对香炉礁码头进行恢复扩建，并设置香炉礁作业区。

《大连造船厂史》记载，1940年至1942年满铁曾在香炉礁建造了一个U形码头。1947年7月，大连造船新厂建厂委员会在此成立，后因抗美援朝战争停工，香炉礁工地于1955年2月移交给大连造船厂。20世纪60年代初，工厂开始批量生产“0111型”炮艇，在此筹建了推进器车间和舾装车间，爆炸加工试验地也设在这里。

1969年2月，周总理在听取造船工业领导小组汇报后，特别指示要建造万吨级船台。1970年10月，国家同意红旗造船厂建议，开建5万吨级船台。11月16日正式破土动工。经过劈山填海，围海造地，1973年年底时完成了一期工程。因为经费问题，船台工程被迫停建。

次年年末，为建造5万吨级油轮，船台重新开工建设。其间虽历经坎坷，不过功夫不负有心人，1981年12月，一座更大的10万吨级半坞式船台竣工。

第一座大型城市立交桥

香炉礁高架立交桥就是大连人常挂在嘴边的香炉礁立交桥，因香炉礁而得名。1986年，大连市政府通过决议要在香炉礁建造立交桥。第二年，各

香炉礁立交桥剪彩通车时的盛况

种准备工作开始，并在最短时间内动迁了1000多户居民和60多个企事业单位。

规划中的立交桥南起广播电台，北到工人村，而且连接着沈大一级公路，建成后将是我国当时最大的立交桥，比当时国内最大的立交桥——天津八里台立交桥大三倍。工程于1987年3月15日开始。同年9月1日《大连日报》还发表社论《发扬大桥精神，建设美好大连》。在人们的期盼中，两个多月后，大桥主干线建成。11月14日，香炉礁立交桥向市民自由开放，立即有数万人登上立交桥感受大桥风采。

第二天上午10点，又有近10万市民参加了大桥集会，时任大连市市长魏富海发表讲话。记得在建桥过程中，魏市长曾多次亲临现场办公，还曾提过“人民城市人民建”的建设口号。

刘亚楼将军的姻缘

香炉礁上有同名的街道——香炉礁街，南起香一街，北至香工街。有一便有二，香工街南还平行排列着香二街、香三街，看这字头便知道这周边的街道皆有“香”字，如香荣街、香河街、香枫街、香松街、香锦街、香川街、香园街、香秀街等。每年秋来，果然是叶香如风。

虽不是陈年老街，却也有书香气，那便是位于香工街7号的大连市第五中学。这是一所建于1957年的学校，初名完全中学，首任行政领导是副校长刘士勇。1958年春，首任党支部书记胡体成主持工作，带领师生自力更生，修梭鱼湾养鱼、发电，在花果山种植果树，盖礼堂、建工厂、修操场、栽树木等。

花从来都不是独放，在香枫街8号有香炉礁小学，离之不远还有香二小学、香三小学。香炉礁小学像它的名字一样香飘万里，谁会想到这里还曾出过将军夫人？

她就是翟云英。据《刘亚楼将军逸事》记述，翟云英是混血儿，俄文名字叫塔玛拉，父亲是中国人，原苏联红军“中国团”战士翟凤歧，母亲是俄罗斯人，苏联伊万诺沃市纺织厂女工安娜。1929年4月，只有1岁的翟云英随父母回到中国，定居大连。

1945年8月，苏联对日宣战，化名王松的刘亚楼[1]以苏军少校身份随苏联对日作战部队回到了阔别近8年的祖国。那年，刘亚楼已34岁，随军来到大连后，担任苏军司令部与中共大连市委的联络员。

因为他还是孤身一人，所以当时的市领导韩光等便打算帮他解决婚姻问题。1946年冬，在一个飘着大雪的日子，韩光约刘亚楼到中共大连县委书记王西萍家聚会，实际上就是相亲。

他们介绍的对象便是当时年仅19岁的大连妇女代表、先进工作者、香炉礁小学教员翟云英。

当时，刘亚楼身居要职，是东北民主联军参谋长，正是春风得意之时。初次见面，他就给翟云英留下了很好的印象。此后，两个人便开始了交往。1947年5月1日，由罗荣桓审查、林彪批准、韩光主持，他们在大连举行了简朴而热闹的婚礼。

不久，随着解放战争的推进，他们离开了大连。这便是他们在大连的点滴逸事，也是香炉礁的故事。

工人村今昔

工人村一带包括香海街、香工街、工一街、工二街、工三街、工四街、工一巷、工二巷、工三巷、工四巷、工五巷、工六巷、工七巷、工八巷、金海花园。因居民多为附近工厂的工人，所以这一带被老大连人统称为“工人村”。

提起工人村，总是让人亲切。工人村是以桥为界，分为老工人村和新工人村，老工人村在桥西，老辈儿称作香一坊、香二坊、香三坊、香四坊等。香工街便是香炉礁与工人村的混合产物。在香工街上自东向西依次有工二

[1] 刘亚楼有“智将”的美誉，曾在苏联留学，被邀加入苏联国籍，但是他予以谢绝。辽沈战役中，他提出四组一队战术；平津战役期间，他指挥第四野战军十四兵团解放天津。1949年任解放军空军司令，也是新中国第一任空军司令，1955年9月被授予空军上将军衔。

香工街1号的老楼

街、工三街、工四街，而在香锦街上则有工一街和工五街。这其中如棋盘一样分布着10条街巷，皆以“工”字打头，数字排列。我便循着地图，依次走过。

老工人村的居民多为造船厂职工，牟接骨、牟传仁当年就住在这里。大连解放后，中苏合营大连造船厂，于1955年前后建设了旅大地区规模最大的工人村，从工一巷到工十巷。苏联人撤走以后，这些房子便被加了层，原来三层楼坡屋顶被改造成为四五层的平屋顶。楼盖高了，住的人也就多了，因此也需要新学校，便于1958年在香工街上与五中相邻的位置创办了工人村小学。

新工人村在桥东，也叫四块地，即老辈儿常说的后海头。那时，这里姓金的人家多，他们都是当年闯关东过来的，组成村落叫金家套（属红旗公社管辖）。这里的村民大多尚武，以打鱼为生，也有人种地。20世纪60年代左右，为解决职工住房，造船厂、海港、皮革厂、机床厂、柴油机厂、罐头厂、玻璃厂和油嘴油泵厂等企业又先后在这儿盖起了简易家属房。新工人村不通公交车，去一趟街里（今青泥洼）得老早起来，所以老人们都说这是个兔子不拉屎的地方。

如今，新工人村已随着改革开放的步伐成为东联路干线的经过地，老工人村也比以前热闹了许多，常有707路汽车穿行，路旁拥着各路商贩。每年夏日，随处可见路边烧烤，几瓶啤酒几串烤肉便是这里居民的乐趣。

机车摇篮

沙河口

北沙河口

满铁沙河口工场老照片

满铁沙河口工场办公楼旧影

满铁沙河口工场车间旧影

兴工街起自西安路，止于中长街，兴工街尽头便是中长街，其名源自中长铁路。中长街从北到南，多属大连机车区域。

说起兴工街，自然离不开大连机车，大连机车是大连机车车辆工厂简称，前身是沙俄于1899年创建的东省铁路机车制造所。现已更名为中国北车集团大连机车车辆有限公司。

日本侵占大连后，满铁于1907年4月1日迁到大连，利用原关东州民政署（即达里尼市政厅）作为本社。当天，满铁还从日本野战铁道提理部接收了大连铁道工场（即东省铁路机车制造所）。当时的铁道工场在今大连机务段，是木质结构的建筑，不但规模小，设备也不配套。随着满铁的扩张，尤其铁路的运营，这个小规模的工厂已经不能适应，满铁便计划建造新的工厂及附属市区。

根据满铁总裁后藤新平建议，工厂选在空旷的北沙河口。北沙河口是仅有几户人家的小村庄，附近都是高粱地，无须顾忌拆迁的麻烦。沙河口工场及附属市区用地180余万平方米，其中街区近10万平方米，街区用地60%为住宅地，40%为公园及学校、邮电局、店铺、寺庙、教会等公共设施。1908年7月，满铁沙河口工场开工，厂房仿照了德国克虏伯兵工厂，1911年7月工厂正式营业。《铁道部大连机车车辆工厂志》记载："1911年7月5日，原工厂职工全部搬入新住宅，共754户，建筑用地29259.3平方米。在兴建住宅同期，建成小学校、医院、邮局各1处，浴池3处，俱乐部（木造）1处，贷借店铺12个，柔剑体育馆1处，并建筑了神社、大师教会、教堂等。住宅区四周店铺逐渐增多，田久字店铺（系由日本人经营）达750户，同工厂住宅区形成一个工业市街。”

附属住宅区基本是满铁沙河口工场社宅，街区采用方格状布局，每一个街坊的大小约为长边60间（1间约为1.82米），短边20间。从满铁社员俱乐部通往小学校的道路（今中长东四街）中间为绿化植物带，车道则是由碎石铺垫，整个道路工程1910年开工，1916年时大半竣工。日本人还给这片区域起了一个颇具诗意的名字——霞町。

大连气象局老照片（即日本侵占时期的关东气象观测所，位于今气象街）

兴工街变迁

兴工街1号大连机车医院即日本侵占时期大连病院沙河口医院旧址。沙河口医院建于1915年，大连解放后被苏军接收，改为中长铁路卫生处沙河口门诊部。移交我国后，于1953年8月22日改名大连机车车辆工厂职工医院。2007年医院更名大连机车医院。

医院对面博尔顿大酒店位置即日本侵占时期沙河口东本愿寺旧址，其旁金顺海鲜酒店位置是满铁职工宿舍——益寮故址，尚品天城北广场位置是沙河口满铁社员俱乐部（原兴工街12号）旧址。满铁社员俱乐部建筑原为和式建筑，1936年由满铁工事课设计，吉川组施工，翻建为二层的砖混楼房。1946年作为大连铁路工厂俱乐部，后改大连机车车辆厂俱乐部及大连机车车辆厂委员会（工会），2010年拆除。

大连机车车辆厂俱乐部后身曾有满铁幼稚园和武道馆。1914年，满铁在沙河口小学校（今第四十七中学）院内设立幼儿运动场。幼儿运动场招收3岁至学龄前幼儿，像今天的幼儿园一样也收取一定费用。1922年，重建幼儿运动场，更名幼稚园。当时，满铁实力雄厚，所以幼稚园的硬件设施甚至超过了日本本土。大连解放后，成为机车幼儿园，2006年前后拆除。

兴工街北曾有七条东西向短街，分别称作兴工北一街、兴工北二街、兴工北三街、兴工北四街、兴工北五街、兴工北六街、兴工北七街，因为建造尚品天城，街道悉数不在。同样，兴工街南也有东西向七条短街，分别称作兴工南一街至兴工南七街。

让人感到奇怪的是，兴工南七街北还有一段鞍山路。鞍山路85号是沙河口小学校旧址，始建于1911年9月。日本侦探小说家南泽十七年少时曾在此读书。南泽十七幼年居住在俄罗斯风情街一带，因满铁铁道工场搬迁而落户沙河口。当时沙河口小学校还建有教师宿舍，大致位置在今中长东五街18—26号板楼一带。大连解放后，这里是大连第四完全小学校，后改为鞍山路小学。1963年，在沙河口小学校旧舍创建大连第四十七中学。

满铁沙河口铁道工场社宅（简称满铁社宅）旧址多已改造。20世纪50年代，部分改建为苏联房。1986年开始成片拆除，改建为排列整齐的六层住宅楼群。街里大致保留了下来，今中长东二街、中长东四街、中长东五街还是原来的样子，中长东四街仍旧延续着绿化带的设计。兴工街区域仍保留九座老建筑，其中八座是欧式洋楼，一座为欧式红砖宿舍。当时，欧式洋楼里住着日本人，红砖楼房里住着中国工人。沙河口最漂亮的洋楼——兴工北七街19号大连机车厂老干部活动中心为日本侵占时期满铁沙河口工场课长级住宅，是沙河口工场历任厂长的住所。

大连机车厂老干部活动中心

百年机车

大连机车创造了无数辉煌，被原国家主席李先念赞誉为“机车摇篮”。1914年，满铁沙河口工场就开始组装制造修理机车、货车和客车。当时，东北地区运行的机客货车大部分都是在此制造或组装。苏军接管后，改名中长铁路大连工厂。1950年2月14日，中苏两国签订《关于中国长春铁路、旅顺口及大连的协定》，称为中苏合营中长铁路大连铁路工厂。1952年年末，苏联将中长铁路公司财产移交给中国，机车厂转为中国经营，中国长春铁路公司领导转为铁道部领导，一度曾改为第一机械工业部领导。1958年大连机车再次转归铁道部领导，定名铁道部大连机车车辆工厂，1994年更名为大连机车车辆厂。2006年成立中国北车集团，大连机车厂成为其旗下子公司，更名为中国北车集团大连机车车辆有限公司。

日本侵占时期，大连机车技术工作几乎全部由日本人把持。1945年，机车厂613名技术人员当中，仅有2名中国人。即便这样，大连机车仍担当起振兴中国机车的重任。铁道部决定仿制旧型蒸汽机车，选定ㄇㄎ1型机车图纸进行整理、核对，将英制尺寸改为公制尺寸，修改材料牌号，全部采用国产材料。1954年大连机车厂成功研制出ㄇㄎ1型机车。

大连机车厂还率先在全国组建机车设计科，1956年9月18日生产出中国第一台自行设计的1-5-1型货运蒸汽机车，命名“和平”型。同年11月6日，“和平”型蒸汽机车在济南机务段投入运行。机车定型后，图纸转改大同等工厂生产，1966年该车型改名“反帝”，后又取意“革命是人类历史进步的火车头”定名“前进”。至1988年12月停产为止，全国包括和平、反帝、前进三种名称在内的该类型机车有4714台，接近全国制造的蒸汽机车总量一半以上，是世界蒸汽机车单一型号之最。

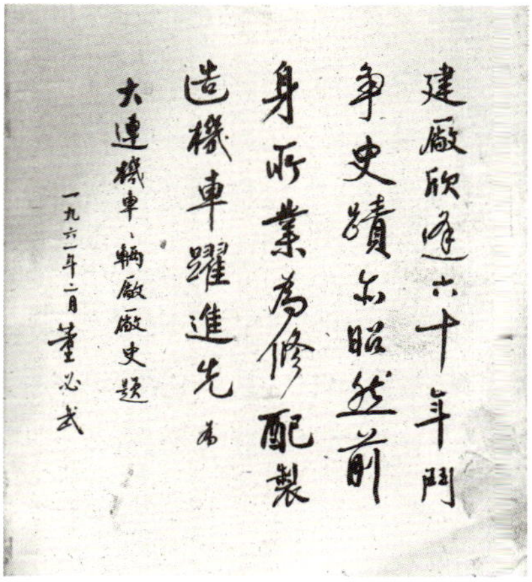

董必武为大连机车厂建厂60年题词

1957年8月6日，大连机车厂试制成功中国第一台现代化机车“建设”型蒸汽机车。毛泽东主席曾亲自登乘这辆机车。1958年9月26日，仿照前苏联T3型电传动内燃机车，仅用95天设计研制出我国第一台设计时速100公里，4000马力的“巨龙”号干线货运电力传动内燃机车。1963年12月29日，又组装成功我国第一台内燃机车，命名为ND型（即东风型）。或是因为“东风”的吸引，周恩来、朱德、宋庆龄、邓小平、林伯渠、董必武、李宗仁先后来此视察。

1986年12月24日，大连机车厂试制成功我国第一台东风4B型客运内燃机车，结束了我国仿制机车的历史。此后，东风4B成为我国内燃机牵引主型机车。著名的“毛泽东号”“朱德号”“周恩来号”都曾选用这种机车换型。1993年，东风4B出口缅甸，实现了中国内燃机车整机出口零的突破。目前，中国铁路上的机车有62%是大连制造，覆盖中国所有的铁路局，铁道部部长傅志寰曾说：“中国铁路十万里，哪里没有大连车？”

欢庆我国第一台内燃机车出厂的情景

伟人号机车

著名的“毛泽东号”“朱德号”“周恩来号”机车都出自大连机车厂。“毛泽东号”诞生于解放战争时期，是全国第一台，也是迄今为止唯一一台以“毛泽东”名字命名的机车。1946年8月，哈尔滨机务段从滨州线肇东车站拉回一台破旧的ㄇㄎ1型304号（JF304号）机车。这辆机车1941年产自满铁沙河口工场，全长23.75米，构造速度每小时80公里。机车修复后，经东北局陈云批准，于10月30日正式命名为“毛泽东号”。

1977年1月27日，运行30多年的JF304号机车在丰台机务段退役。1978年3月10日，“毛泽东号”告别蒸汽机车，进行第一次换型，使用大连机车厂制造的东风4型0002号内燃机车，标志着我国结束了不能自行设计制造大功率内燃机车的历史。1991年8月9日，“毛泽东号”再次换型，选用大连机车厂制造的东风4B型内燃机车，并以毛泽东诞辰年份为车号。2000年11月2日，“毛泽东号”第三次换型，选用大连机车厂最新推出的荣获国家科技进步奖的名牌产品——东风4D型内燃机车，仍以毛泽东诞辰年份为车号。2010年12月20日，“毛泽东号”机车第四次换型交付，选用世界单机功率最大的和谐电力机车，完成了机车从内燃到电力的转型。“毛泽东号”机车一直是中国机车的骄傲，第四次换型前，安全行驶了889万公里，相当于环绕地球222.25圈。

“朱德号”机车也产自大连，与“毛泽东号”同时命名。1946年7月，哈尔滨机务段在修复“毛泽东号”的同时，将一台1941年制造于满铁沙河口工场的ㄇㄎ3-1083号旧蒸汽机车修复，命名为“朱德号”，重新改名编号为解放型蒸汽机车。

“周恩来号”纪念币

与“毛泽东号”“朱德号”机车相比，“周恩来号”命名要晚一些。1976年10月30日，在庆祝“毛泽东号”机车命名30周年大会上，100多位先进机车司机一致要求命名一台“周恩来号”机车。1978年1月1日，经中共中央、国务院批准，将上海铁路分局上海机务段中大连机车生产厂的东风3型0058号客运机车，命名为“周恩来号”。

“和平”型机车

沙河口火车站

大连机车厂也是英雄的工厂，大连中华工学会傅景阳，著名工运人物金伯阳、唐韵超、侯立鉴均出自这里。火车头精神感染着每个大连人，其中就有著名剧作家王兴东。30多年前，他专门创作过以大连机车为蓝本的电影剧本《明天回答你》。当时，尚默默无闻的王兴东，多次到大连机车厂车间体验生活，同工人一起用餐，一同泡澡。乡情历历在目，总是不能忘怀。正如他所讲：“文学家的摇篮是故乡，对乡土的情感表达是作品成功之源。”正是有了乡情的支持，他用两年时间，先后写了八稿。1981年，由导演王亚彪执导的《明天回答你》在大连机车厂拍摄完成，为作为出品方的长春电影制片厂赢利68万元。王兴东因而一鸣惊人，成为著名剧作家。

“毛泽东号”机车

沙河口火车站旧影

中长街1号沙河口火车站，1909年始建，称为沙河口驿。1924年，刘家屯首富崔青林承包重建沙河口驿。日本人之所以要重修沙河口驿，与满铁沙河口工场有必然关系。建筑坐北朝南，为欧式风格，砖木结构。同年6月，大连映画片制作所成立。沙河口驿建成后，日本殖民宣传机构大连映画片制作所从日本邀请演员拍摄故事片《沙河口火车站长》。次年六月，影片在大和旅馆试映后公映。沙河口驿苏军接管后，改为沙河口站，现为沈阳铁路局管辖的三等站——大连沙河口火车站。

2014年12月9日，百年老站沙河口火车站因疏港路扩路而停运。

繁华如昨

西安路

记忆西安路

昔日的西安路

西安路北起沙河口桥洞，南至中山路，1908年始建，1911年竣工，时称“大正通”（以日本大正天皇年号命名），当时大正通止于解放广场。1924年，沙河口编入大连市域，1928年开通有轨电车，与主城区连成一体，1946年改名西安路，沿用至今。

从沙河口桥洞至长江路段沿线原多是日本侵占时期的洋楼，抚顺街一带是最后一片，2009年年末拆除。那片洋楼的价值被低估了，它们是城市发展脉络的见证。

兴工街基督教礼拜堂位置原有日本侵占时期霞町管理派出所，西侧福佳北门一带原为日本侵占时期教堂，沃尔玛新天地广场位置是当时满铁沙河口消费组合与图书馆，八中（今抚顺街永明巷12号）是日本侵占时期霞寻常小学校旧址。霞寻常小学1932年4月设立，1952年5月设立大连市第八初级中学，1956年改为完全中学。2010年，红砖墙面的校舍重修。

天兴罗斯福一带原来多是二三层方形小洋楼，二楼、三楼多为住家所用，一楼皆是临街店铺。东北角位置原有日本侵占时期畅気点心屋、大连出租车等。早在1917年，大连就有了出租车行业，在当时的亚洲排在第一位，超过了上海。

民勇嘉泰广场对面是当时大正通14番地小松勉强堂。小松勉强堂不仅有补习班，还有图书文具部，同时兼营运动具和武道具。据《大连番地入案内》广告，小松勉强堂的生意倒是不错，当时有两部五位数联系电话41521和41854，经常会有顾客拨打咨询电话。小松勉强堂旁有中村生花店，生花即插花，即我们今天所说的“花道”。“花道”源自唐朝佛教的供花，佛教经典中有不少关于供花的记述，供花包括撒花、花鬘及拈花。传说释迦牟尼就是拈莲花传授佛教真谛，供花因此成为建立功德的表现。佛教传到日本，佛前供花的习惯随之传到日本。因插花所使用新鲜的树枝或花草加工，加工后放上清水可保留几天，故又叫生花。

君安大厦位置是日本侵占时期出口谷物商店、经营五金的田畑支店和乌冬面店。出口谷物商店对面曾是十字堂时计店，时计店即钟表店。十字堂时计店旁有天佑堂药店，大连解放后是西安路大药房。

田畑支店对面有梅屋旧址，刘新杉讲，小时候那里是大连食品厂的门店。梅屋旧址旁（今天兴罗斯福中间处）是石田写真馆，由日本人石田寺郎于1931年创建。石田寺郎是广岛人，甲午战争时期来到大连。他一边学徒一边跟俄国人学习摄影技术。有了一定积累后，他便打算自己创业。1929年，大连市区西移，经高尔基路、联合路等与沙河口相连。大正通正处沙河口的繁华中心，还有便利的电车经过，石田写真馆就选址在这里。石田写真馆是一座三层小楼，生意做得很稳当，还雇用着中国店员。因为这里有很多中国人居住区，殷实人家常来照全家照、生日照等。大连解放后，石田一家被遣返，此处被接收。20世纪50年代中期，成为西安路摄影社。

石田写真馆旁是日本侵占时期大正通62番地，原有一家松田自转车商会，主要经营富士牌自行车及其他品牌自行车及维修。松田自转车商会南是“沙河口礼葬”，看来当时不像现在这么讲究，竟然允许将殡仪店开到繁华市街显眼的地方。

黄河路豪享来西餐店位置是仁生医院旧址。仁生医院还打着广告：刘万医学士主治皮肤科、花柳病、一般外科、内科、小儿科，大正通电车站前下车即是。显然当年这里红灯区生意红火，医生们自然发了财。当时大连医生的收入可以与当下金领相比。

解放广场（大连解放后改叫西安广场，1949年改现称）2号大连第四十八中学是日本侵占时期大正寻常小学校旧址，建于1921年4月。1964年8月，在此成立民办沙河口区中长中学，1969年改为公办大连第四十八中学。

20世纪20年代末，随着城市扩张，人口逐渐增多，西安路原来的公共设施与治安机构已不适应，开始重新规划。1936年，在位于大正小学对面空地上建沙河口警察署。《满洲建筑杂志》记载，建筑由关东州厅设计，石井组施工。建成后，位于广平街上的沙河口警察署迁至此。1945年10月下旬，中国共产党领导下的正在筹建中的警察总局先后派秦树云、金路清十余人到沙河口与孙连鹏、曲慕贤等会合，经与沙河口警备司令部副司令董崇彬商量，11月3日在此组建沙河口警察局，秦树云任局长，金路清任副局长。新中国成立后为沙河口公安局，后为沙河口区法院及检察院，2004年拆迁。

许亿年与广平街

许亿年

西安路一带还有如意街、昌平街、广平街、升平街等。如意街是日本侵占时期仲町一带，1946年改现名。昌平街自长兴街至五一路间，日本侵占时期属巴町一带，1946年称昌平街，“文革”时期改叫继光街（纪念英雄黄继光）、英武街，1973年恢复现名。广平街是日本侵占时期元町一带，1946年改名广平街，“文革”时期一度称少云街（纪念英雄邱少云）、民兵街。升平街起自长兴街，止于盖州街，是日本侵占时期西町一带，1946年始名。

广平街是不折不扣的百年老街。日本侵占时期的沙河口警察署便坐落于广平街，大致位置在广平街北口东面板楼位置，它对面还有当年的消防署[1]。有人说“时势造英雄”，也有人说“乱世出英雄”。当年，西安路的首富并不是日本人，而是中国人许亿年。1920年，许亿年出任许氏企业安惠栈经理，他将大连东部的安惠栈总栈迁到昌平街，成为最早来沙河口吃螃蟹的富豪。许亿年果然了得，仅用7年时间便跃居八大富商之列。1929年，不到50岁的许亿年在殖民当局支持下，联合沙河口一带1000多中小商户组成西大连商会，亲自担任会长。西大连商会会址位于元町204号，即今广平街西、万仁巷南、沙河口净水厂北三角地带（老三汽车美容一带）。这里本是财神庙，供着赵公明的神像，但真正的赵公明却是许亿年。1939年，日本人首富相生家族年收入10万日元，大连首富张本政年收入16万日元，许亿年年收入则高达20万日元。

许亿年的买卖很杂，油坊、银号、杂货号等，还在营城子经营着万亿农园，已经拆掉的广平浴池也是许亿年的产业。广平浴池设于1929年，初名惠泉堂[2]。惠泉塘旧址在昌平小学东侧，泉涌街50—58号南板楼。那里原是二层小楼，因有水井，浴池中的水多是井水，让浴者清爽无比。1991年这里改造[3]，水井被填平。2011年9月1日，广平浴池消失。

[1] 1907年2月2日，关东都督府创办大连消防组。同年7月，大连消防组在大正通设消防驻扎组，后为今西安路消防队。

[2] 许亿年在大连开的两大澡堂分别是万泉塘（即人民浴池）、惠泉塘（即广平浴池）。

[3] 如意街、昌平街、广平街、升平街等原来多路街狭窄，以中式为主，间杂日式平房建筑。1987年后改造建昌平小区，1988年5月开工，1989年年末一期竣工，1995年整体工程结束。

消失的老厂

大连第一发电厂

202路有轨电车解放广场站西侧是大连第一发电厂旧址，大连人简称“一发电”。大连发电的历史很早，始于1902年，当时俄国人在今造船厂内建造了大连发电所（今造船自备电厂前身）。1907年满铁接管，改称满铁滨町发电厂。随着城市的扩张，滨町发电厂已经无法满足大连的发展。1919年，日本人选在马栏河畔建造新发电所“天之川”，1921年建成。1945年8月，苏联红军接管，同年12月，交由关东电业局管辖。1951年移交中国，改称大连第一发电厂。多年来，这里一直是大连电力供应的主力，随着华能热电的兴建，大连第一发电厂逐渐淡出。2011年8月此处拆迁，成为玫瑰东方二期规划地。

大连酒厂

世嘉星海三期位置是大连酱油株式会社旧址。大连酱油株式会社建于第一次世界大战后，主要生产调味品，1929年酱油产量高达10989石，价值30多万元。大连解放后，成为大连味食品厂。

大连酒厂前身是日本森川酒造株式会社，建于1913年，主要生产日本人喜欢喝的清酒。1945年8月被大连市政府接管，更名大连新华造酒厂。日本侵占时期，此处属裙野町，1946年6月1日改称富国街，大连酒厂就位于富国街3号。1954年，大连酒厂与大连酒精厂（今甘井子府佳名都）合并为大连酿造厂，生产了大连老窖酒、陈曲酒、高粱大曲酒、老虎滩白酒等诸多名酒。1964年分离出来，改名为大连白酒厂；1977年，大连白酒厂改名为大连酒厂；2004年，大连酒厂由国有企业改制为有限公司，更名为大连酒厂有限公司。老大连人王志超讲，20世纪60年代大连酒厂生产的“辽海”牌老窖仅次于茅台，每瓶售价高达7元。在当时工资不足40元的情况下，仍有许多酒友耐不住酒香的诱惑。

2007年10月24日，大连酒厂开始搬迁，由富工街3号搬迁到金州区埠金街3-1号。至今金州区的大连酒厂历史陈列馆里仍珍藏着许多珍贵的记忆。最让人叹为观止的就是那巨大的方形木柜。木柜的学名叫酒海，是用传统工艺做成的储酒器具。酒海外面用约2寸厚白松木板拼接，运用卯榫结构；内壁张贴粗糙的桑纸，一般是刷一层猪血，贴一层桑纸，总共有25层，这样酒海内部形成一层壳，不但酒水不会外渗，还有种特殊的香味向酒里渗，因此酒越存越香。现今的酒厂储酒很少用酒海，大多是使用坛子或不锈钢罐，因为这个工艺早已失传了。

大连电机厂

老大连酒厂北面是河口村213号大连电机厂，原为光华电气工厂，1946年由满洲电机制造株式会社与亚洲胶皮工厂合并而成，1953年改叫大连电机厂。大连电机厂曾是中国最大的电机生产企业，其生产的电机无论是质量、产量，还是品种、出口量曾一直居于国内同行业首位，曾远销东南亚、香港、澳门等54个国家和地区。

20世纪90年代，由于行业不景气，三角债增加，大连电机厂陷入经营困境。1997年4月，大连电机厂和新加坡威斯特签订合资协议，成立威斯特（大连）电机有限公司，注册资金1亿元人民币，双方各占股份50%。大连电机厂以土地、厂房、设备等入股，新方以5000万元资金分期注入。2000年中方股份全部转让给威斯特，合资变成了独资。

大连油漆厂

星海人家位置是大连油漆厂旧址（原裙野町53番地），前身是建于1919年2月的满洲油漆会社。大连放火团第一把火烧的就是满洲油漆株式会社。1935年6月25日夜，放火团成员高绪慎在邹立升的指挥下点燃了满洲油漆株式会社。

大连解放后，工厂由苏军接管，1947年6月改为中苏合营，1951年移交中国。大连油漆厂是中国六大油漆企业之一， 20世纪90年代中期，年油漆产量2.75万吨，氧化锌产量占全国三分之一，产品远销加拿大、美国、东南亚等。与众多老企业一样，它也经历了阵痛。2008年，大连油漆厂通过搬迁实现资产优化重组，改名大连北方海鸥制漆有限公司。“海鸥”牌油漆因为环保、安全成为辽宁省著名商标、名牌产品，东联路高架桥靓丽的外观便是由“海鸥”装扮。

天外遗物

黑石礁

黑石礁东村与张宗昌

刘小燕笔下的星海小白楼

苏联驻军时期，接管马栏河口至化物所间区域，建成航海俱乐部。1955年移交给中国，成为驻连空军部队。1950年大连市政府在其西面进行修复，建成星海公园。

老大连人都记得，公园正门东侧曾有一座建造年代不详的小白楼，传为达里尼市市长萨哈罗夫官邸。大连解放后，小白楼被苏军接收，移交我国后成为驻军某部家属住宅。20世纪90年代中后期，小白楼拆除，建成板楼。我在已故大连画家刘小燕先生的画作里寻到了美丽的小白楼。

公园正门对面海源街一带即坊间常说的黑石礁东村。黑石礁东村遗存不少造型精美的洋楼，其中一座仍保留着历史地名——黑石礁东村157号。这座白色小洋楼建于1925年前后，是“狗肉将军”张宗昌的别墅。张宗昌身材高大，一脸横肉，紫膛面皮上笼着一层鸦片毒的青色，因胆大狡黠发迹。1928年6月，张宗昌被北伐军击败，逃到大连，蜗居在此。同年12月，张宗昌在小洋楼里召集褚玉璞、程国瑞、王栋、杜尚等百余人，举行进攻山东秘密军事会议。日本代表公田、孙殿英代表徐钧等也参加了这次会议。日方许诺拨枪械5000支作为进军胶东之用。人枪有了着落，需要迅速解决活动费用，于是当场把准备好的助款簿拿出来，让众人认捐。与会诸人彼此张望，谁都不愿落笔，第一名就给了前山东银行总办蒋邦彦，数目为50万元。蒋邦彦格外着急，当场表示，不要说50万元，我连5000元也拿不出来。张宗昌当即无法下台，最后让众人回去考虑。蒋邦彦因一毛不拔，被日本浪人暗杀。

此时，下野的段祺瑞派其内弟吴光新到大连与张宗昌联系，企图东山再起。不久，张宗昌接受段祺瑞委任，担任进军山东的第一统帅。他到天津召集到旧部，于1929年3月进攻烟台的刘珍年。强弩之末，再次失败，张宗昌只好逃回大连。张宗昌路过黄县时，打算拜访赋闲在家的丁佛言。丁佛言是民国初年《天坛宪法草案》草拟者之一，颇有名望。他怕遭到张宗昌挟持，遂避难大连（后移居北京）。

1930年夏，张宗昌在大连怕遭遇不测，遂奔赴日本避难。同年，阎锡山因中原大战失败下野。大连是日本人的势力范围，蒋介石奈何不得，他便客居大连。阎锡山怕落下汉奸之名，坚决不住文化台（今文化街）一带日本人所提供的洋楼。张宗昌别墅正好闲着，就住了进来。客居期间，阎锡山阅读了很多古籍，保持着记日记的习惯。他始终认为儒教才是救国根本，坚持儒教治国理念。《阎锡山日记》记载，1931年4月8日，阎锡山受邀参观日本舰队，登上了最大的军舰“长门丸”。这艘军舰排水量33800吨，船面1820坪，相当于中国10亩地大小，时速23海里，可容纳官兵1336人。参观的日本人很多，都发出感慨，这是保护国家的利器。阎锡山则感慨道，这是自己的利器，也是侵略的凶器。

1931年8月，阎锡山偷偷返回太原，重新成为“山西王”。新中国成立后，小白楼被接收，用作旅大市公安局招待所，现为大连市公安局培训中心。

黑石礁虽有日本人居住的高级住宅，大多却是中国富豪或中国流亡要人的别墅。张宗昌别墅对面面朝大海带有圆形阳台的洋楼就是上海富豪杨隐居的公馆。经常可以看到年近七十的主人带着一大家子人在海滩上散步，走在最前面的是健壮的杨隐居，紧跟着他的是步履蹒跚的大夫人，之后是二夫人、三夫人、四夫人和仆人。四夫人非常年轻，看起来像大夫人的孙女。

张宗昌别墅沿坡而上，幽巷深深，弯弯曲曲，似鼓浪屿一般。海源街9号古堡式石头房为日本侵占时期田中节住宅，由荒田义男设计，1936年12月建成。距其一步之遥的海源街7-1号是满铁总裁官邸。洋楼极有味道，大致建于1927年前后。

黑石礁东村一带街道因临海缘故，街名多含“海”字，如海湾街、海川街、海月街等。海州街21号附近有一处日本侵占时期的洋楼。据老人讲，其门牌号码为海州街25号，是日本关东军某中将官邸。日本战败后，洋楼卖给中国商人。新中国建立前，商人逃亡台湾，洋楼为政府接收，用作市公安局招待所。又传，商人的遗孀曾经回来探望。故人故事，故宅故梦，都化作烟云浮漫于星海。

黑石礁西村

金井章次旧居

日本侵占时期，黑石礁西村一带称作高砂町，星海宾馆一带称作水明庄，建有许多风格各异的花园洋房，为欧美各国驻连高层、晚晴遗贵、民国权臣聚居之地，第二次世界大战期间与日本结盟的轴心国的德国、意大利驻大连领事馆的工作人员都住在这一带。黑石礁区域东部、西连街和西川街之间是一个相对独立的区域，新中国成立后为部队接管。现在，这里居住着多位新中国历史上有赫赫声威的将军和高干，故称红星村。红星村的洋楼几经拆迁改造，剩余不多。

西长街20号西侧有三座洋楼，仍保持旧门牌——黑石礁西村49-6号，沿街总共三座洋楼，于汉冲别墅位于最西侧，与之比邻者是日本侵占时期满洲青年联盟理事长金井章次的旧居。于汉冲别墅建于1927年12月，由著名的小野木横井共同建筑事务所设计，吉川组建造，现为老干部活动中心。建筑不对外开放，仅能看到尖尖的红色穹顶。

于汉冲生于1871年，曾为东京外国语学校的汉语科讲师。日俄战争时，他成为日本满洲军总司令部的雇员，以高级翻译官身份从事收集俄军情报的间谍活动。战后，于汉冲在辽阳过着隐退的生活。民国政府成立后，他担任外交部奉天交涉员、巡按使张元奇的外交顾问。1925年担任东北特别区行政长官，1926年管理东支铁路，与袁金凯一起合称为继承王永江思想的“奉天文治派的双璧”。于汉冲格外贪财，曾将矿山的权益低价卖给满铁。张作霖死后，于汉冲担任东北保安总司令部参议。

金井章次是当时满铁卫生课课长，满铁卫生试验所（大连制药厂前身）所长，后担任满洲青年联盟理事长。他在战后这样写道：“满洲建国之所以成功，最有力的因素当然是日本人，除朝鲜人之外，还有迄今一直隐蔽着的当地的一些‘同志’。”金井章次所说的“同志”就包括于汉冲。1927年，于汉冲居住大连，金井章次因而有机会受到于汉冲的影响。于汉冲堪称“东北第一汉奸”，他所提倡的“日满组成经济联盟”“国防由日满共同负责”“政治则采取由当地人治理”等理论，为金井章次全盘吸收。“九一八事变”后，满洲青年联盟据此制定《满蒙自由国方案》。该方案由满铁总务部文书课课长中西敏宪起草，并以满洲青年联盟理事长金井章次的名义递交给关东军。关东军接到方案后，立即在沈阳宴请金井章次以下所有满洲青年联盟骨干。第二天，金井章次前往关东军司令部，在走廊内正好碰到石原莞尔，石原莞尔客气地打招呼：“金井君，我放弃我的方案，采纳你们的方案了。”日本发动“九一八事变”完全是走一步算一步的事，于汉冲的设想却令石原莞尔立即描绘出伪满洲国的蓝图。

1932年2月，于汉冲参与伪满洲国创建准备，积极参加奉天地方维持会，后担任伪满洲国监察院长。多行不义必自毙，同年，61岁的于汉冲在大连的别墅中暴病身亡。

与于汉冲一起兴办振兴铁矿无限公司的南满铁路奉天公所负责人镰田弥助也住在黑石礁。镰田弥助是日本人掠夺中国资源的代理人。1909年8月，满铁派人对鞍山地区进行非法的秘密探矿，先后调查了铁石山、西鞍山、东鞍山、大孤山、樱桃园、关门山、小岭子、弓长岭等十余座铁矿山，发现鞍山地区是开矿建厂冶炼钢铁的宝地。1916年7月，镰田弥助和于汉冲作为中日代表在奉天组建振兴铁矿无限公司，资本金14万日元，名义上中日投资各半，实则由满铁全额出资。1940年12月7日，昭和制钢所兼并振兴铁矿无限公司。

于汉冲旧居

“皇姑屯事件”后，镰田弥助移居大连。“九一八事变” 后，川岛芳子来拜访镰田弥助。因为川岛浪速的夫人与镰田弥助的夫人是同乡，两家来往亲密，川岛芳子与镰田弥助非常亲近。一见面，川岛芳子就切入主题：“今天，我把皇后陛下安置在王季烈的别院了。”镰田弥助听着川岛芳子唐突的话，一时间不知所措。川岛芳子非常得意：“是的，坂垣参谋拜托的事情，顺利完成任务了。对于关东军来说，我现在是他们的骄傲。”

黑石礁宾馆与周恩来

黑石礁宾馆曾是赫赫有名的王府饭店，牌匾由溥杰亲手题写。王府饭店分南楼、北楼，南楼即肃亲王第七子伪满洲国黑龙江省省长金壁东旧居。这座洋楼建于1933年，建筑风格属和风欧式，正门前立着两尊威严的石狮子。1947年用于大连县委办公，1950年改为旅大市人民政府交际处黑石礁宾馆，后更名星海宾馆。

1951年5月13日至7月1日，周恩来与邓颖超曾下榻在这里。初来静养时，周恩来只在院里或在院外附近散步。一周后，他提出要到远郊风景区或者公园去看看。当时正值抗美援朝特殊时期，一旦被认出，必然招致群众围观，暴露目标后，可能会遭到敌机袭击和美蒋特务暗杀。保卫人员经过商量，建议周恩来化装。6月天不好戴口罩，遂提议让他留胡子。周恩来一听就笑了：那还不容易。由于他胡子长得特别快，一个星期两撇八字胡就长得很像样子了。在大连市市长韩光的陪同下，周总理先后参观了中山广场的工业展览馆、体育馆等。后来，周总理改变了主意：这胡子不能留，哪有总理怕群众的道理。只要相信群众，依靠群众，做好工作，是不会出问题的。说着，他便刮掉了浓密的胡子。

为了不影响周恩来休息，市政府临时规定有轨电车只开到星海公园站，星海公园至黑石礁站间停运。周恩来知道后，当即批评市长韩光，下令立即予以纠正，让电车一路通到黑石礁站。

此后，这座洋楼还住过刘少奇、朱德、宋庆龄、贺龙等国家领导人及诸多外国元首。

安娥与黑石礁

1932年8月22日，大连都市规划委员会提出规划方案，其中有黑礁屯附近地区规划。黑礁屯大致包括今黑石礁街与辽师附中周边。当时规划该区域建高等住宅区，但仅在辽师附中一带建有洋楼，黑石礁街仍是中式瓦房。

20世纪20年代，中国电影第一首歌《渔光曲》词作者安娥就居住在黑石礁街。安娥原名张式沅，出生书香之家。1926年6月，她跟随丈夫邓鹤皋到大连工作。中共北方区委负责人李大钊派遣邓鹤皋来大连担任地委书记。安娥被派到大连纺织厂女工中开展工作。为安全起见，她和邓鹤皋隐蔽身份，暂住黑石礁附近农民王大娘家。那时，黑石礁还是一个渔村，因此安娥有机会接触到渔民，了解他们的生活，这为她以后创作《渔光曲》积累了素材。在连工作时，她还为大连的罢工工人修改了《工人团结歌》的歌词。这首新修改的歌词是安娥歌词创作的处女作。1927年，安娥离开大连到莫斯科学习。

1950年1月，安娥被安排在大连中长铁路工厂（原大连机车厂）工作。23年后，安娥再来黑石礁，渔歌依旧。

数月后，安娥调至大连洋灰厂（大连水泥厂前身）。当时，她担任新闻宣传工作，多次到大连海港等单位采访。8月，安娥返回北京，调入北京人民艺术剧院从事创作。11月，她在大连采访报道之一《苏联分厂长塔拉索夫——大连中长铁路苏联分厂长》由沈阳新华书店出版。翌年1月，大连采访报道集《苏联大嫂》由上海劳动出版社出版。同年春天，她随田汉领导的创作组再次来连，下榻于大连宾馆，创作了反映朝鲜战争的歌剧剧本《崔斗焕与金玉姬》和电影剧本《正义的战争》。

兴亚照相馆

中山路676号辰熙大厦是大连地下党情报机关兴亚照相馆旧址。1940年3月，在苏联接受特工训练的沈得龙被苏联红军参谋部派遣到大连从事谍报工作，筹建电台番号为“郑风”的工作站。沈得龙与苏联驻大连领事馆接上关系后，按照要求，在黑石礁高砂町153番地开设兴亚照相馆。

建站过程中，沈得龙先后在沈阳、本溪、天津、大连等地将李振声、王耀轩、李忠善等发展为情报工作人员。1941年12月，沈得龙按照指令取回苏联领事馆事先埋藏的电台及通信设备，在兴亚照相馆二楼李振声（当时担任照相技师）的房间内设立电台及设备的隐藏地。每逢沈得龙进行发报，李振声就负责在照相馆外担任警戒工作。“郑风”工作站先后向苏联报告过本溪、沈阳、安东、大连地区日军调动情况，大连码头仓库和周水子陆军仓库军需品数量等情报。

“郑风”工作站发出的电波不幸被位于长春的关东军第八六部队无线电搜查班侦获。第八六部队无线电搜查班与大连宪兵队本部联合侦察约半年时间，最终确定无线电波源自兴亚照相馆。1943年10月2日，沈得龙等人被逮捕。11月末，沈得龙等被秘密押往哈尔滨“731”石井细菌部队进行残忍的活体解剖试验。多年后，红色遗迹兴亚照相馆被拆除，建成辰熙大厦。

吴作人画作《黑石礁》

永不凋落

甘井子

老大连人的印象中，甘井子等同市郊、农村，人们一直把文体街一带看作甘井子，实际上不是这样的。这里的人们以工兴路桥洞为界，把桥洞以北称为老甘井子，桥洞以南称为新甘井子。

金家街

“甘井子”一名源于甜水井故事，老井大致在甘井子河（今甘井子街）源头附近，后老井被填，遂在甘井子公园内仿建一口老井。甘井子分新甘井子与老甘井子，老甘井子指今工兴路一带，原叫黄嘴子，今大连石化公司院内火炬山就是晚清黄山炮台遗址（建于1887年，属甲午遗迹）。传说也罢，演绎也罢，无论怎样改变，名字总是不变。

东方路是原甘周路东段部分，建于1930 年，初为碎石路，从甘井子至周水子火车站。1959年开始逐步改建为柏油马路，20世纪60年代初又经两次改造，北端与光明路相接，通往海茂村五二三厂。1963年，甘周路进行第一次拓宽。1965年甘周路再次拓宽，金家街至椒树房间拓宽18米，椒树房至甘井子间拓宽14米。20世纪60年代路旁种植泡桐，6路汽车贯穿全线 。

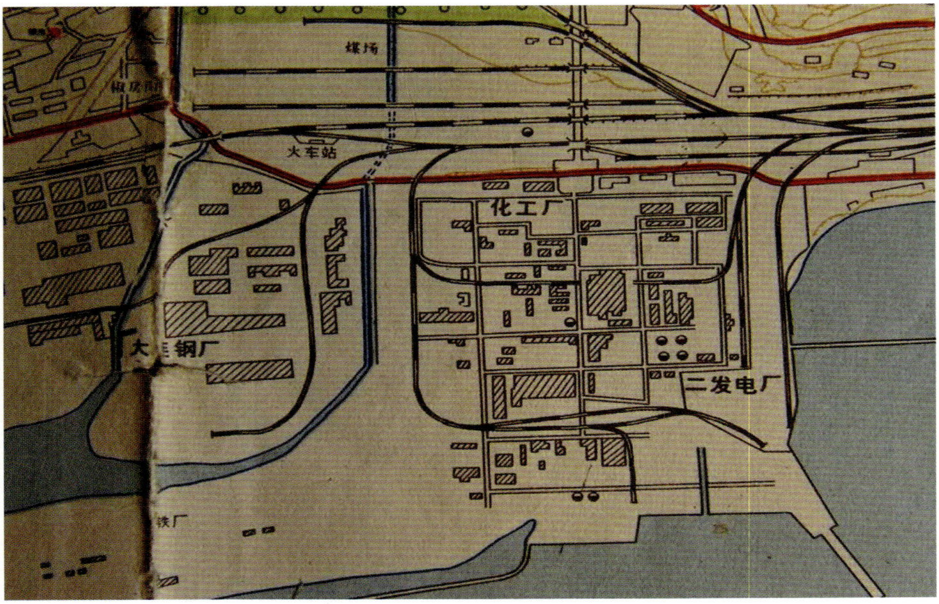

1970年老甘井子地图

甘周路的名字消失了，东方路（位于金三角立交桥东）是它的延续，其畔还有金家街。清康熙年间，一有金姓不畏艰难，由登州府金家窝棚村来大连，始建村落，故名金家套。日本侵占时期称金家屯，属周水子会，大连解放后划入甘井子区。今金家街、金一街、金二街、金三街、金四街一带都是当年金家屯的范围。日本侵占时期，此处还有满洲电业株式会社社宅，大致在金三小学校南侧。大连解放后，这一带多为大连钢铁工厂（简称大钢）家属楼。

1957年，金一街、金二街一带建成大片苏联房。这些房子是特定历史的产物，老砖中依稀透着血红。金二街3号是原大钢幼儿园，因为东北特钢搬迁，已经废弃。金一街尽处嘉汇三中（金一街27号附近）旁东北特钢职业技术学校是原大钢子弟学校。老大连人提起这儿便会唠唠叨叨讲起许多逸事，往事总是让人恋恋不舍，毕竟这是他们有过的生活。

金家街快轨车站东侧部队大院原有一片所谓日本房，是日本侵占时期日军家属住宅，2011年年初拆除。部队大院正门东侧一新建居民楼，前身是二层日式楼，原为苏联驻军某司令部。1995年前后，改成娱乐场所皇朝会，后因名字不雅，责令改为呈朝会，2009年拆除改造。

椒树房

椒中街、椒房街、椒建街皆属椒树房。日本侵占时期叫椒树房屯。清康熙年间有王姓居民从山东迁入，因周围椒树丛生，故名椒树房，简称椒房。20世纪20年代，仅有70多户居民 ，隶属周水子会，后因甘井子建码头、碱厂、化工厂、煤场逐渐发展起来，建有满曹社宅（即满洲曹达株式会社，大连化学工业公司前身之一）、大华社宅（即大华矿业株式会社，大钢前身之一）等。

东方路与椒北路交会处有大连第四人民医院及其同名站牌。大连第四人民医院前身为大连县立医院（始建于1945年11月），是在原博爱医院甘井子分院（位于甘井子杨柳街）基础上建立的，当时仅有医护人员10人，其中日本籍医生2人。1948年6月改为建新公司职工医院[1]，1951年2月划归市化

[1] 1948年6月，大连县立医院院舍改为大连建新公司职工医院，县立医院迁至市内永吉街原大中医院，1949年9月迁往刘家桥。

工局，改叫大连职工医院。1955年1月移交给地方，改名旅大市工人医院。1964年7月易名旅大市第一医院，1968年改叫甘井子区人民卫生院，1972年5月改称甘井子区人民医院，1981年改现名。老大连人喜欢省略语，一直把这里叫作四院。

现在提及四院，人们第一意识便是治疗烧伤的地方。20世纪60年代，站名叫海水浴场，因为当时大连钢厂院内海边有一条大坝，附近有海水浴场，故名。原来的站牌在旅游职高对过，后因填海造地，海水浴场改成市立医院，医院改名四院后，站牌亦随之改名。一座建筑一个站牌一份记忆，也是一方人文。

四院东面椒北路1号凯达疏通下水位置是日本侵占时期交番旧址，也是原椒房派出所办公楼。因椒房仍存留着许多特定的历史痕迹，所以电视剧《小姨多鹤》也选此拍摄外景。椒中街与椒建街间大化俱乐部就是剧中的大众电影院。它是中苏友好时期的产物，一片凝红恍若落霞。

椒房街农业银行一带是王家大院故址。椒房街一带多姓王，最有名的王家大院是五大门，与东关街许多大院相似之极。五大门顾名思义有五个门，而且并排连着，大致在椒房小学东北板楼位置。

王家大院还有前院后院之分，20世纪80年代中期王家大院被拆，建起大板楼。王长发指着中国农业银行椒房储蓄所说，那里有一口老井（已填埋）。“甘井子甘井子，就是井干了。当年我看过甘井子那口老井，就在二门市一带。”“二门市”是甘井子人的称谓，即甘井子副食品第二门市部，在甘井子街附近。

日本侵占时期交番旧址

大化俱乐部是电视剧《小姨多鹤》中的大众电影院

沿椒房街北行有椒金山小区（椒北路四院东侧），这里是满曹社宅旧址，大连解放后改为大化家属区。椒园街万福山庄则是大华社宅旧址。

以前，老大连人把椒房北面（今万福山庄最北侧山下一带）叫“干打垒”。1970年，老大连人在此用干打垒的方法建成房屋。干打垒是中国北方农村常见的用土作原料建造的房子，除了门窗和房檩用少量木材外，墙壁就地取土，并将土装入活动木板内，用木夯铁杆分层夯实，房顶则用草作垫层，上面覆泥巴抹光而成。

网友“图说老大连”的母亲就参加过建造干打垒的工程。她的工作是和灰，即搅拌水泥，当时没有搅拌机械，全靠人工搅拌。“图说老大连”的母亲当年缠裹着小脚，工作的辛苦程度可想而知。因是夏天，工地每天下午都会发一根冰棍降温。母亲舍不得吃，便让他每天下午两点左右到工地吃那根冰棍。当时生活条件艰苦，少有甜食，冰棍对所有的孩子都是梦中的美味。“图说老大连”当时仅有5岁，吃得津津有味。往事已逝，回想起来不禁潸然泪下。

大钢

大钢分东厂西厂，东厂过工兴路桥洞，西厂就在四院对过。从金家街失轨站一直蔓延至兴工路路口。西厂前身是日本侵占时期株式会社进和商会。1905年，25岁的高田友吉联合矢田部善辅、小南夫一合资5万日元创办进和商会。起初商会经营项目只限钢材与五金商品，为日本驻连陆军建筑部御用商。1917年，在原千代田町33番地（今鲁迅路品海楼一带）开设专门生产铁道铆钉的工厂，成为满铁的重要供货商，同时兼顾日本国内需求。同年，高田友吉还与相生由太郎联手成立大连机械制造所（大连重工·起重集团有限公司前身）。

1920年5月，进和商会股份资本高达百万日元，改名株式会社进和商会，社址设在佐渡町30番地（今白玉街）。1935年，城市扩张至甘井子，进和商会选在椒房屯633番地建厂。同年10月，填埋海滩，平整场地。1936年1月开始兴建厂房，8月部分投入生产。随着生产规模不断扩大，1937年进和商会职工总数2080人，其中中国工人2000人。1939年进和商会拥有资金高达1000万日元，1945年厂区面积扩大到9.9万平方米。大连解放后，进和商会于为敌产被苏军接收，1947年移交给我国。

穿过工兴路桥洞便可看到大钢东厂。大钢东厂前身是日本侵占时期大华电气冶金株式会社（简称大华）。1918年3月，日本人上岛笃与李直之投资15万日元在荣町2番地（原电瓷厂一带）合办大华，因上岛笃占资12万日元，成为说一不二的董事长。

大华主要生产特种钢，曾取得日、美、英、法、德、瑞典6个国家的专卖特权。1922年3月，大华成为日本海军指定工厂。第二年获得满铁18万日元巨款的支持，得以扩大生产规模。因建大连火车站，1938年，大华迁至甘井子椒房屯（原大钢东厂），更名大华矿业株式会社。因为是支柱产业，大华享受关东州特惠税待遇。大华采用电炉炼钢，年产特种钢100余吨，产品多为日本军部和铁道省所需。1939年，大华规模继续扩大，职工总数高达1800人，其中日本人300人，中国人1500人。

日本投降前，进和商会和大华都遭到破坏，苏军接管后大部分重要设备被拆运到苏联。1947年6月，工厂移交中国，建大连钢炼厂。工人们依靠自力更生恢复了电炉、汽锤和500毫米轧钢机、220吨水压机，开始生产炮弹钢，月产量最高达90吨。1947年12月，经过反复研制，在全国首次用1.5万吨电炉生产出高速钢，用坩埚炉冶炼镍铜合金成功，并用这些合金加工出炮弹引信支耳。1948年10月，东西两厂合并，称为大连钢铁工厂。1948年建新公司用大钢制造的钢材批量生产124炮弹壳，据统计，从1947年到解放战争结束，大钢共生产出弹体生产用中碳钢2994201吨，弹头生产用圆钢3392847吨，轧制钢材3341690吨等，有力地支持了辽沈、平律、淮海、渡江等战役。

1950年，朝鲜战争爆发，根据中央及东北局的指示，大钢迁往湖北省黄石市的中华钢铁公司（现大冶钢厂），只留下空厂房和少数人员。1950年年末，再次组织起来，恢复生产，成为我国冶金行业生产特殊钢骨干企业。1953年6月，大连钢铁工厂改称大连钢厂。

为了支援西部建设，很多大钢人曾到西安、青海等地帮助建设钢铁厂。20世纪80年代初，我国援建朝鲜特殊钢厂，大钢专门派人到朝鲜帮助建设，还接收了许多朝鲜工人来大钢实习，今东联路金三角上桥口西侧金牛宾馆就是当时为朝鲜实习工人住宿而建的大钢第二招待所。

20世纪90年代中期，大钢经历阵痛，许多工人被迫下岗。虽是遗憾，历史依然铭记着他们的功勋。中国第一艘宇宙飞船、第一颗人造卫星、第一枚导弹、第一次发射远程运载火箭、第一架新型飞机、第一艘核潜艇、第一辆重型坦克等的研制，都使用过大钢提供的重要原材料。作为新中国的支柱产业，大钢始终得到有关方面的支持。2004年9月，原大连钢铁集团、抚顺特钢集团、北满特钢集团重新组成东北特殊钢集团。重组后，继续发挥支柱产业的作用，先后为“神舟”系列宇宙飞船、“嫦娥”探月计划、研制“歼十”战斗机、国产大飞机项目、新一代驱逐舰、核潜艇等研制提供了许多关键材料。

2010年9月，大钢迁往登沙河。2011年2月，东北特钢集团原大连钢厂第一炼钢厂南厂房举行拆除工程开工仪式。大钢即将远逝，它有过的繁华永不凋落。

大化

大化是大连化学工业公司的简称，原来位于工兴路 8号，与大钢相邻，前身是日本侵占时期满洲化学工业株式会社与满洲曹达株式会社。“九一八事变”后，满铁征求日本政府及关东军同意，决定投资2500万日元在大连设立满洲化学工业株式会社（简称满化）。1933年5月30日，在老甘井子寺海岸建立满化，因满铁掌握其51%股份，所以首任社长为满铁总裁顾问波斯忠三郎，厂长高桥土贤。为方便原材料供给，1934年9月建成了满化码头（甘井子第二码头）。1935年满化投产，主要产品硫氨、合成氨、硫酸等，其硫氨年生产能力达到18万吨。随着生产规模扩大，1942年年初满化职工总数达到2309人，成为大连当时数一数二的大企业。同年，应关东军要求，满化与大和染料合作生产火药硝盐，成为名副其实的军火工厂。日本人投降前，毁坏了满化大量设备、图纸、技术资料等。1945年10月，苏联关东工业管理局接管满化，10月底，开始有计划地将工厂60%的机械设备和20%—60%的化工成套装置拆走。1947年6月10日，工厂移交我国，改叫大连化学工厂。

在极其困难的条件下，大连化学工厂合成氨车间很快投入生产。1947年年底硝酸棉生产线、无烟火药生产线基本建成投入生产。据不完全统计，解放战争中，工厂共生产各种型号火药452.1吨，生产硝化甘油15.23吨等，有力地支持了新中国的解放事业。

大化主办公楼（现已拆）

1949年3月，当时的东北化学工业管理局编制的《东北化工建设三年规划中》，明确地提出大连化学厂发展方向为“重点恢复合成氨、酸、碱等重化学工业，建立利用煤焦油副产品工业”。根据要求，当时的大连市政府加大对工厂的投资。1951年6月25日正式开工生产。大连化学工厂深受国家领导人的重视，1951年周恩来总理来大连静休时就曾到工厂视察。同年，刘伯承也曾来此视察，他对大家说，淮海战役的胜利也有你们的一份功劳。1953年年底，大连化学厂试制成功大型空气、氨气分离机并投入生产，标志着我国有能力自行制造大型化工设备和成套装置。

满化创建不久，日本人计划在大连建立生产纯碱的工厂。1936年5月22日，满铁、满化、昌光玻璃株式会社、日本旭硝子投资800万日元在甘井屯（即满化附近）创建了满洲曹达株式会社（简称满曹）。曹达是日语“ソーダ（读音soda)”，即苏打之意，大化老工人至今把纯碱叫作“曹达灰”。当时，满曹职工202人，其中日本人101人。1937年满曹纯碱生产能力3.6万吨，到1944年产能翻了一番高达7.2万吨。1945年9月16日，苏军接管满曹，改叫远东电业曹达工厂。1947年8月1日，满曹由苏军移交建新公司。同年12月13日，建新公司将曹达工厂出租给中苏远东电业股份有限公司经营，定名中苏远东电业公司曹达工厂，租期5年。1951年，苏联政府提前将曹达工厂移交我国，隶属东北人民政府工业部工业管理局，改名大连碱厂。

1949年年底，我国重化学工业的开拓者侯德榜受中央财经委员会和重工业部委托，率团到大连考察。他发现生产氨的大连化学厂与生产碱的大连碱厂隔墙为邻，便建议两厂结合，采用“侯氏制碱法”新工艺进行生产。侯德榜还提议建立联合制碱的生产试验车间。侯德榜的想法立即得到有关各方支持，在他的指导下，很快开展了日产10吨的试验装置设计、设备制造、安装、试验。因为迷信苏联专家的意见，1952年年底试验被迫停止。

1957年年初，在周总理的支持下，试验重新开始。同年，大连化学工厂、大连碱厂合并为大连化学工业公司。在侯德榜的主持下，开始进行16万吨级生产车间设计。1961年第一条8万吨级生产线建成投入试生产。1964年试生产达到预定的各项指标，并通过联合制碱新工艺的技术鉴定。大连化学工业公司不仅成为大连地区的支柱产业，也是我国重要的化工基地，其试验成功的新工艺陆续推广到全国50多家化工厂。

老大连人提起大化，不仅会回忆起侯德榜，还会骄傲地说起那些从大化走出去的高层领导，其中既有我国第一任化学工业部部长秦仲达（大化第二任厂长）、原冶金工业部部长李东冶，也有老市长魏富海、李永金等。

60年来，大化创造了我国化工行业15个第一，为我国各地输送了15000多名化工人才，成功援建吉化、太化、兰化等兄弟企业，被赞誉为“中国化学工业的摇篮”。20世纪90年代中期，大化纯碱产量占全国40%，位居亚洲第一。1996年11月28日，大化集团有限责任公司宣告成立。2007年6月大化集团开始迁往松木岛。

拆迁并不意味着全部销毁，大化原址有很多值得珍藏的遗迹[1]，如合成车间许多机器是非常珍贵的工业遗产。2010年9月，大化迁至开发区大孤山。

甘井子煤炭码头与甘海路

沿大化前行，会看到许多破旧的平房，因为商业价值有限，一直搁置。抬首远望会看到高高的粮食中转储运罐，与其相邻的是民间俗称甘井子煤炭码头的大连港甘井子港务公司。甘井子码头是大连最完整、最系统、最大规模的近代工业遗产。

大连兴于港口，甘井子也是这样，甘井子码头始建于1926年，是甘井子城市化的起点。早在1919年，满铁在其制定的《大连港十年规划方案》里就计划建设甘井子煤炭码头，但始终没有实施。1923年，满铁决定出口煤炭在甘井子装卸，船舶燃料煤在大连码头装卸。1926年3月，满铁在六种方案里选中第一方案（即高架栈桥方案）进行建设。9月1日，甘井子煤炭码头工程防波堤建设正式开工，开始在小椒房一带填海、修筑护岸。为了配合满铁筑港进程，关东州厅在1927年1月发布公告，征收东起甘井子西至周水子一带188万余平方米的有关土地，用于煤炭码头和南甘（南关岭—甘井子）铁路

[1] 大化发电厂建于1932年，当时叫甘井子发电所，新中国成立后改名大连第二发电厂。

甘井子煤炭码头旧影

建设。1928年7月30日，满铁设置甘井子临时建设事务所，统筹管理煤炭码头和南甘铁路建设。1930 年 10月1日，包括防波堤、栈桥[1]、煤场等工程在内的甘井子煤炭码头竣工，栈桥长329米，两侧可同时停靠7000—10000吨级船舶4艘。据载，甘井子煤炭码头是当时东亚最大的机械化煤炭专用码头。

椒房街东面大连港粮食储运中心即日本侵占时期满铁储炭场旧址。当年这里机械化程度很高，日本人将装煤炭的火车开到这儿后，由自卸设备将煤从火车上卸下，再用传送带码垛。那个高架桥式抓煤机就是俗称的倒煤架子。这里原有两个巨大的“倒煤架子”，20世纪七八十年代的一次台风将其中一个刮倒。据参与拆卸的老人讲，倒煤架子是德国西门子公司第二次世界大战前的产品。

为了统一管理码头及铁路运输业务，1930年7月1日，满铁设置甘井子埠头（隶属大连埠头事务所）。1934 年，建成甘井子第二码头（即原大化码头）、甘井子石油码头（即今石化码头）。大连解放后，甘井子埠头于1945年改称煤炭矿物区。1951年，周恩来总理特地来这里视察。1953年煤炭矿物区改叫甘井子装卸区，1961年更名甘井子作业区，1984 年易名甘井子港务公司。1983年，经过技术改造，开始散粮出口作业。2005年4月1日，大连港散粮码头公司组建，甘井子港务公司建制撤销，设甘井子作业区。

甘海路5号是甘井子火车站，建于1930年7月。甘井子站与大钢、大化、大连石化、石灰石矿、甘井子码头有专线连接，1959 年、1960 年曾两次扩建。

甘海路一直通到工兴路。当年，路上曾有日本侵占时期的甘井子小学校、白俄公寓等。白俄公寓早已不见，甘井子小学校旧址仍在，即甘海路4号吉粮集团大连粮油运销总公司与大连明驰石油设备有限公司所在。大连解放初，此处为苏联驻军某部司令部，1955年移交中国，成为当时解放军3355部队军部。

[1] 1929年4月建成，由满铁土木工程师清冈已九思参与设计，是煤炭运输专用栈桥。

704路卫生所站，源自老甘井子卫生所。卫生所虽然搬离了，老房子还在，站牌还在，站牌是历史的见证。凝望着老房子，无限感慨，借着即将散去的阳光，我辨认出大门两旁模模糊糊的八个大字：文明行医，礼貌待患。

甘井子公园与樱花街

甘井子公园曾叫友谊公园，1950年为纪念中苏友好而建。早在日本侵占时期，日本人就在这里开辟了广场，建有供求神祭祀使用的神社，大致位置在今龙井斋一带。1955年公园建露天广场等，成为甘井子人娱乐的好去处，常有时尚的人们在此欢歌跳舞。龙井斋畔巨树环绕，附近有一口仿造的老井，井旁常坐着脸上写满沧桑的老甘井子人。

甘南路樱花园小区原是日本侵占时期满化社宅，建于1930年左右，大概有上百座独门独院的洋房。20世纪80年代，老甘井子人一直把樱花街一带叫圈里或大化一宿。2005年，日本房拆除，建成一片高层楼房。今樱花街东侧仍存留许多和式洋楼，虽说有些破旧，仍不失精致，夕阳之下，落寞之中，感觉到沉甸甸的岁月沧桑。

甘南路甘井子区自来水维修部旧楼是20世纪30年代甘井子水道局旧址。路人走过仅知道它是一座老房子。当前存在一种误区：一边拆历史建筑，一边花重金建造仿古建筑。其实，若能用心规划修缮这些老房子，一定会成为城市美丽的风景。

甘南路樱花街遗存的洋房

甘井子路

甘井子体育场

甘井子路一带印象最深的是甘井子桥洞，老大连人印象中过了桥洞才是甘井子。日本侵占时期曾把这一带称作椒房屯，现在叫甘井子路（原叫新甘井子街），不过老大连人习惯把它和甘井子街、文体街一带统称新甘井子。

桥洞东侧甘井子体育场（文体街28号）是大连市内第二大体育场，由甘井子区政府与驻连苏军共同修建，1954年4月5日破土动工，9月26日落成，占地面积2.7万平方米，为田径、足球两用场地，可容纳1.3万人。老大连人贺明琦回忆说，他在这儿看过造船厂足球队与苏联远东军区足球队的比赛。当时，八一足球队踢不过苏军球队，苏军球队又踢不过造船厂球队。1954年大化来了一批初中生，便拉起一支大化足球队，很快成了气候，后来全国甲级联赛中的化工队就是大化足球队的班底。

李富胜年轻时也在这里踢球，他是甘井子最有名的球星。有“东方神鹿”美誉的王军霞也曾在此训练。1975年、1985年体育场两次扩建。体育场旁某培训中心是昔日驻连苏军某部司令部。秋水东流，往事已逝。

甘井子消防队是日本侵占时期消防所旧址，也是甘井子路上仅存的老建筑，大连六大望火楼之一。大连是一核多心的城市，它可以证明甘井子曾是老大连的卫星城。望火楼对过甘井子新华书店一带曾有赫赫有名的井冈山饭店。

409路车站附近四层老楼（写着志高图文）是甘井子百货商店旧址，建于1954年，是当时甘井子境内最大的商场。“文革”期间，易名东风百货商店，1979年恢复原名。贺明琦当年刚进大化时就住在附近大化职工宿舍，甘井子百货公司建成后，他每天都要从门前路过。最初的新华书店在百货公司的二楼，三楼是饭店。贺明琦参军时，师傅们便是在那里为贺明琦饯行的。这样的记忆很多人都有，永远珍藏在心底，往往不经意的缘由便得以释放。

我们的记忆与城市化相随，甘井子百货公司也是一样，金三角华联兴起后，甘井子百货公司慢慢萧条了。

甘井子路旁有甘欣街，沿坡而上有许多苏联房和零散的日本房，日本房多位于杨柳街上。原大连市第四人民医院分院是日本侵占时期博爱医院分院旧址，建于1942年。博爱医院是爱国医生孟天成的财产，1946年5月，孟天成与妻子孟希娜在《人民呼声报》发表声明，将医院全部资产捐献给人民。

文体街与甘井子街

文体街是后辟的大街，因有图书馆、电影院、体育场等文体设施，故名。望火楼旁的甘井子邮政局是设置于1933年的甘井子电报局旧址。1936年3月，建甘井子自动电话局，1938年与电报局合并，改称甘井子电报电话局。当年还曾安装步进制史端桥式自动电话交换机200门，1941年增容200门。日本投降后，苏军进驻，因为水路交通被国民党军队封锁，邮政与长途电话处于停顿或半停顿状态。1946年大连邮电局在甘井子设邮政代办所，1949年3月改为邮政支局，5月改称甘井子邮政局。

在邮政局旁胡同里行走即见文体街14-1号。那座日本房是老甘井子交通队办公楼，临街小房仍保留着办自行车牌证用的小窗。它对面是甘井子区体育训练馆，原为区文化馆。文化馆前身是1949年10月成立的大连县文化馆。1952年7月，甘井子区文化馆在此建成，“文革”期间为毛泽东思想宣传站取代，1978年恢复，1990年迁到金三角文化中心，此处交付给体委作为训练馆。

甘井子区市民健身中心是先锋影剧院旧址，为日本侵占时期建筑。电影院初名甘井子文化宫，后改为甘井子人民俱乐部，1952年在其二楼设图书室及阅览室。1953年开始对外放映电影，1956年曾放映过电影《董存瑞》，郅顺义也在此做过关于董存瑞的英雄事迹报告。

1957年秋，中苏友好协会俱乐部撤销，将6万册图书和部分设施等拨给甘井子区，图书阅览室迁到甘井子人民俱乐部地下室（1981年升格区图书馆，1988年6月新馆在华东路79号落成）。1966年7月至1967年间，改为先锋影剧院。此后，民间一直把这儿叫作先锋电影院。2007年改建为市民健身中心，2008年12月10日投入使用。城市发展了，功能也变换了，但老甘井子人依旧把这儿叫作先锋电影院。

电影院南侧原是甘井子区公安分局，它的院门是蓝色宽木条钉成的大门。甘井子区公安分局前身是日本侵占时期甘井子警察署。据记载，1938年满洲石油株式会社大火之后，日本殖民当局于1939年10月在老甘井子建立警察署（今大连港甘井子港务公司监督站）。初期，警察署内设警务、司法、保安、经济、警防、高等警察等系。1943年增设兵役、执行和卫生系，共有各种警员100余人。甘井子警察署辖有周水子、大辛寨子、革镇堡、海猫屯、椒树房、夏家河子、南关岭、大房身、营城子、牧诚驿、柳树屯、满石、清源、郭家屯、棋盘屯、三道沟、甘井子等派出所。

1942年，共产党派张寿山在大连建立抗日同盟分会，1945年8月末，扩建为中共大连抗日联盟总支委员会，并于9月8日召开第一次代表大会。来自市内各区、甘井子等地的工人和牧城驿、营城子一带农民雇工200多人作为代表出席了本次会议，会议决定组织武装部队，命名为第十八集团军山东省胶东第五支队。9月14日，600多人在王家沟净水池集合，暂编为一个营，四个连，其中二连、三连分驻海猫屯和三道沟屯。当时，甘井子警察署已被反动治安队接管，甘井子苏军警备司令部副司令刘玉泉确认二连、三连系共产党领导的队伍后，决定以二连、三连改造甘井子治安队。9月20日，中共大连抗日联盟总支委员会召开会议，刘玉泉出席，讨论改造治安队方案，决定动员党员、会员和积极分子进入治安队，担任排以上干部、派出所所长，夺取甘井子警察署领导权。二连指导员李继先被任命为甘井子警察署署长，中共大连抗日联盟总支委员会10名骨干担任10个派出所所长。至10月末，先后派出110人改造治安队和充实警察署队伍。不久，甘井子警察署改名甘井子警察局。甘井子警察

石化公司老公交车站

局是大连公安干警的摇篮，旅大公安总局成立时，曾先后从甘井子警察局及武装部队调走300人作为骨干充实队伍。大连解放后，甘井子警察局改叫甘井子区公安分局。1980年拆除建居民楼，甘井子区公安分局搬至周家街。

甘井子区公安分局旧址南面是原甘井子区最大的照相馆——甘井子照相馆。每逢遇到喜庆的事，老甘井子人都来此留影。贺明琦老人至今仍珍藏着当年在此拍摄的送他参军的黑白照。

甘井子有井也有河，甘井子河在甘井子街上。大光明酒店一带是老甘井子人常说的二门市，即原甘井子副食品第二门市部。附近东山街、北秀街即日本侵占时期所谓“支那町”。

慢慢踱过长街，看到古旧的石化公司老公交车站棚下站满了男男女女，老老少少，他们都是甘井子不老的烟火。

石油七厂

第十一中学附近有704路公交车，乘车经甘北路可到海茂村、海茂路。海茂村与海茂路之名源自海茂岛。老甘井子人告诉我，海茂即海猫（指海鸥）。老甘井子人还说，当年邓小平等国家领导人曾来光明研究所视察工作。

今山中村一带还遗存着很多老房子。这里的街道皆含“山”字，如山中街、山春街、山园街、山丹街、山明街、山水街、山旺街、山松街、山春南街、山中二街等。成片的洋楼，干净的街巷，绿油油的草木，红艳艳的鲜花，让人流连忘返。这些洋楼是日本侵占时期满洲石油株式会社大连制油所课长及职员住宅，虽然造型与材质略逊于凤鸣街，仍不失为精美的建筑艺术。

山中村一带幽静的老街巷

山中村一带的老房子

大连石油七厂食堂饭票

站在七星广场向东眺望，可以看见中山街1号中国石油大连石化公司，也就是老大连人常讲的大连石油七厂。“足球国门”李富胜就曾在这里做过铆子工。当年，辽宁省有七个石油企业，即抚顺一厂、二厂、三厂、四厂，葫芦岛五厂，锦州六厂与大连七厂。时间久了，人们还是喜欢沿用老叫法，旧名字蕴含着深深的情怀。

大连石化公司前身为日本侵占时期满洲石油株式会社大连制油所（简称满石），1934年2月，三井物产、三菱矿业、日本石油等与伪满洲国联合投资500万日元，在海猫屯建立满石，本社在东京，工厂设在甘井子，理事长为日本人桥本圭三郎。1934年10月，建成满石码头和甘井子石油栈桥。1935年2月投产，当时仅有7套装置，年产原油能力15万吨。日本人建设炼油厂，

今日中国石油大连石化公司

满洲石油株式会社大连制油所全景

主要是为了支持其侵华战争，为南方战场提供油品。

因为大连是日军重要物资生产和储备基地，破坏大连工业生产成为大连放火团的首要任务。1938年4月10日，大连放火团成功点燃满石货场，烧掉了6万桶石油、石蜡，日军损失约700万日元。当时，1日元能买三公斤大米，700万日元可以购买20架飞机。太平洋战争爆发后，因为美国中断原油供应，满石基本停产。

大连解放后，满石被接收，改名大连制油厂。因为日本投降时设备遭到严重破坏，有关技术资料被焚烧一空，工厂陷于瘫痪状态。1947年1月，工厂仅能进行一些小规模生产自救。1947年6月1日，工厂改由中苏合营，易名大连中苏石油精制股份有限公司。1947年先后开办过两期炼油技术培训班。在苏联专家的帮助下，工厂对生产设备与装置进行了修复。1950年3月，工厂开始恢复生产，当年加工原油4.9万吨。1951年1月1日，结束中苏合营，移交我国，改名大连石油厂。1952年，更名大连石油七厂。抗美援朝期间，为支持志愿军打击侵略者，工厂生产了大量的军用油品。

20世纪60年代初，中苏关系破裂，苏联中断了原油供给。1961年我国胜利开发大庆油田，改变了贫油的面貌，而炼油却成为艰难的课题。经过攻关，石油七厂结束了“炼的都是外国油”的历史，成为首家成功炼制大庆原油的企业。这就是举世瞩目的“石油大会战”。

此后，石油七厂始终位居我国石油行业龙头老大。1979年石油产品出口量达102.5万吨，占全国石油产品出口总量的1/3。1983年12月，大连石油七厂与原市属有机合成厂合并成立大连石油化工公司，成为国内最大的炼油生产基地。

大连有许多工业文明遗址，适宜整体或部分保留，原满洲石油株式会社大连制油所办公楼（三层洋楼）非常漂亮，更适宜作为大连石化厂史馆[1]使用，可惜它还是消失了。

五二三厂

海茂路延绵至海边，海茂村落于路畔。昔日这里的人们靠海吃饭，常将赶来的鱼鳖虾蟹、蚬子海红拿到二门市售卖。老甘井子人最难忘的便是拿着铁锹卖海红的情景。

704路公交车前身是7路，从甘井子通至西山宿舍，沿途还有工人宿舍。工人宿舍、西山宿舍皆是原五二三厂职工宿舍及家属楼，海茂路、海燕街一带即工人宿舍，海北路与海鸥街一带即西山宿舍，但此西山非马栏附近的西山。2011年，海茂村及工人宿舍一带苏联房拆迁。苏联房虽说简约普通，要不了多久也是需要保护的文物。城市是有生命的，每一幢老建筑都是一件记忆历史的遗存，它们见证了尘世沧桑。没有了这些建筑，城市就是失忆的，也是没有历史感的。

海北路2号大连宝原核设备有限公司前身是国营五二三厂。在此，笔者遇到了同为海南丢的刘本富，他既是第二代海南丢，也是第二代兵工。刘本富说，大连有龙脉，从天上看，龙尾在黄龙尾，龙头便在龙头山。这里曾有清朝末期的炮台，日本侵占时期是打石头的矿场，果然，我在1941年《大连市街全图》看到龙头山、石取场。

五二三厂前身就是在解放战争中发挥了重要作用的建新公司。1947年3月，华东局派朱毅来大连组织华东办事处。朱毅来连后，在大连地方的配合下，立即成立华东财委驻大连工委。当时，工委下设两个委员会，一个是财贸委员会，另一个就是兵工委员会，对外称建新公司。建新公司马上接收了甘井子一些厂区，委任正在大连病休的原新四军二师军工部部长吴运铎担任宏昌铁工厂（即引信厂）厂长，吴屏周为裕华铁工厂（即炮弹厂，1947年5月12日建）厂长，恢复与生产炮弹有关的部分工厂。建新公司厂址选在老龙头，炮弹厂建在龙头山下原日本人废弃的小型胶合板厂，引信厂建在离老龙头20里以外的老虎牙山坳里。

[1] 大连石化厂史馆是利用当年的仓库改造的，其外立面进行了现代化的装修。

经过严格审查，当即调去部分工人和干部，同时留用一批日本技术人员。刘本富的父亲就是当年的老兵工。建新公司的建立得到苏军的默许和支持，大连政府立即从苏军手中接管了大连化学厂、大连机械厂、大连钢铁厂。建新公司因而成为解放战争时期中国共产党领导下最大的军工生产基地。罗荣桓元帅用九个字评价建新公司："规模大，条件好，技术高。"粟裕大将更是高度评价建新公司："华东的解放，特别是淮海战役的胜利，离不开山东民工的小推车和大连生产的大炮弹。"

1950年6月，裕华铁工厂、宏昌铁工厂合并为八一工厂。1951年改名为国营五二三厂，由第五机械工业部（兵器工业部）领导。1959 年划归为第二机械工业部（核工业部）领导。五二三厂为我国核工业创建和发展提供了大量装备，并为"两弹一艇"试制成功做出突出贡献。2004年1 月，依据国家有关部门的批准，整体移交给辽宁省国资委，归属辽宁机械（集团）股份有限公司。大连宝原核设备有限公司便是在原国营五二三厂的基础上重组而成。

淮海战役纪念馆至今珍藏着建新公司当年生产炮弹用的车床。建新公司还涌现了无数英雄："中国的保尔·柯察金"吴运铎、吴屏周和"党的好儿女"赵桂兰等。吴运铎是中国国防工业奠基人之一。1947年9月23日，吴运铎和吴屏周一起检查一枚哑弹时，炮弹突然爆炸，吴屏周当场牺牲，吴运铎身遭巨创，左眼被炸瞎，左手腕被炸断，右腿膝盖以下被炸劈一半，脚趾也被炸掉一半。1948年9月23日，吴屏周牺牲一周年纪念日烈士陵园落成。

吴运铎自传体小说《把一切献给党》

1951年9月，吴运铎作为中央人民政府政务院和中华全国总工会特邀代表参加全国劳模代表大会，在怀仁堂得到了毛主席的亲自接见。10月5日，《人民日报》刊发专题报道《钢铁是这样炼成的——介绍中国的保尔·柯察金兵工功臣吴运铎》。后来，吴运铎克服艰辛，将亲身经历撰写成自传体小说《把一切献给党》。

此后，吴运铎多次来大连五二三厂烈士陵园扫墓。1984年夏，他最后一次来这里，手扶墓碑站了许久。

海北路上仍保存着许多苏联房，尤为独特的是还有不少青石堆砌的石头房。海北路7号西面船员培训是原五二三厂子弟中学，其校匾便是由吴运铎当年亲笔题写的。面对历史，充满敬畏之心。

在宝原核设备有限公司正门附近广场畔有原五二三厂俱乐部。广场上还有2004年9月23日为吴运铎树立的半身铜像，座碑上镶铸四个大字“继往开来”。凝视铜像，豁然望到了历史和未来。城市建设应注意文化内涵，若能以龙头山为基石，以建新公司为脉络，以吴运铎为支点，打造吴运铎公园，或许更能彰显大连的魅力。

岁月漫漫

黄河路

黄河路始建于1909年，由惠比须町（今长江路）至大正通（今西安路），途经小岗子、桥立町（今北京街）、尾上町（今长春路）、富久町（今大同街）、不老街、长生街、圣德街（今联合路）、真金町（今白山路）、白金町（今连胜街）、黄金町（今成仁街）等。大连解放后改名朱德路，1950年易名黄河路，后延至马栏子，1962年开通无轨电车，1994年全线进行沥青混凝土覆盖。

大连中华青年会

大连第三十七中学旧影（葛书光提供）

日本侵占时期，惠比须町指长江路至日新街间黄河路段，惠比须是日本民间信仰的“七福神”中的财神。黄河路既是当时的种族隔离分界线，也是贫富分界线，路北为中国人区，多是拥挤的中国房，路南是日本人及富贵人家区域，多为漂亮的洋楼。

原黄河路95号曾有大连第三十七中学，其校舍原为妈祖庙的一部分。1926年，为了解决华人子弟学前教育，小岗子公议会会长庞睦堂个人出资在此成立了大连中华幼稚园，幼稚园即幼儿园，这是大连第一家中国人办的幼儿园。大连解放后，此处成为校园。1962年，在宏济街19号建立大连市西岗区半工半读第三中学，后迁到黄河路。1972年，改名大连第三十七中学。2006年年末学校迁至宏济街，周围旧楼悉数改造。

西岗街旁金浪华洗浴是原东关小学的旧址（原黄河路103号）。此处初为中国妇孺救济会大连分会，会长是英国太古洋行账房先生陈德麟，总干事是《泰东日报》主笔傅立鱼。1920年，傅立鱼、陈德麟联合大连商界富豪郭精义、张本政、李子明、邵慎亭、徐香圃、庞睦堂等发起成立大连中华青年会，大连妇孺救济会就是当时的筹备处。本来张本政被选为会长，他婉言谢绝，傅立鱼被推为会长。6月10日，傅立鱼向时任大连民政署署长中野有光申请立案获得允许。因为没有落实会馆，便以大连妇孺救济会为办事处，后租用张本政的政记轮船公司26间房屋（原修竹商店东侧）作临时会馆。青年会取名中华，意在不忘祖国。

1921年10月，大连中华青年会创办大连中华青年会小学。因为学校使用关内教材，受到了大连人的欢迎，都把子女送来接受传统教育。1922年8月，大连中华青年会迁至惠比须町158番地（即原东关小学），小学校随之迁来。当时学校的大门上挂着一个门匾，上面书写着四个大字：“勤俭诚敬。”大连中华青年会倡导教育救国，提倡体育兴邦，1921年组建了大连第一支中国人足球队——中华青年会队。同年8月26日，在天之川水源地（今星海公园浴场一带）举行大连第一次水上运动会。

大连中华青年会还为大连人提供文化交流机会，定期开办星期讲坛。当年，登上大连中华青年会讲坛的多为当时的风云人物。1924年7月30日午后4时，胡适在此演讲当时最热门的话题“新文化运动”。

傅立鱼因常常与国民政府联络，甚为日本殖民当局嫉恨。东北易帜，举国欢庆，傅立鱼联合友好人士致电南京政府祝贺。1928年7月22日，日本殖民者以“政治结社”等罪名将他逮捕，关押十五天后，未经审判强行驱逐出大连。离开大连前，傅立鱼剃须明志，来到大连中华青年会小学操场告别，他深情地鼓励同仁及少年学生好好学习，勿忘祖国，大连是中国的领土。说这些话时，傅立鱼禁不住流下了眼泪。

傅立鱼离开后，总干事张洪五成为实权人物。张洪五亲日，大连中华青年会便失去了独立性。“九一八事变”后，大连中华青年会小学取消初中班，改为大连青年会附属小学。因伪满洲国建立，1932年8月1日改大连中华青年会为大连青年会。1934年改名大连明德小学，后又改名大连明德公学校，校长也换成了日本人。此后，大连人都变了身份，不是被看作寄留民，便是被称为洲民，或是被叫作满人。

《大连番地入案内》中的黄河路（惠比须町），清楚标示着大连中华青年会的位置（序号158处）

每年2月1日，还要参加日本纪元节（即日本建国日），他们都称之为“兔子会”。饱受压迫的海南丢从未逃离，等来了解放，1958年建东关小学，2006年因动迁改造迁至西岗街51号新校舍。

大连中华工学会

日本侵占时期，黄河路的西安路畔是邮局，邮局对面是大连中华工学会旧址。

大连中华工学会是大连地区最早的工会组织、东北地区最早的工人团体。1923年12月2日，在著名文人傅立鱼的支持下，满铁沙河口工场青年工人傅景阳、于景龙等人组织创建了沙河口工场华人工学会。会址位于黄金町107号（今黄河路658号），是一座二层的中式小楼。当时，大连中华工学会还有夜校，门口挂着“沙河口工场华人工学会”和“工人业余学校”两块大牌子。1924年6月和12月，邓中夏两次来大连，就住在工学会楼下一间不到10平方米的接待室里。在连期间，邓中夏还帮助工学会确立了会歌《最后胜利是我们的》。

1924年12月6日，为纪念满铁沙河口工场华人工学会成立一周年，在李震瀛的建议下，改名大连中华工学会，并通过了他帮助修改的章程。很快，工学会成为全市的工人团体。1925年2月，傅景阳参加全国铁路总工会第二次代表大会。会后，以大连中华工学会为基础成立南满铁路工会，大连中华工学会改名南满铁路工会大连工会，为了防止殖民者破坏，对外沿用原名。“五卅惨案”爆发后，大连中华工学会于6月中旬组织成立大连沪案后援会，积极支持上海工人运动。1926年，大连中华工学会又领导大连福纺工人大罢工，因而成为日本殖民政府的眼中钉。

1927年8月20日，大连中华工学会被日本殖民当局取缔。接着，大连中华工学会的领导人先后被捕。傅景阳已于1927年4月初被日本殖民当局驱逐回乡，严密监视，其他一些同志则转移北上。

大连中华工学会虽然存在不到4年的时间，却培养了大批仁人志士，如“党的活化石”工运领袖唐韵超和抗日英雄金伯阳。1963年，大连中华工学会旧址被定为省级文物保护单位。1998年10月29日，因为动迁改造，东移92米重建。

铁道学院

沙俄强租时期，马栏河以东划入市区，却没有进行开发，仅在马栏河畔（今汉阳街）一带建成供水设施等。日本侵占时期，随着城市用地紧张，逐渐发展过来。

大连解放后，城市化进程提速，逐渐繁华起来，因多是学校用地，一路上充满书院的清香。时常会遇到摇摇晃晃的“大辫子”101路，不由得想起老人们讲的笑话。今锦辉商场站是昔日的民勇街站，盖州街站是当年的泉涌街站，20世纪80年代初，许多大连女孩模仿新潮，一口四不像的南方嗲声，民勇街便成了“没有爹”，泉涌街亦成了“全有爹”。后来，这些笑话都被用到了电视剧《午夜有轨电车》中。

许多年来，许多地方都改变了名字，大连铁道学院改名大连交通大学，站名随之改变。唯一没变的是两侧的老房子。这些房子被称作苏联房，是1951年至1955年间依据苏联的图纸建成的。

日本侵占时期，大连交通大学是关东州厅苗圃。当时殖民政府在此置地百余亩建筑苗圃，培育松、柏、大叶杨、柳、槐、梧桐等树种，用于城市绿化。

1956年，在此建大连机车车辆制造学校。第二年9月，改名大连机器制造学校。1958年7月，在大连机器制造学校基础上，创建大连铁道学院。1963年1月，铁道部部长滕代远到此视察工作，为学院题写校名。40年来，大连交通大学为我国培养了许多人才，中国北车集团大连机车车辆有限公司许多高管就出自这里。

辽师

辽宁师范大学北院（黄河路304号原地理系教学楼）是日本侵占时期大连工业学校旧址，该楼地上三层，地下一层，由关东州厅营缮课设计，石井组负责施工，1935年12月始建，1936年竣工，1940年3月二期工程竣工。大连工业学校建成后，附近一带进入了城市化。

大连解放后，大连工业学校旧址为苏军驻地总部，周围为苏联驻军营地。1950年，大连外国语专科学校建立，初为旅大市委和中苏友好协会办的三个俄文班。1952年合并为大连造船俄专，归属国家第一机械工业部。1953年更名大连工业俄专，后改为大连外国语专科学校，设俄语和德语两个专业，曾为国家培养了大批外语翻译人才。

1958年7月4日，大连外国语专科学校下放地方，与大连师范专科学校合并为大连师范学院。大连师范学院创建于1951年8月，初名旅大师范专科学校，校址位于岭前智仁街42号（今豪森茗家一带）。因为校舍窄，设施差，没有发展空间，1952年9月迁至泉涌街，即今大连第十三中学校址。1953年7月更名大连师范专科学校，1954年6月迁至由家村。

大连师范专科学校与大连外国语专科学校合并后，为了方便管理，以由家村全部校舍30973平方米及附属空地同外国语专科学校路南0901部队（苏军撤离后移交）置换，换得营房33016平方米及附属空地，与原大连外国语专科学校校址连成一片。1958年9月，大连师范学院全部迁至今马栏村。1960年7月2日，大连师范学院易名辽宁师范学院。1983年12月23日，辽宁师范学院改名辽宁师范大学（简称辽师）。

辽宁师范大学始终都是大连历史人文的摇篮：20世纪 60年代初，毛岸青夫人邵华曾在中文系借读；20世纪80年代初，著名作家丁玲曾来此讲学。朱镕基、李岚清、吴邦国、吴仪、雷洁琼等国家领导人先后来此视察。40年来辽师亦是桃李满天下，10万多师范人才遍布中华大地。

西山医院

黄河路1099号是原大连客车厂旧址。大连客车厂前身为旅大市沙河口区汽车修造厂，1958年8月1日经旅大市沙河口区手工业联社筹委会批准，将沙河口交通器材合作社和第一汽车修配合作社合并成立旅大市沙河口汽车修造厂。1959年，工厂首次组装2.5吨群英牌载重汽车。1959年至1960年3月间，机关汽车修配厂、沙河口区联合厂汽车分厂、西岗区安全汽车修配社、中山公园汽车修配厂等10个合作社和小修配厂先后并入，工厂的实力得到扩充。同年3月9日，旅大市沙河口区汽车修造厂更名大连汽车修造厂，隶属于大连市手工业管理局。1961年6月，工厂划归旅大交通局管辖，8月1日，大连汽车修造厂改名旅大汽车修配一厂。1972年1月30日，再次易名旅大汽车修造厂。1980年3月7日，更名大连客车厂。

1986年10月15日，大连客车厂新厂在大连经济技术开发区破土动工，1991年加入一汽集团。2001年11月，工厂完成搬迁改造，迁至开发区。2005年1月，逸彩城建成开业，成为马栏地区商业中心。

逸彩城对面大连第五人民医院就是过去大连人茶余饭后经常调侃的“西山医院”。日本侵占时期此处为西山村95号，1929年大连工学会梁学发、于永源聘请安敬之为教师在此兴办西山学校（原医院住院处）。成立之日，音乐教师谢秀兰奏《卿云歌》，安立肇用古筝演奏《苏武牧羊》，表达爱国之情。学校开办不到半年，殖民当局以结社为名予以取缔，安敬之被沙河口警署特务传讯两次，后在谢秀兰资助下，逃离了大连。

1947年11月1日，大连市民政局以宏济善堂为基础，在武昌街48号一带成立大连市劝业工厂，下设养老院、教养院、劝业小学（即孤儿小学，1949年劳动小学，初在24中学，后在原服装职高，1956年停办）、医院（包括生产教养院精神病收容所）等教养单位。1951年2月，大连市劝业工厂改名为旅大市生产教养院。1954年5月，旅大市卫生局接管，大连市生产教养院精神病收容所改名叫旅大市精神病疗养所。1957年11月，旅大市精神病疗养所迁至西山学校旧址，更名旅大市精神病医院，1957年12月，改建旅大市福利院，下设职工养老院、养老一所、养老二所、儿童教养所、精神病收容所、盲哑学校等。1959年，精神病收容所改称旅大市精神病防治院。可能因为“精神病”有侮辱人格之嫌，1962年改叫旅大市西山医院，从此“西山医院”便叫开了，成为大连人相互之间戏谑的热词。1970年，西山医院搬迁至普兰店徐大屯公社，1972年迁回市内，移至栾金村135号（今大连第七人民医院）。

“文革”后期，旧址被用作大连市结核病中心防治院。大连结核病医院

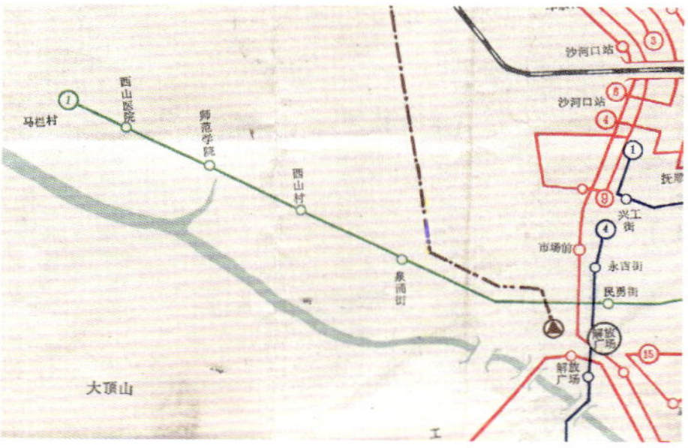

老地图上标示的西山医院

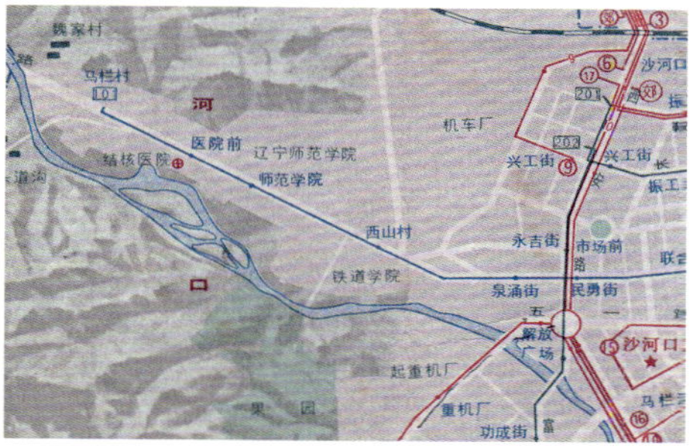

老地图上标示的结核病院

建于1952年6月，原叫旅大市肺结核防治院。1956年8月与辽宁省第二康复医院合并，医院位于今沈阳路（市政府西侧民生银行一带），并增设栾金村住院部（今大连第七人民医院）。结核病民间称为痨病，20世纪六七十年代肺结核属不治之症，人们提起它就像今日谈论癌症和艾滋病一样。

原大连啤酒厂的知名品牌啤酒

啤酒厂

当年马栏地区有很多果园，相生由太郎经营的福昌农园就是此间的样板。1918年，相生由太郎投资15万日元买下当时西山会马栏村北山下一带1000多亩地，开始种植各种水果，其中苹果、洋梨、樱桃树为2000多棵，葡萄为3000棵。每到夏秋时节，马栏村飘满花香与果香。

有果香少不了酒香。“酒香也不怕巷子深”，马栏南街31号就是大连华润棒棰岛啤酒有限公司。此处原为大连啤酒厂，最早是沙河口食品厂啤酒车间，1971年独立建厂。20世纪90年代，啤酒厂生产的棒棰岛啤酒、大连啤酒深受大连人喜爱。福兮祸兮，2001年华润实现大连市场的垄断，收购大连啤酒厂，棒棰岛啤酒、大连啤酒逐渐淡出人们的视线。

诗情画意

棒棰岛

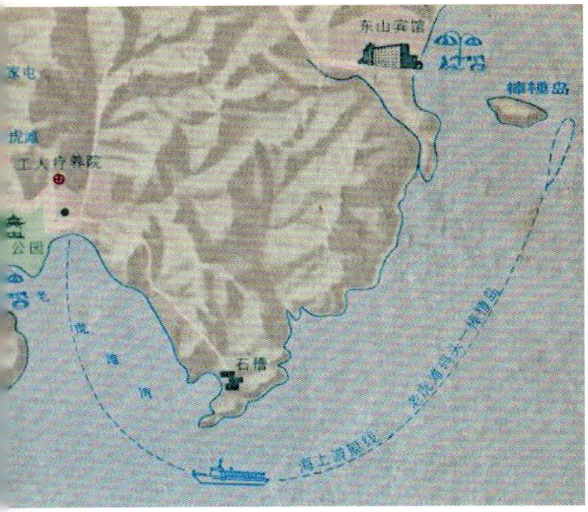

1982年大连交通游览图中的棒棰岛

棒棰岛虽小，人皆共知。小岛原系无名荒岛，传说有人曾在岛上挖出人参，山东移民称人参为棒棰，又因小岛形似棒棰，故得名棒棰岛。沙俄强租时期，棒棰岛一带叫棒棰屯，日本侵占时期辖属岭前会。附近居民多是从山东跨海而来的海南丢，过着靠山吃山、靠海吃海的日子。大连解放后，改叫作东山村。

1958年为庆祝新中国成立十周年，大连市委市政府决定修建国宾馆。当时的目标很明确，接待毛主席来大连开会。很快便成立了以市委书记郭述申为核心的领导小组。石槽、夏家河子、老虎滩都是备选的热门，经过慎重的权衡与筛选，最终选定棒棰岛，主要原因是棒棰岛处于山谷的狭长地带，更利于安全监管。

东山村原有4个自然屯，共计56户人家，有的被迁到老虎滩新建的房子里，有的直接住进了小龙街一带的洋房中。工程由东北设计院和大连设计院做规划设计，包括1座大楼、7座小楼，俱乐部、游泳池等辅助建筑，1959年下半年开始建设，1960年10月基本完工，共耗资人民币1200万元。用于接待毛主席的楼是第一个修建的，叫作1号楼，后觉得不利于安全和保密，改称5号楼。建7座小楼是参考了当时中央政治局常委的数量，规模完全按照接待政治局开全会规格设计。为了加快修建国宾馆，大批军人、学生、工人参加了当时每周六的拔草、平地等义务劳动。设计小组负责人还到中南海参观毛主席的起居室。参照中南海的布置，5号楼的色调改为天蓝色，并去掉门槛，方便行动。宾馆建成后，因地取名叫东山宾馆。

老海军贺明琦讲，毛主席本打算当年就来大连组织召开政治局会议，旅顺基地还特地整修了游艇“海鹰号”“海燕号”备用。后因台风要路过大连，且新楼刚交工非常潮湿，不利于主席健康，临时决定改在别处举行会议。1972年，毛主席再次与棒棰岛失约。

为了弥补遗憾，工作人员遂在面对棒棰岛的地方立下刻有毛主席手书“棒棰岛”的石碑。

提及毛主席题词，还有这样一段故事。1977年，市领导崔荣汉听取东山宾馆经理王华利的建议，将东山宾馆改名为棒棰岛宾馆。因为王华利在《大连日报》上看到了毛主席亲手书写“棒棰岛”三个字，便自然与棒棰岛联系到了一起。毛主席手书的“棒棰岛”三个字出自他抄写的叶剑英《远望》一诗。

《远望》写于1965年8月24日，叶剑英下榻东山宾馆，凭海远眺棒棰岛，诗兴勃发，随即写下七律《远望》：“忧患元元忆逝翁，红旗缥缈没遥空。昏鸦三匝迷枯树，回雁兼程溯旧踪。赤道雕弓能射虎，椰林匕首敢屠龙。景升父子皆豚犬，旋转还凭革命功。”叶剑英还特地落款注明“在大连，棒棰岛”。同年12月26日是毛主席72岁生日，他便将《远望》抄赠给前去探望的毛岸青与邵华。1977年4月6日，毛主席手书《远望》在《人民日报》第一版公开发表。

毛主席虽然没来过棒棰岛宾馆，周总理却三次下榻这里。棒棰岛宾馆还接待过朱德、刘少奇、华国锋、胡耀邦、邓颖超等党和国家领导人，还有外国贵宾金日成、胡志明、西哈努克亲王、李光耀、叶利钦、施罗德、基辛格、萨马兰奇等。1965年9月2日至9月5日，李宗仁、郭德洁、程思远一行来大连视察访问时，也下榻在棒棰岛宾馆，而且就住在5号楼。

棒棰岛宾馆不仅是政界名流下榻之地，也是文人骚客会聚之地。郭沫若、廖承志、毛岸青等人皆曾在此凭海临风，滨海畅游。文学家丁玲曾两度亲临棒棰岛宾馆，当年她就住在9号楼里。傅抱石、关山月、刘海粟、叶浅予、华君武、郑乃珖、张伯驹、梁树年、汪曾祺、丁聪、董辰生、沈柔坚等大师都是棒棰岛宾馆的居客。所谓“雁过留声，人过留名”，8号楼中的名画《五棵松》就是刘海粟当年的遗墨。

傅抱石也在9号楼留画，而且他还把一幅画有棒棰岛的作品赠送给当时负责接待工作的辽宁省委宣传部部长石飞。北京保利2011春季拍卖会上的傅抱石《棒棰岛景象》便是这幅画。画作的题跋中虽然没有棒棰岛字样，却清晰地记录着创作时间和创作动机：“一九六一年八月与山月（画家关山月）访旅大市，修荷渥待感不可言，居东山村者逾半月，启窗南望，则海天景色，气象万千。兹将别去，率写此奉念。九月十日，抱石并记。”题跋中“东山村”即当时棒棰岛的名字，这恰恰是棒棰岛宾馆一名变迁的历史信息。傅抱石在《东北写生杂忆》写道：“大连是我国一座美丽的滨海城市。我大部分时间住在棒槌岛（现名东山村）。从我住的房间内，就可以一览无余地看到络绎不绝地进出大连港的世界各国的商船。对我这个和‘海’没有多大因缘的人，一切都是新鲜的。8月下旬，还是游泳的好季节，可是我，只打湿一次脚，下水没有超过10厘米，引起了同志们的大笑……”《棒棰岛景象》最终的成交价为人民币862.5万元，是迄今大连题材画作中价格最昂贵的。《棒棰岛景象》虽然没有留在大连，依然承载着大连厚重的人文。

棒棰岛也是天然的影视基地。电影《东港谍影》和《生死抉择》中就有棒棰岛的镜头。潘虹、孟广美主演的电视剧《最熟悉的陌生人》便在棒棰岛的7号别墅拍摄。现在，这里已经成为许多新人婚纱拍摄的必选之地。正是因为棒棰岛情结，大连相继出现了棒棰岛啤酒、棒棰岛食品、棒棰岛辣酱，甚至还有棒棰岛月饼、棒棰岛海参等注册商标。2005年5月21日发行的特种邮票《大连海滨风光》中还有一枚棒棰岛的美丽风光。

傅抱石画作《棒棰岛景象》

棒棰岛邮票

后　记

每一个大连人心里都有一个大连，那是珍藏在心底的乡愁。每一个游人心里都有一个大连，那是美好记忆的文化符号。大连不是单纯的地理名词，也不是单纯的风景胜地，而是一个历史的、浪漫的、来了就不想走的梦想之城。

大连也是一座建筑艺术典范之城，建筑的艺术之美，历史的沧桑之美，在城市的自然之美的基础上确立并形成了大连的人文之美。

2019年是大连开埠建市120年的历史时刻，我的家族在这座城市繁衍生息了整整103年，与这里血脉相连，荣辱与共。希望善待我们的山与海，善待我们的历史，善待我们的人文，善待我们的城市。大连是温情的家园。

感谢孙来成、陈维深、曹隽卿、贺明琦、朱爱华、卢家荪、孟令骞、王百会、胡航、栾礼健、葛峰、刘新杉、谷骞骞、付周霞、丁伟敏、胡慧雯、崔鸿兰、周利、耿涛、苏米·塞辛格、温崇盛、李同、孙群萃、申大鹏、吕忠正、葛运福、满文飞、徐雪飞、葛书光、张国栋、刘日忠、王建波、朱述明、李忠海、李向明、汤亚辉、连永升、陈亮、隋生、刘桐博、胡晓丽、贺业伟、天方浪子、刘勇、郭朝晖、李同、应旭永等朋友提供资料、画作和照片。

感谢大连理工大学档案馆友情提供历史照片。

谨以此书献给生于斯长于斯的故乡，献给埋葬在青泥洼的我的先人，送给我的爱人和女儿恩爱。

作　者